E-Book inklusive:

Mit folgendem persönlichen Code können Sie die
E-Book-Ausgabe dieses Buches downloaden:

80182-4707p-56r11-d003k

Registrieren Sie sich unter

www.hanser-fachbuch.de/ebookinside

und nutzen Sie das E-Book auf Ihrem Rechner*, Tablet-PC
und E-Book-Reader.

Der Download dieses Buches als E-Book unterliegt gesetzlichen Bestimmungen bzw.
steuerrechtlichen Regelungen, die Sie unter **www.hanser-fachbuch.de/ebookinside**
nachlesen können.

* Systemvoraussetzungen: Internet-Verbindung und Adobe® Reader®

Vogt

Von Java zu C

Ihr Plus – digitale Zusatzinhalte!

Auf unserem Download-Portal finden Sie zu
diesem Titel kostenloses Zusatzmaterial.
Geben Sie auf **plus.hanser-fachbuch.de**
einfach diesen Code ein:

```
plus-34avT-Mg81w
```

Bleiben Sie auf dem Laufenden!

Unser **Computerbuch-Newsletter** informiert
Sie monatlich über neue Bücher und Termine.
Profitieren Sie auch von Gewinnspielen und
exklusiven Leseproben. Gleich anmelden unter:

www.hanser-fachbuch.de/newsletter

■ Lehrbücher zur Informatik

Begründet von
Prof. Dr. Michael Lutz und *Prof. Dr. Christian Märtin*
weitergeführt von
Prof. Dr. Christian Märtin
Hochschule Augsburg, Fachbereich Informatik

■ Zu dieser Buchreihe

Die Werke dieser Reihe bieten einen gezielten Einstieg in grundlegende oder besonders gefragte Themenbereiche der Informatik und benachbarter Disziplinen. Alle Autoren verfügen über langjährige Erfahrung in Lehre und Forschung zu den jeweils behandelten Themengebieten und gewährleisten Praxisnähe und Aktualität.

Die Bände der Reihe können vorlesungsbegleitend oder zum Selbststudium eingesetzt werden. Sie lassen sich teilweise modular kombinieren. Wegen ihrer Kompaktheit sind sie gut geeignet, bestehende Lehrveranstaltungen zu ergänzen und zu aktualisieren.

Die meisten Werke stellen Ergänzungsmaterialien wie Lernprogramme, Software-Werkzeuge, Online-Kapitel, Beispielaufgaben mit Lösungen und weitere aktuelle Inhalte auf eigenen Websites zur Verfügung.

Titel in dieser Reihe

- Peter Forbrig, Objektorientierte Softwareentwicklung mit UML
- Arne Mayer, Kundenzentrierte Entwicklung von Digitalen/IT-Produkten [in Planung]
- Rainer Oechsle, Parallele und verteilte Anwendungen in Java
- Claudia Reuter, Requirements Engineering – klassisch, agil und hybrid [in Planung]
- Wolfgang Riggert/Ralf Lübben, Rechnernetze
- Rolf Socher, Theoretische Grundlagen der Informatik
- Georg Stark, Robotik mit MATLAB
- Carsten Vogt, Von Java zu C, 2. A.

Carsten Vogt

Von Java zu C

2., aktualisierte Auflage

HANSER

Der Autor:

Prof. Dr. Carsten Vogt, Bergisch Gladbach

Bibliografische Information der Deutschen Nationalbibliothek:

Die Deutsche Nationalbibliothek verzeichnet diese Publikation in der Deutschen Nationalbibliografie; detaillierte bibliografische Daten sind im Internet über http://dnb.d-nb.de abrufbar.

© 2024 Carl Hanser Verlag München • http://www.hanser-fachbuch.de
Lektorat: Brigitte Bauer-Schiewek
Copy editing: Petra Kienle, Fürstenfeldbruck
Umschlagdesign: Marc Müller-Bremer, www.rebranding.de, München
Umschlagrealisation: Thomas West
Titelmotiv: © shutterstock.com/PeachShutterStock; Composing: Thomas West
Schlusslayout: III-satz, Kiel
Druck und Bindung: CPI books GmbH, Leck
Printed in Germany

Print-ISBN: 978-3-446-48103-9
E-Book-ISBN: 978-3-446-48128-2

Inhalt

Vorwort

Dieses Buch gibt eine Einführung in die Programmiersprache C und setzt dabei Kenntnisse in der Sprache Java voraus. Auf den ersten Blick mag das ungewöhnlich erscheinen, ist doch C ein Vorläufer von Java und nicht umgekehrt. Der Ansatz ist dennoch sinnvoll, da in vielen Studiengängen Java als erste Programmiersprache gelehrt wird. In weiterführenden Fächern und der darauf aufbauenden Berufspraxis werden jedoch auch C-Kenntnisse benötigt, beispielsweise zur hardwarenahen Programmierung oder zur Programmierung an der Schnittstelle eines Betriebssystems. C muss also „nachgelernt" werden.

Das Buch wendet sich daher an Studentinnen, Studenten und andere Interessierte, die bereits Erfahrung mit Java haben und C als weitere Programmiersprache lernen wollen oder müssen. Es ist keine grundständige Darstellung von C, sondern konzentriert sich auf die Besonderheiten der Sprache im Vergleich zu Java. Damit bietet es eine zwar vergleichsweise kurze, aber doch recht detaillierte und tiefgängige Einführung in C. Profitieren wird man auch, wenn man schon einmal mit C in Berührung gekommen ist und nun seine Kenntnisse vertiefen möchte.

Leserinnen und Leser lernen zunächst die grundlegenden Unterschiede in den Sprachansätzen von C und Java, aber auch die vielfältigen Gemeinsamkeiten beider Sprachen kennen. Sie werden dann mit den Besonderheiten von C vertraut gemacht und lernen, die C-spezifischen Konzepte praktisch anzuwenden. Insbesondere werden sie dazu befähigt, sicher mit Zeigern/Pointern (einem fundamentalen Sprachkonstrukt, das es in Java so nicht gibt) umzugehen und dynamische Datenstrukturen, die in Java durch vordefinierte Klassen bereitgestellt werden, in C selbst auszuprogrammieren.

Das Buch kann man auf drei Arten nutzen:

* Wenn man sich rasch einen Überblick über C verschaffen möchte, so sollte man die acht „Schnelleinstiege" zu Beginn der einzelnen Kapitel lesen. Sie ermöglichen den unmittelbaren Einstieg in die praktische C-Programmierung.

* Wenn man C im Detail kennenlernen möchte, so sollte man die Kapitel des Buchs sukzessive durcharbeiten und die Beispielprogramme praktisch ausprobieren. Man lernt dabei nicht nur die sprachlichen Möglichkeiten von C, sondern auch typische Programmiertricks und -fallen kennen.

* Wenn man bei der späteren praktischen Arbeit bestimmte Details nachschlagen möchte, so sollte man dazu die Anhänge benutzen. Insbesondere findet man ganz am Ende des Buchs eine tabellarische Darstellung von Informationen, die man bei der C-Programmierung häufig benötigt.

Viele Beispiele und Grafiken verdeutlichen den Stoff und Verweise innerhalb des Buchs zeigen Zusammenhänge zwischen den Teilbereichen auf. Tricks, Fallen und Informationen für Fortgeschrittene sind typografisch hervorgehoben. Übungsaufgaben dienen zur Überprüfung des Lernerfolgs.

Die erste Auflage des Buchs erschien unter dem Titel „C für Java-Programmierer". Diese zweite Auflage mit dem Titel „Von Java zu C" wurde bezüglich einiger weniger technischer Details aktualisiert. Die Änderungen halten sich aber in engen Grenzen, da C eine sehr stabile Programmiersprache ist. Zudem wurden die Quellenhinweise und die Empfehlungen zu Programmierwerkzeugen aufgefrischt sowie Fehler korrigiert. Schließlich wurde der Text im Hinblick auf eine geschlechtergerechte Sprache überarbeitet, was auch der Grund für die Änderung des Buchtitels war. Sterne * treten aber nach wie vor nur als Operatoren der Programmiersprache C auf.

Köln/Bergisch Gladbach, im Sommer 2024   Carsten Vogt

Zusatzmaterial zum Buch

Zu diesem Buch stehen Ihnen weitere Inhalte digital zur Verfügung:

- die Beispielprogramme,
- die Lösungen der Übungsaufgaben,
- die nach Drucklegung entdeckten Fehler

Gehen Sie dazu einfach auf

```
https://plus.hanser-fachbuch.de
```

und geben Sie dort diesen Code ein:

```
plus-34avT-Mg81w
```

Hinweise auf Dokumentationen und Werkzeuge, die im Internet frei verfügbar sind, gibt der Literaturteil auf Seite 223.

Schnelleinstieg 1: C und Java im Vergleich

C ist wie Java eine *imperative* Programmiersprache: Ein C-Programm besteht aus Anweisungen, wie arithmetischen Operationen und Wertzuweisungen. Die Anweisungen werden, gesteuert durch Kontrollstrukturen, wie Verzweigungen und Schleifen, in einer bestimmten Reihenfolge ausgeführt. C und Java haben viele gemeinsame Konstrukte, denn das objektorientierte C++, das aus C hervorgegangen ist, hat die Entwicklung von Java beeinflusst.

C wird insbesondere *hardwarenah* eingesetzt, beispielsweise zur Programmierung von Mikrocontrollern sowie zur Implementierung und Nutzung von Betriebssystemen. Es kann aber auch wie Java zur problemorientierten *Anwendungsprogrammierung* benutzt werden. Im Laufe der Jahre wurde C mehrfach standardisiert und es stehen C-Compiler und -Programmierumgebungen für verschiedene Betriebssystemplattformen zur Verfügung.

C ist eine *prozedurale* Sprache: Ein C-Programm ist meist eine Sammlung von sogenannten Prozeduren oder Funktionen, die Teilprobleme lösen und sich gegenseitig aufrufen. Eine dieser Funktionen ist das Hauptprogramm `main()`:

```
#include <stdio.h> /* Import I/O-Funktionen printf/scanf */
/* Funktion zur Ermittlung des Maximums zweier float-Werte */
float max(float a, float b) {
  if (a>b) return a;
   else return b;
}
/* Hauptprogramm */
int main(void) {
  float x, y;
  printf("Bitte zwei Zahlen eingeben: ");
  scanf("%f %f",&x,&y);       /* Einlesen zweier float-Werte */
  printf("Maximum: %f\n",max(x,y)); /* Ausgabe des Maximums */
  return 0;
}
```

C ist *keine objektorientierte Sprache*, kennt also keine Klassen und Objekte. C besitzt aber ein differenziertes *Datentypkonzept*: Es stellt skalare Typen, wie ganze Zahlen, Gleitkommazahlen und Zeichen, und zusammengesetzte Typen, wie Arrays oder „structs" (d.h. Strukturen aus mehreren Komponenten unterschiedlicher Typen), zur Verfügung. Zudem realisiert C sogenannte *Zeigervariablen*, die Speicheradressen enthalten und damit den unmittelbaren Zugriff auf Hauptspeicherzellen ermöglichen.

C-Programme werden nicht interpretiert, sondern *übersetzt*: Der C-Quellcode wird über Zwischenstufen in ein Maschinenprogramm übersetzt (beispielsweise eine `exe`-Datei), das unmittelbar durch die Prozessorhardware ausgeführt werden kann.

Der nächste Schnelleinstieg steht auf Seite 16.

1 Einführung

C und Java gehören zu den meistverbreiteten Programmiersprachen und sind damit grundlegendes Rüstzeug für die Programmierung von Computern. Bei der Entwicklung von Java hat C, die ältere der beiden Sprachen, unmittelbar und mittelbar Pate gestanden. Man findet daher viele Eigenschaften von C in Java wieder – und somit auch umgekehrt, so dass Java-Kenntnisse eine gute Basis für den Einstieg in C sind.

Diese Einführung gibt zunächst einen kurzen Überblick über Geschichte, Eigenschaften und Anwendungsgebiete von C und Java. Anschließend werden, ausgehend von drei einfachen Programmbeispielen, die wichtigsten Gemeinsamkeiten und Unterschiede der beiden Sprachen aufgezeigt. Zum Abschluss findet man einen Ausblick auf die folgenden Kapitel dieses Buchs sowie eine Anleitung zur schnellen Lektüre, zum Nachschlagen und zur Vertiefung des Stoffs.

1.1 C und Java von den Anfängen bis heute

1.1.1 Die Entwicklung von C

1.1.1.1 Der Ursprung

Die Anfänge der Programmiersprache C liegen ein halbes Jahrhundert zurück: Als **Dennis Ritchie** und **Ken Thompson** um das Jahr 1970 das Betriebssystem **UNIX** entwickelten, benötigten sie eine Programmiersprache zu seiner Implementierung. Um UNIX portabel, also zwischen verschiedenen Rechnerplattformen übertragbar zu machen, musste diese Sprache **maschinenunabhängig** sein, das heißt unabhängig von der Maschinensprache eines bestimmten Prozessors. Da ein Betriebssystem unmittelbar auf die Rechnerhardware aufsetzt, musste die Sprache aber **maschinennah** sein, also einen leichten Zugriff auf die Komponenten der Hardware (insbesondere Speicherzellen und Prozessorregister) erlauben und sich effizient in Maschinensprache übersetzen lassen.

Keine der Programmiersprachen, die damals zur Verfügung standen, erschien Ritchie und Thompson für diesen Zweck geeignet. Sie erarbeiteten daher zwei neue Sprachen: Ausgehend von der vorhandenen Sprache **BCPL** (= Basic Combined Programming Language) entwickelte zunächst Thompson die Sprache **B**, eine hardwarenahe Sprache mit Unterprogrammen, aber ohne differenzierte Datentypen. Ritchie wiederum entwickelte B zur Sprache **C** weiter (als Namen benutzte er dabei einfach den nächsten Buchstaben im Alphabet) und führte dabei unter anderem verschiedene Datentypen ein.

1.1.1.2 Grundlegende Eigenschaften

C ist eine **imperative, prozedurale Sprache**: „Imperativ" bedeutet, dass sich ein C-Programm aus Anweisungen, wie arithmetischen Operationen und Wertzuweisungen, zusammensetzt und dass diese Anweisungen in einer bestimmten Reihenfolge, gesteuert von Kontrollstrukturen, wie Verzweigungen und Schleifen, ausgeführt werden. „Prozedural" bedeutet, dass Teilprogramme definiert werden können – also sogenannte „Prozeduren" oder „Funktionen", die (ähnlich den statischen Methoden von Java) Teilprobleme lösen und beliebig oft aufgerufen werden können.

C besitzt ein **differenziertes Datentypkonzept**: Es stellt skalare Typen, wie ganze Zahlen, Gleitkommazahlen und Zeichen, sowie zusammengesetzte Typen, wie Arrays oder Strukturen, zur Verfügung. Zudem realisiert C sogenannte Zeiger-/Pointervariablen, die Speicheradressen enthalten. Über diese Adressen kann man unmittelbar auf Speicherzellen zugreifen und darauf arithmetische und bitweise Operationen ausführen. Insbesondere aufgrund dieser Vielfalt von Datentypen kann man C nicht nur zur systemnahen Programmierung einsetzen, sondern auch problemnahe Anwendungen in C schreiben.

C ist eine **kompilierte Sprache**: C-Programme werden zur Ausführung in die Maschinensprache der jeweiligen Rechnerplattform übersetzt. Das resultierende Maschinenprogramm ist nicht frei portabel, kann also nicht von Prozessoren mit einem anderen Maschinenbefehlssatz ausgeführt werden.

1.1.1.3 Standards

C verbreitete sich zusammen mit UNIX rasch, gewann dann auch unabhängig von UNIX schnell an Bedeutung und wurde im Laufe der Jahre weiterentwickelt und standardisiert:

- 1978 veröffentlichten **Brian Kernighan** und **Dennis Ritchie** das Buch „The C Programming Language" [KeRi78] und legten damit den ersten allgemeinen C-Standard fest. Die dort beschriebene C-Version wird als **Kernighan-Ritchie-C** (kurz **K&R C**) bezeichnet.

- 1989 wurde C in einer revidierten und erweiterten Fassung durch das **ANSI** (American National Standards Institute) standardisiert [ANSI89]. Dies war das erste **„ANSI-C"**, später auch **C89** genannt.

- 1990 übernahm die **ISO** (International Organization for Standardization, [ISO]) den ANSI-Standard [ISO90] und später dann auch das **DIN** (Deutsches Institut für Normung) [DIN94]. Das dort festgelegte C, das nur in wenigen Details von ANSI-C abweicht, wird **C90** genannt.

- Seither folgte eine Reihe weiterer ISO-Standards, nämlich **C95**, **C99**, **C11** und **C17** mit Änderungen und Erweiterungen, die aber jeweils die Kernideen und -konzepte der Sprache unverändert ließen.

- Zum Zeitpunkt der Drucklegung dieses Buchs ist **C17** der aktuelle Standard [ISO18] und damit auch Grundlage dieser Einführung in C. Die Nachfolgeversion **C23** ist in der finalen Abstimmung [ISO23]. Sie lässt keine Änderungen erwarten, die für die Darstellungen hier wesentlich wären.

1.1.2 Objektorientierte Nachfolgesprachen

1.1.2.1 C++

Vor und während der Entstehung von C kamen objektorientierte Programmiersprachen auf – zunächst in den 1960er-Jahren die Sprache **Simula**, danach in den 1970ern die Sprache **Smalltalk**. Anfang der 1980er-Jahre übertrug **Bjarne Stroustrup** die Ideen von Simula auf C und erweiterte es damit um Konzepte der objektorientierten Programmierung [Stro86]. Er nannte die resultierende Sprache **C++** und spielte dabei auf den ++-Operator an, mit dem der Wert einer Variablen um eins erhöht wird.

C++ ist keine rein objektorientierte, sondern eine hybride Sprache, das heißt eine Mischform: Einerseits kann man in C++ ganz ohne Klassen und Objekte programmieren, also wie in C ein Programm als Sammlung von Funktionen aufbauen, zwischen denen Parameter und Rückgabewerte ausgetauscht werden. Andererseits realisiert C++ die Konzepte der objektorientierten Programmierung, so insbesondere Objekte und Klassen, Vererbung und abstrakte Klassen. Dazu kommen weitere Merkmale wie statische Methoden und das Überladen und Überschreiben von Methoden.

1.1.2.2 Java

Die Programmiersprache **Java**, die es seit Anfang der 1990er-Jahre gibt, geht auf ein Team der Firma **Sun Microsystems** um **James Gosling** zurück. Java ist im Gegensatz zu C++ eine rein objektorientierte Sprache (wobei man natürlich auch in Java prozedural programmieren kann, indem man Hauptprogramm und weitere Prozeduren/Funktionen als statische Methoden einer einzigen Klasse definiert und auf die Erzeugung von Objekten verzichtet).

Java übernahm viele Syntaxeigenschaften und die darunter liegende Semantik von mehreren anderen Programmiersprachen, so insbesondere von C und C++. Die grundlegenden Kontrollstrukturen von C (Blöcke, bedingte Anweisungen, Schleifen), die Mehrzahl der skalaren Datentypen mit ihren Operationen sowie die Definition von Funktionen/Methoden mit Parametern und Wertrückgaben findet man in Java (bis auf geringe Abweichungen) identisch wieder. Auch gibt es eine Reihe von Übereinstimmungen zwischen C++ und Java hinsichtlich des Klassenkonzepts. Hier bestehen aber auch deutliche Unterschiede, beispielsweise in der Syntax einer Klassendefinition und hinsichtlich der Mehrfachvererbung (also des Erbens von mehreren Basisklassen), die in C++ erlaubt ist, in Java jedoch nicht.

Java verzichtet auf ein Zeigerkonzept, wie es C bietet, und nimmt zudem deutlich strengere Typprüfungen vor. Dies geschieht aus Sicherheitsgründen: Ein unkontrollierter Zugriff auf Variablen oder Speicherzellen und die beliebige Manipulation der dort gespeicherten Bitmuster sollen ausgeschlossen sein.

Zudem werden Java-Programme nicht wie C-Programme direkt in Maschinensprache übersetzt, sondern in Bytecode (also in eine Zwischensprache), der dann durch die Java Virtual Machine auf der jeweiligen Plattform zur Ausführung gebracht wird. Im Gegensatz zu übersetzten C-Programmen sind übersetzte Java-Programme damit portabel, können also auf unterschiedlichen Rechnerplattformen ausgeführt werden.

1.1.3 Einsatzgebiete von C und Java

C wird insbesondere **hardwarenah** eingesetzt: Man benutzt es zur Programmierung von Mikrocontrollern in eingebetteten Systemen, mit denen Geräte gesteuert werden, sowie zur Implementierung von Betriebssystemen wie UNIX/Linux und zugehörigen Dienstprogrammen. UNIX/Linux, Windows und andere Betriebssysteme bieten entsprechende Programmierschnittstellen (Application Programming Interfaces, APIs) an, also Sammlungen von C- und C++-Funktionen, über die Dienste des Betriebssystems aufgerufen werden können. Auf diese Basis werden dann, ebenfalls in C und/oder C++, Anwendungsprogramme realisiert.

Java als objektorientierte Sprache hat ein höheres Abstraktionsniveau als C und verfügt zudem über eine Vielzahl „mitgelieferter" Klassen und Pakete. Es ist damit zur Programmierung komplexer lokaler und verteilter Anwendungen geeignet, so insbesondere auch von Webservern sowie von Apps für Mobilgeräte.

In der Hochschulausbildung dienen C und Java häufig als „Einstiegssprachen", werden also in einer Grundvorlesung zur Einführung in die Programmierung eingesetzt. Dabei wird aber, oft aus Zeitgründen, vielfach nur eine dieser Sprachen gelehrt. Im weiteren Verlauf des Studiums benötigt man jedoch beide Sprachen. C wird dann eher in den hardware- und systemnnahen Fächern, wie Technische Informatik und Betriebssysteme, aber auch Datenbanken benutzt. Java findet man eher in anwendungsnahen Bereichen, wie Softwaretechnik, der Realisierung nebenläufiger und verteilter Anwendungen sowie der Programmierung von Mobilgeräten.

1.2 C und Java im Sprachvergleich

1.2.1 Drei Beispielprogramme

Zum Einstieg in die praktische C-Programmierung sollen drei einfache C-Programmbeispiele diskutiert und mit ihren „Gegenstücken" in Java verglichen werden. Dabei zeigen sich schon einige Unterschiede zwischen C und Java; es wird aber auch deutlich, dass die beiden Programmiersprachen viele Gemeinsamkeiten haben.

1.2.1.1 Einfaches Programm mit Ausgabe

Ein Programm, das die Zweierpotenzen von 1 bis 256 ausgibt, könnte in C wie folgt aussehen:

```
#include <stdio.h>                              C ...
int main(void) {
 int zahl = 1;
 // Schleife bis zum Erreichen der Obergrenze
 while ( zahl <= 256 ) {
  printf("Zweierpotenz: %d\n",zahl);
  zahl = zahl * 2;
```

```
    }
    return 0;
}
```

Das entsprechende Java-Programm könnte wie folgt lauten:

```
import java.io.*;                                          ... Java
class ZweierPotenzen_1 {
  public static void main(String args[]) {
    int zahl = 1;
    // Schleife bis zum Erreichen der Obergrenze
    while ( zahl <= 256 ) {
      System.out.println("Zweierpotenz: " + zahl);
      zahl = zahl * 2;
    }
  }
}
```

Die Programme sind sich offensichtlich sehr ähnlich; die Syntax vieler Programmbestand-teile ist sogar identisch. Unterschiede bestehen lediglich an den folgenden Stellen:

- Während in Java externe Komponenten per `import` importiert werden, geschieht dies in C durch `#include`. Details zur `#include`-Anweisung und ähnlichen **Präprozessor-Instruktionen** werden in → 2.3 diskutiert.

- In Java muss das **Hauptprogramm `main()`** in einer eigenen Klasse definiert werden, in C kommt es ohne einen solchen Rahmen aus. Auch ist der `main()`-Kopf in C deutlich einfacher; so kann man beispielsweise auf Parameter verzichten, und Ausnahmen, die geworfen werden könnten, gibt es in C generell nicht. Dafür hat das C-`main()` den Rückgabetyp `int` statt `void`: Mit dem Rückgabewert 0 („`return 0`") wird der Aufruf-umgebung ein fehlerfreies Programmende angezeigt; ein Rückgabewert ungleich 0 mel-det einen Fehler. Der Aufbau eines C-Programms wird in → 2.1 genauer beschrieben.

- Die Java-Ausgabemethode `println()` erhält als einzigen Parameter eine Zeichenkette, die sich im Allgemeinen durch den +-Operator aus konstanten Zeichenketten und Vari-ablenwerten zusammensetzt und entsprechend auf den Bildschirm ausgegeben wird. Die **C-Ausgabefunktion `printf()`** kann dagegen mehrere Parameter besitzen: Der erste Parameter ist stets eine Zeichenkettenkonstante, die Format- oder Konversionsangaben (eingeleitet mit `%`) enthalten kann. Diese Konversionsangaben sind „Platzhalter", für die bei der Ausgabe die Werte der nachfolgenden Parameter eingesetzt werden. Der Buch-stabe in einer Konversionsangabe charakterisiert den Typ des auszugebenden Werts, so z.B. `%d` für dezimale `int`-Werte. Nähere Informationen zu `printf()` findet man in → 7.2.1. Ein entsprechende Java-Methode findet man übrigens in der Klasse `PrintStre-am`.

1.2.1.2 Programm mit Eingabe und C-spezifischen Datentypen

Das Programm wird nun so erweitert, dass man die Obergrenze eingeben kann, bis zu der die Potenzen berechnet werden sollen. Zudem wird der Wertebereich der Ganzzahlvariab-len auf nichtnegative Zahlen beschränkt. Die C-Version lautet jetzt wie folgt:

```
#include <stdio.h>                                          C ...
int main(void) {
 unsigned int obergrenze;
 unsigned int zahl = 1;
 printf("Eingabe der Obergrenze: ");
 scanf("%u",&obergrenze);
 while ( zahl <= obergrenze ) {
  printf("Zweierpotenz: %u\n",zahl);
  zahl = zahl * 2;
 }
 return 0;
}
```

Das erweiterte Java-Programm sieht so aus:

```
import java.io.*;                                          ... Java
class ZweierPotenzen_2 {
 public static void main(String args[]) throws IOException {
  int zahl = 1;
  int obergrenze;
  BufferedReader in =
   new BufferedReader(new InputStreamReader(System.in));
  System.out.print("Eingabe der Obergrenze: ");
  obergrenze = Integer.parseInt(in.readLine());
  while ( zahl <= obergrenze ) {
   System.out.println("Zweierpotenz: " + zahl);
   zahl = zahl * 2;
  }
 }
}
```

Hier erkennt man zwei weitere Unterschiede:

- C verfügt, im Gegensatz zu Java, über einen Datentyp **unsigned int**, dessen Wertebereich die nichtnegativen ganzen Zahlen (bis zu einem bestimmten Maximalwert) sind. Mit den Standardtypen von C beschäftigt sich → 4.1.

- Ein Java-Programm liest Werte üblicherweise mit Hilfe eines BufferedReader- oder eines Scanner-Objekts ein. In C dient dazu die **Eingabefunktion scanf()**: Ähnlich wie printf() verwendet diese Funktion im ersten Parameter Konversionsangaben, die Anzahl und Typen der einzugebenden Werte bestimmen. Weitere Parameter geben die Variablen an, in denen die Werte gespeichert werden sollen. scanf() wird in → 7.2.2 näher beschrieben.

Wichtig ist hier zudem der &-Operator, der im Beispiel dem zweiten scanf()-Parameter vorangestellt ist. Dieser **Adressoperator** liefert die Speicheradresse der Variablen und gibt somit die Stelle im Speicher an, an der der eingegebene Wert abgelegt werden soll. C ermöglicht einen sehr flexiblen Umgang mit solchen Adressen und erlaubt unter anderem, sie in **Zeigervariablen (Pointern)** zu speichern. Die → Kapitel 5 und 8 befassen sich ausführlich mit dem Zeigerkonzept von C und seiner Anwendung.

1.2.1.3 Programm mit einer Funktion

Schließlich wird noch eine einfache **Funktion** eingeführt, die das Doppelte eines Werts berechnet. Das C-Programm hat nun die folgende Form:

```
#include <stdio.h>                                            C ...
int doppelt(int x) {
 return 2*x;
}
int main(void) {
 unsigned int obergrenze;
 unsigned int zahl = 1;
 printf("Eingabe der Obergrenze: ");
 scanf("%u",&obergrenze);
 while ( zahl <= obergrenze ) {
  printf("Zweierpotenz: %u\n",zahl);
  zahl = doppelt(zahl);
 }
 return 0;
}
```

In Java lautet das Programm jetzt:

```
import java.io.*;                                            ... Java
class ZweierPotenzen_2 {
 public static int doppelt(int x) {
  return 2*x;
 }
 public static void main(String args[]) throws IOException {
  int zahl = 1;
  int obergrenze;
  BufferedReader in =
   new BufferedReader(new InputStreamReader(System.in));
  System.out.println("Eingabe der Obergrenze: ");
  obergrenze = Integer.parseInt(in.readLine());
  while ( zahl <= obergrenze ) {
   System.out.println("Zweierpotenz: " + zahl);
   zahl = doppelt(zahl);
  }
 }
}
```

C-Funktionen entsprechen also den statischen (d.h. nicht auf ein bestimmtes Objekt bezogenen) Methoden von Java. Sie sind in C aber nicht einer bestimmten Klasse zugeordnet (da es ja Klassen in C überhaupt nicht gibt), sondern werden in der Programmdatei (oder auch in mehreren Dateien) ohne einen umschließenden Rahmen hintereinander definiert.

1.2.2 Eigenschaften von Java vs. Eigenschaften von C

1.2.2.1 Tabellarischer Vergleich

Die drei Programmbeispiele zeigten einige, aber bei weitem nicht alle Unterschiede zwischen C und Java auf. Tabelle 1.1 gibt eine knappe Gesamtübersicht über die Gemeinsamkeiten und Unterschiede von Java und C. Zudem verweist sie auf die Kapitel des Buchs, in denen die einzelnen Themenbereiche behandelt werden.

Tabelle 1.1 Vergleich zwischen Java und C

	Java	C	siehe
Art der Sprache	imperativ, objektorientiert	imperativ, prozedurorientiert	1.2.2.2
Programmaufbau	Konstrukt aus Klassen, Schachtelung und Verteilung auf mehrere Dateien/Pakete möglich	Sammlung von Funktionen, Schachtelung nicht möglich, Verteilung auf mehrere Dateien möglich	2.1
Ausführung von Programmen	Übersetzung in Bytecode, Ausführung des Bytecodes durch die Java Virtual Machine (durch Interpretation oder mit Just-in-time Compilation)	Vorarbeit durch Präprozessor, Übersetzung in Maschinensprache des Prozessors, Ausführung durch die Prozessor-Hardware	1.2.2.3, 2.2, 2.3
Kontrollstrukturen	nahezu identische Blöcke, bedingte Anweisungen und Schleifen; nur wenige Detailunterschiede		3
skalare Datentypen	ähnliche Zahlen- und Zeichentypen mit Unterschieden in den Wertebereichen		4.1
zusammen-gesetzte Datentypen	Objekte, darunter auch Arrays und Collections mit zahlreichen vordefinierten Operationen	Arrays, Strukturen, Unions, Bitfelder, keine vordefinierten Typen oder Operationen für Mengen, Listen usw.	4.3, 4.4, 4.5, 8
Definition weiterer Typen	Klassen, Enumerationen	`typedef`-Operator, `struct`-Typen, Enumerationen	4.4.2, 4.6
Zeiger/Pointer	Objektvariablen mit Referenzen auf Objekte	Zeigervariablen mit Adressen von Speicherzellen und Adressarithmetik	5
Prozeduren/ Funktionen	klassenbezogene und objektbezogene Methoden	Sammlung gleichberechtigter Funktionen	6
Ein-/Ausgabe- u. Dateifunktionen	definiert durch Java-Standardklassen	definiert durch die C-Standardbibliothek	7
Ausnahme-behandlung	mit `class Exception` und `try`/`catch`/`throw`	u.a. mit Sprungbefehl `goto`	3.4

Zwei grundlegende Unterschiede zwischen C und Java sind also,

- dass es sich bei C um eine **prozedurorientierte Sprache** handelt, während Java eine **objektorientierte Sprache** ist, und

- dass C-Programme in **Maschinensprache** übersetzt werden, während Java-Programme in eine **Zwischensprache** übersetzt werden, die dann durch die **Java Virtual Machine** interpretiert oder vor der Ausführung weiter in Maschinensprache übersetzt wird.

Im Folgenden werden diese beiden Unterschiede etwas ausführlicher diskutiert; mit den übrigen Eigenschaften beschäftigen sich die nachfolgenden Kapitel dieses Buchs.

1.2.2.2 Objektorientierung vs. Prozedurorientierung

Java und C sind beides **imperative Sprachen**: Ihre grundlegenden Anweisungen definieren relativ einfache Operationen und Kontrollstrukturen legen fest, in welcher Reihenfolge die Anweisungen ausgeführt werden. In diesem gemeinsamen Rahmen sind Java und C jedoch unterschiedlich ausgerichtet – Java ist objektorientiert, C dagegen prozedurorientiert:

- In einer **objektorientierten Sprache** stehen die Datenstrukturen im Vordergrund, mit denen gearbeitet wird. Eine Datenstruktur wird durch ein Objekt realisiert, das ihre Werte speichert und die Operationen definiert, die hierauf angewendet werden können. Ein Beispiel sind Objekte einer Klasse `Bruch` zur Darstellung rationaler Zahlen. Ein `Bruch`-Objekt kann mit Hilfe seiner Methode `kuerzen()` gekürzt werden, wobei seine Hilfsmethode `ggt()` den größten gemeinsamen Teiler von Zähler und Nenner berechnet:

```
class Bruch {                              Java ...
 private int zaehler, nenner;
 ... Konstruktor ...
 private int ggt(int x, int y) {
  while (x!=y)
   if (x<y)
     y=y-x;
    else x=x-y;
  return x;
 }
 ... set- und get-Methoden ...
 public void kuerzen() {
  int teiler=ggt(zaehler,nenner);
  zaehler=zaehler/teiler;
  nenner=nenner/teiler;
 }
}
class Hauptprogramm {
 public static void main(String args[]) {
  Bruch b = new Bruch(...);
  b.kuerzen();
 }
}
```

Ein Objekt bildet also eine Einheit aus Daten und Operationen, wobei die Operationen den Daten zugeordnet oder (schärfer formuliert) untergeordnet sind. Objekte sind zudem „gekapselt", so dass auf ihre Werte nur über die festgelegten Operationen zugegriffen werden kann.

- In einer **prozeduralen Sprache** fehlt diese enge Zuordnung von Operationen zu bestimmten Daten. Hier werden Operationen definiert, die nicht auf einer bestimmten Datenstruktur arbeiten, sondern die unterschiedslos auf alle Daten eines bestimmten Typs angewendet werden können:

```c
typedef struct {                                    ... C
  int zaehler;
  int nenner;
} bruch;

int ggt(int x, int y) {
  while (x!=y)
    if (x<y)
      y=y-x;
    else
      x=x-y;
  return x;
}
void kuerzen(bruch *br) {
  int teiler  = ggt(br->zaehler,br->nenner);
  br->zaehler = br->zaehler/teiler;
  br->nenner  = br->nenner/teiler;
}
void main(void) {
  bruch b;
  b.nenner  = ...;
  b.zaehler = ...;
  kuerzen(&b);
}
```

Im Beispielprogramm wird ein Strukturtyp `bruch` für Variablen definiert, die Zähler und Nenner eines Bruchs speichern können. Die Vorgehensweise zum Kürzen eines Bruchs wird durch die Prozedur `kuerzen()` spezifiziert. Diese Prozedur führt zwar dieselben Schritte wie die Java-Methode von oben aus; sie ist jedoch nicht einer bestimmten `bruch`-Variablen zugeordnet, sondern man kann ihr beliebige Brüche als Parameter übergeben. Dies entspricht dem Status einer statischen, also klassenbezogenen Java-Methode, wie zum Beispiel einer der Methoden, die in der Java-Klasse `Math` definiert sind.

1.2.2.3 Interpretation vs. Übersetzung

Java und C sind höhere Programmiersprachen: Die Befehle einer solchen Sprache können nicht unmittelbar durch die Hardware eines Prozessors ausgeführt werden, sondern sie müssen dazu in entsprechende **Maschinenbefehle** umgesetzt werden. Für diese Umsetzung gibt es zwei grundlegende Ansätze, nämlich die Interpretation und die Übersetzung:

Interpretation:

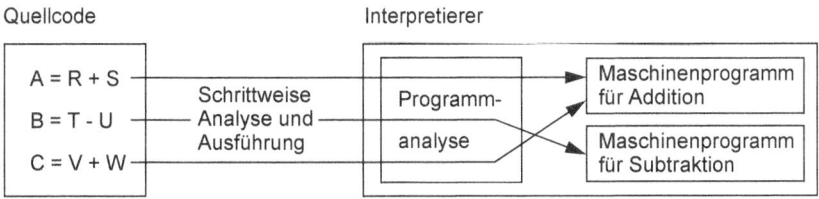

Übersetzung:

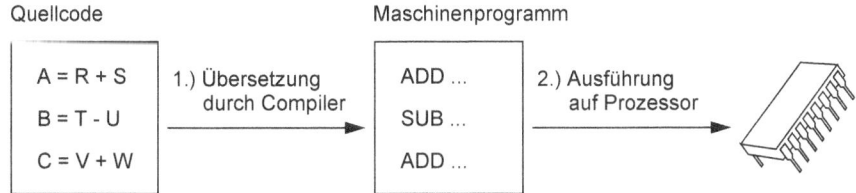

Abbildung 1.1 Interpretation vs. Übersetzung

- Bei der **Interpretation** wird der Quellcode Anweisung für Anweisung durchlaufen. Jede Anweisung wird analysiert und es wird unmittelbar eine vorgefertigte Maschinenbefehlsfolge ausgeführt, die dieser Anweisung zugeordnet ist. Zur Interpretation dient ein **Interpretierer**, ein Dienstprogramm der Systemsoftware. Vorteile der Interpretation liegen darin, dass ein Quellcodeprogramm unmittelbar auf unterschiedlichen Rechensystemen ausgeführt und dass die Ausführung direkt gestartet werden kann. Nachteilig ist die Ausführungsgeschwindigkeit, die geringer ist als bei übersetzten Programmen.

- Bei der **Übersetzung** wird der Quellcode vor der Ausführung in ein entsprechendes Maschinenprogramm transformiert. Das Maschinenprogramm besteht aus Maschinenbefehlen des benutzten Prozessors und kann somit auf der Hardware unmittelbar ablaufen (→ Abbildung 1.1). Die Übersetzung wird von einem **Compiler** zusammen mit einem **Binder** vorgenommen (→ 2.2); die Ausführung selbst wird durch das **Laufzeitsystem** gesteuert. Die Vor- und Nachteile der Übersetzung sind denen der Interpretation genau entgegengesetzt.

Java beruht auf einer Mischform aus Übersetzung und Interpretation: Der Java-Compiler übersetzt den Quellcode in eine Zwischensprache, den Bytecode, und speichert diesen in einer oder mehreren `class`-Dateien. Zur Ausführung liest die Java Virtual Machine (JVM) die Dateien aus und interpretiert die Bytecode-Anweisungen. Zur Leistungssteigerung kann der Bytecode dabei teilweise oder auch ganz in Maschinensprache übersetzt werden kann, und zwar während oder schon vor der Ausführung – Just-in-time Compilation (JIT) oder Ahead-of-time Compilation (AOT).

Ein C-Programm wird dagegen nicht interpretiert, sondern übersetzt. Es entsteht zwar auch hier Code in einer Zwischensprache („Assemblercode"); dieser wird dann aber weiter übersetzt, so dass schließlich eine Datei mit dem vollständig in Maschinensprache umgewandelten Programm resultiert. Übersetzte C-Programme können also, im Gegensatz zu Java-

Programmen in Bytecode, nicht auf unterschiedlichen Rechnerplattformen ausgeführt werden, sondern es ist jeweils eine Neuübersetzung erforderlich. Details zur Vorgehensweise bei der Übersetzung eines C-Programms findet man in → 2.2.

1.3 Zu diesem Buch

1.3.1 Aufbau

Das Buch umfasst, nach dieser Einführung, sieben weitere Kapitel sowie einen Anhang:

- **Kapitel 2** beschäftigt sich mit dem **Aufbau von C-Programmen**, die aus einer oder mehreren Quellcodedateien bestehen können. Es wird gezeigt, wie C-Programme übersetzt werden und welche Zwischenprodukte dabei entstehen. Eine wichtige Rolle spielen Anweisungen des Präprozessors, mit denen ein C-Programm vor seiner eigentlichen Übersetzung aufbereitet werden kann.

- **Kapitel 3** behandelt die grundlegenden **Kontrollstrukturen** von C, nämlich Blöcke, bedingte Anweisungen und Schleifen. Da sie bis auf wenige Details mit den Kontrollstrukturen in Java identisch sind, ist dieses Kapitel sehr kurz gehalten.

- **Kapitel 4** stellt die Möglichkeiten zur **Organisation von Daten** in C-Programmen vor. Bei den skalaren Typen für Zahlen und Zeichen sind die Übereinstimmungen mit Java groß. Wie in Java gibt es Arrays, die aber anders implementiert werden, so dass es in der Benutzung Unterschiede gibt. Strukturen, Unions und Bitfelder ermöglichen die Zusammenfassung von Daten unterschiedlicher Typen zu Einheiten. Mit dem `typedef`-Operator können neue Typnamen und Typen definiert werden.

- **Kapitel 5** befasst sich mit dem **Zeigerkonzept** von C, das in Java in dieser Form nicht existiert. Zeiger sind Speicheradressen, über die man unmittelbar auf Speicherzellen zugreifen kann. Mit Adressen lässt sich rechnen, wodurch insbesondere die Indizierung von Arrays realisiert wird. Speicherplatz kann dynamisch, also während der Laufzeit des Programms, belegt werden und man kann dann über Zeiger auf ihn zugreifen.

- In **Kapitel 6** geht es um **Funktionen**, also um Teilprogramme, die Parameter übergeben bekommen und Rückgabewerte liefern. Eine besondere Rolle spielt dabei die Referenzübergabe, also die Übergabe von Zeigern. Die C-Standardbibliothek bietet eine Vielzahl vordefinierter Funktionen, die man bei der Programmierung nutzen kann.

- **Kapitel 7** beschreibt die Techniken zur **Ein- und Ausgabe** und zur Arbeit mit **Dateien**. In der C-Standardbibliothek gibt es eine Reihe von Funktionen, mit denen Daten in ein Programm eingelesen und aus einem Programm ausgegeben werden. Viele dieser Funktionen ermöglichen einen einheitlichen Zugriff sowohl auf Ein-/Ausgabegeräte als auch auf Dateien auf dem Sekundärspeicher.

- **Kapitel 8** diskutiert den Umgang mit **dynamischen Datenstrukturen**, wie Listen, Bäume, Hashtabellen und Mengen. Während Java hierfür Standardklassen definiert, muss in C alles ausprogrammiert werden. Das Kapitel stellt eine Sammlung von C-Funktionen zur Arbeit mit dynamischen Datenstrukturen bereit. Diese Funktionen machen starken Gebrauch vom C-Zeigerkonzept.

- Im **Anhang** findet man die Spezifikationen der wichtigsten Funktionen und Konstanten der **Standardbibliothek** sowie (ganz hinten im Buch) einige **Tabellen zum raschen Nachschlagen** bei der Programmierung.

Die Kapitel beginnen mit einer Zusammenfassung der wichtigsten Aussagen und enden mit mehreren Übungsaufgaben, durch die man sein Wissen überprüfen kann. Die Beispielprogramme des Buchs und die Lösung der Übungsaufgaben findet man im Internet (→ 1.3.3).

1.3.2 Benutzung

Man kann das Buch und seine Zusatzmaterialien auf drei Arten benutzen, nämlich für einen schnellen Einstieg in die C-Programmierung, zum gründlichen Kennenlernen von C und für das Nachschlagen in der Programmierpraxis:

- Für den eiligen Anfang findet man zu Beginn der Kapitel 1 bis 8 jeweils einen Schnelleinstieg. Er stellt in Kurzfassung das dar, was man als Erstes über C wissen möchte und muss, wenn man von der Java-Programmierung kommt. Diese acht Seiten geben also einen grundlegenden Einblick in die wichtigsten Eigenschaften von C, mit dem man dann rasch mit dem Programmieren beginnen kann. Die Schnelleinstiege findet man auf den folgenden Seiten:

  - vor Seite 1: Kapitel 1, C und Java im Vergleich
  - Seite 16: Kapitel 2, Struktur und Übersetzung von C-Programmen
  - Seite 32: Kapitel 3, Kontrollstrukturen
  - Seite 38: Kapitel 4, Datenorganisation
  - Seite 62: Kapitel 5, Zeiger
  - Seite 86: Kapitel 6, Funktionen
  - Seite 122: Kapitel 7, Ein-/Ausgabe und Dateizugriffe
  - Seite 148: Kapitel 8, Dynamische Datenstrukturen

- Will man gründlicher vorgehen, so wird man das Buch von vorn bis hinten lesen, die Beispiele praktisch nachvollziehen (→ 2.2) und die Übungsaufgaben lösen (→ 1.3.3). Die folgenden Symbole weisen dabei auf Besonderheiten hin:

Schleudergefahr: Tipps und Tricks: Für Fortgeschrittene:

               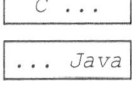

  - „Schleudergefahr" warnt vor Fehlern, die bei der Programmierung mit C häufig auftreten.

  - „Tipps und Tricks" gibt Hinweise zur bequemen und effizienten Programmierung.

- „Für Fortgeschrittene" liefert weiterführende Informationen, die man zu Beginn noch nicht unbedingt haben muss.
- „C ..." und „... Java" vergleichen zwei äquivalente C- und Java-Programmstücke miteinander.

- Bei der Programmierung kann man das Buch zum Nachschlagen benutzen und dabei insbesondere auf die Anhänge zurückgreifen. Man kann die Beispielprogramme aus dem Internet laden und sie an die eigenen Bedürfnisse anpassen und entsprechend erweitern.

1.3.3 Weitere Quellen

Der Literaturteil auf Seite 223 listet

- Bücher mit Einführungen in C ([Erle19], [KiPr19], [WoKr20]),
- ein umfangreiches C-Handbuch, das in einer älteren Auflage auch online verfügbar ist [KrWo23],
- Standardisierungsdokumente ([ANSI89], [DIN94], [ISOXX]) sowie
- Internet-Adressen von C-Compilern und Entwicklungswerkzeugen (siehe hierzu auch Abschnitt → 2.2.3).

Im Internet findet man unter *https://plus.hanser-fachbuch.de* mit dem Zugangscode *plus-34avT-Mg81w*

- die Beispielprogramme aus dem Buch,
- die Lösungen der Übungsaufgaben und
- eine Liste der nach Drucklegung entdeckten Fehler.

Schnelleinstieg 2:
Struktur und Übersetzung von C-Programmen

Ein C-Programm besteht meist aus *mehreren Funktionen*. Diese Funktionen können in einer einzigen Datei stehen, sie können aber auch auf mehrere Dateien verteilt sein. Dazu kommen *Header-Dateien* mit Definitionen, die im gesamten Programm zur Verfügung stehen sollen und durch die *Präprozessoranweisung* `#include` in die einzelnen Programmdateien importiert werden. Das sieht bespielsweise so aus:

Datei `max.h`: Definiert den *Prototypen* (= Kopf) der Funktion `max()`

```
float max(float a, float b);
```

Datei `max.c`: Enthält die vollständige Definition der Funktion `max()`

```
float max(float a, float b) {
  if (a>b) return a; else return b;
  }
```

Datei `hauptprogramm.c`: Enthält die Definition des Hauptprogramms

```
#include <stdio.h> // macht Ein-/Ausgabefunktionen bekannt
#include "max.h"   // macht den Prototypen von max() bekannt
int main(void) {
  float x, y;
  printf("Bitte zwei Zahlen eingeben: ");
  scanf("%f %f",&x,&y);
  printf("Maximum: %f\n",max(x,y));
  return 0;
  }
```

Neben `#include` gibt es weitere Präprozessoranweisungen. Dazu gehören `#define` zur Definition von Konstanten (z.B. `#define PI 3.14159`) und Makros (z.B. `#define SUM(a,b,c) (a+b+c)`) sowie `#ifdef` und `#if` zur bedingten Compilierung, also zur Markierung von Programmstücken, die nur unter bestimmten Bedingungen übersetzt werden sollen (`#ifdef` *Programmstück* `#endif`).

C-Programme werden in mehreren Stufen übersetzt:

- Der *Präprozessor* führt die Präprozessoranweisungen aus und liefert für jede Quellcodedatei ein modifiziertes *Quellcodemodul* mit reinem C-Code.

- *Compiler* und *Assembler* übersetzen jedes Quellcodemodul in ein entsprechendes *Objektmodul* mit einem Programmstück überwiegend in Maschinensprache.

- Der *Linker/Binder* kombiniert die Objektmodule zu einem Maschinenprogramm. Meist bindet er dabei aus *Bibliotheken* (*Libraries*) weitere, vorübersetzte Funktionen ein. Das Maschinenprogramm kann unmittelbar durch die CPU ausgeführt werden.

Der nächste Schnelleinstieg steht auf Seite 32.

2 Struktur und Übersetzung von C-Programmen

Ein C-Programm enthält mindestens ein Hauptprogramm, das wie bei Java den Namen `main` trägt und auch sonst einem Java-Hauptprogramm sehr ähnlich ist. Zusätzlich können Funktionen definiert werden, also Teilprogramme zur Lösung bestimmter Aufgaben, die aus dem Hauptprogramm oder aus weiteren Funktionen heraus aufgerufen werden. Hauptprogramm und Funktionen eines C-Programms können in einer einzigen Datei stehen oder auf mehrere Dateien verteilt sein. Diese Dateien werden zunächst getrennt voneinander in eine Zwischenform übersetzt und anschließend zusammengebunden. Es resultiert ein Maschinenprogramm, das auf der zugrunde liegenden Prozessorhardware unmittelbar ausgeführt werden kann.

2.1 Struktur von C-Programmen

2.1.1 C-Quellcode in einer einzelnen Datei

Der typische Aufbau eines kleinen C-Programms war schon im letzten Beispiel von → 1.2.1 zu sehen, das hier noch einmal aufgeführt ist. Man kann den Programmtext in dieser Form in eine Datei eingeben und übersetzen (→ 2.2). Eine solche Datei hat üblicherweise die Dateinamensendung `.c`:

Datei `zweierpotenzen.c`:

```
#include <stdio.h>
int doppelt(int x) {
 return 2*x;
}
int main(void) {
 unsigned int obergrenze;
 int zahl = 1;
 printf("Eingabe der Obergrenze: ");
 scanf("%u",&obergrenze);
 while ( zahl <= obergrenze ) {
  printf("Zweierpotenz: %d\n",zahl);
  zahl = doppelt(zahl);
 }
 return 0;
}
```

Ein Programm beginnt meist mit einer oder mehreren `#include`-Anweisungen. Mit diesen **Präprozessoranweisungen** werden **Header-Dateien** in das Programm eingebunden und damit vordefinierte Konstanten, Datentypen und Funktionen verfügbar gemacht (→ 2.3.1).

Im Beispielprogramm handelt es sich um die Header-Datei `stdio.h` (= „Standard Input Output"), die Funktionen zur Ein-/Ausgabe wie `scanf()` und `printf()` bereitstellt ($\rightarrow$ 7.2). Header-Dateien haben die Dateinamensendung `.h`.

Der eigentliche C-Code besteht aus einer oder mehreren **Funktionen** ($\rightarrow$ 6), die den statischen (d.h. nicht auf ein bestimmtes Objekt bezogenen) Methoden von Java entsprechen. C-Funktionen werden textuell hintereinander definiert, dürfen also nicht geschachtelt werden. Im Normalfall dürfen Aufrufe einer Funktion im Programmtext nur unterhalb der Deklaration dieser Funktion stehen, was gegenüber Java eine deutliche Einschränkung ist. Um eine Funktion zu deklarieren, reicht es allerdings aus, den Funktionskopf (den **Prototypen**) hinzuschreiben; die Definition des Körpers kann weiter unten im Programmtext nachgeholt werden ($\rightarrow$ 6.2.1).

In einem vollständigen C-Programm muss eine Funktion den Namen **main()** tragen. Wie in Java ist sie das **Hauptprogramm**, mit dem die Ausführung des Programms beginnt ($\rightarrow$ 6.4). `main()` hat den Rückgabetyp `int`: Der Rückgabewert an die aufrufende Umgebung ist 0 bei fehlerfreier Programmausführung und ein Wert ungleich 0 bei einem Fehler.

Neben `#include`-Anweisungen und Funktionen kann eine C-Programmdatei weitere Präprozessoranweisungen (insbesondere `#define`-Anweisungen für symbolische Konstanten und Makros, $\rightarrow$ 2.3) und die Definition globaler Variablen und Typen ($\rightarrow$ 6.5.2) enthalten.

2.1.2 C-Quellcode in mehreren Dateien

Genau besehen besteht bereits das Programm aus $\rightarrow$ 2.1.1 nicht allein aus der Datei `zweierpotenzen.c`. Es greift nämlich auf die vordefinierte Header-Datei `stdio.h` zu, die C-Code mit Typen und Funktionsprototypen von Eingabe- und Ausgabeoperationen enthält. Im Verlauf der Übersetzung wird der Inhalt der Header-Datei in die Hauptprogrammdatei kopiert ($\rightarrow$ 2.3.1) und es werden die Körper der Eingabe- und Ausgabefunktionen aus Bibliotheken „dazugebunden" ($\rightarrow$ 2.2.1). Erst die Kombination dieser Komponenten führt also zu einem ausführbaren Programm.

Bei der C-Programmierung hat man auch selbst die Möglichkeit, den Quellcode auf mehrere Dateien zu verteilen. Man kann dazu Header-Dateien mit Konstanten, Datentypen und Funktionsprototypen schreiben, und man kann Funktionen mit ihren Körpern in anderen Dateien als der Datei des Hauptprogramms definieren. Man sagt hier, dass das Programm aus mehreren **Modulen** besteht. Die Vorteile einer solchen Aufteilung und der praktische Umgang mit Programmmodulen werden in $\rightarrow$ 2.2.2 diskutiert.

Das Beispielprogramm lässt sich wie folgt in mehrere Dateien aufteilen:

Datei `arithmetik.h`:

```
int doppelt(int x);
```

Datei `arithmetik.c`:

```
int doppelt(int x) {
 return 2*x;
}
```

Datei `zweierpotenzen.c`:

```c
#include <stdio.h>
#include "arithmetik.h"

int main(void) {
 unsigned int obergrenze;
 int potenz = 1;
 printf("Bitte Obergrenze eingeben: ");
 scanf("%u",&obergrenze);
 while ( potenz <= obergrenze ) {
  printf("Zweierpotenz: %d\n",potenz);
  potenz = doppelt(potenz);
 }
 return 0;
}
```

Zwei Bemerkungen hierzu:

- Die Header-Datei definiert den Prototypen der aufgerufenen Funktion. Dies erlaubt, das Hauptprogramm zunächst allein zu übersetzen und erst später mit dem Code des Funktionskörpers zusammenzubinden (→ 2.2).

- Ist in der `#include`-Anweisung der Dateiname in spitze Klammern <> eingeschlossen, so sucht der Präprozessor die Header-Datei im Standardverzeichnis für vordefinierte Header-Dateien (→ 2.3.1). Werden Anführungszeichen "" benutzt, so wird im Arbeitsverzeichnis des Übersetzungsvorgangs gesucht. Dies ist meist das Verzeichnis, das die Hauptprogrammdatei enthält.

Code, den man wiederverwenden möchte, kann man vorübersetzen und in **Bibliotheken** (**Libraries**) ablegen. Diese Bibliotheken kann man dann späteren Programmprojekten hinzubinden (→ 2.2.1, → 2.2.3). Man kann dabei auch auf Bibliotheken zugreifen, die von anderen bereitgestellt werden, so insbesondere auf die C-Standardbibliothek (→ 6.6.2, → Anhang C).

2.2 Übersetzung von C-Programmen

C-Quellcode wird in mehreren Schritten in ein Maschinenprogramm übersetzt, das dann auf einem bestimmten Prozessortyp ausführbar ist (→ 1.2.2.3). Wie schon der Quellcode können auch die Zwischenprodukte auf mehrere Dateien verteilt sein, die zudem vorübersetzt bereitgestellt und später bei Bedarf hinzugebunden werden können. Hierdurch wird eine Modularisierung des Codes unterstützt.

2.2.1 Phasen der Übersetzung

Zur Übersetzung eines C-Programms werden die folgenden Phasen durchlaufen (→ Abbildung 2.1):

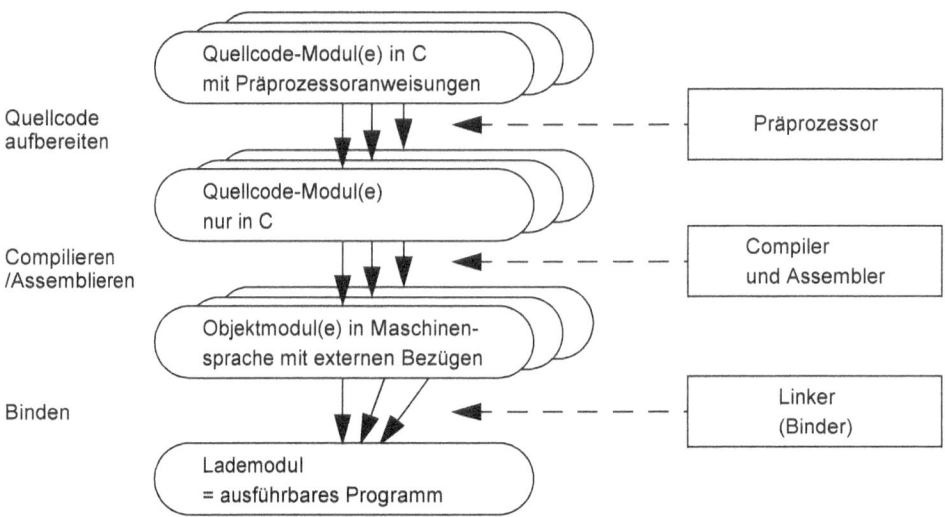

Abbildung 2.1 Phasen der Übersetzung eines C-Programms

- Zunächst bereitet der **Präprozessor** den Quellcode auf, indem er die Kommentare entfernt und Präprozessoranweisungen im Programmtext ausführt (→ 2.3). Zu diesen Präprozessoranweisungen gehören das schon angesprochene #include, um Header-Dateien einzubinden, sowie weitere Instruktionen. Der Präprozessor behandelt jedes Quellcodemodul (also jede der Quellcodedateien *.c, → 2.1.2) gesondert und liefert jeweils ein entsprechendes modifiziertes Quellcodemodul, das reinen C-Code ohne Präprozessoranweisungen und Kommentare enthält.

- Der **Compiler** (**Übersetzer**) prüft für jedes modifizierte Quellcodemodul dessen syntaktische Korrektheit, analysiert seine Struktur und übersetzt es dann in ein entsprechendes Modul in Assemblersprache, das anschließend vom **Assembler** in ein **Objektmodul** überführt wird. Solch ein Objektmodul enthält ein Programm(stück) in Maschinensprache, das dem höhersprachlichen Programm(stück) entspricht. Ein Objektmodul ist aber noch nicht ausführbar, da es externe Bezüge enthält, die aus dem Modul hinaus verweisen – insbesondere auf Funktionen, die in anderen Modulen definiert sind. Wie der Präprozessor verarbeitet der Compiler jedes Quellcodemodul gesondert und speichert jedes der zugehörigen Objektmodule in einer eigenen Datei.

  Ein C-Compiler kann Fehlermeldungen (**Errors**) und Warnungen (**Warnings**) liefern: Eine Fehlermeldung zeigt einen Fehler an, der so schwer ist, dass der Programmcode nicht übersetzt werden kann – beispielsweise eine fehlende schließende Klammer. Bei einer Warnung wird das Programm dagegen übersetzt. Sie ist aber ein ernstzunehmender Hinweis, eine bestimmte Programmstelle zu überprüfen – zum Beispiel eine Wertzuweisung, bei der die Quellvariable einen größeren Wertebereich hat als die Zielvariable.

- Der **Linker** (**Binder**) fügt die erzeugten Objektmodule zu einem Maschinenprogramm zusammen. Zumeist bindet er dabei auch weitere, vorübersetzte Objektmodule mit ein, die das Programmiersystem in **Bibliotheken** bereitstellt. Dies geschieht meist automatisch; man muss also die Bibliotheken nicht explizit angeben, sondern lediglich entsprechende Header-Dateien per `#include` in den Quellcode einfügen (siehe die Behandlung von `stdio.h`, `printf()` und `scanf()` in → 2.1.1).

Beim (statischen) Binden werden sämtliche externen Bezüge aufgelöst: Es entsteht ein **Lademodul**, das alles umfasst, was das Programm zu seiner Ausführung braucht. Das Lademodul wird in einer Datei abgelegt, deren Inhalt bisweilen auch als **Binärcode** des Programms bezeichnet wird.

Nach dem Übersetzen und Binden kann das Programm ausgeführt werden. Hierzu bringt das **Laufzeitsystem** das Lademodul mit Hilfe des Laders in den Hauptspeicher, startet seine Ausführung auf der Prozessor-Hardware und steuert sie.

2.2.2 Modularisierung

C bietet also, wie Java, die Möglichkeit, Programmcode auf mehrere Dateien zu verteilen, das heißt Programme zu **modularisieren**. Die Modularisierung von Programmcode ist sinnvoll, wenn man die folgenden Ziele erreichen möchte:

- Man möchte den **Code strukturieren**:
  Code, der in mehrere Dateien (und möglicherweise mehrere Verzeichnisse) gegliedert ist, ist übersichtlicher als Code, der in einer einzigen großen Programmdatei steht. In C kann man, wie in → 2.1.2 beschrieben, die Funktionen eines Programms auf verschiedene Dateien verteilen und diese möglicherweise in unterschiedlichen Verzeichnissen speichern. Java unterstützt die Strukturierung des Codes insbesondere durch sein Paket- und Klassenkonzept.

- Man möchte **Teile eines Programms** ohne großen Übersetzungsaufwand **ändern**:
  Hat man den Programmtext in einem C-Quellcodemodul geändert, so muss man nur dieses eine Modul neu in ein Objektmodul übersetzen. Die übrigen Objektmodule bleiben unverändert und können unmittelbar mit dem geänderten Objektmodul zusammengebunden werden. Dieses Prinzip ist von Java her bekannt, wo nur geänderte Klassen neu in Bytecode (also in `.class`-Dateien) übersetzt werden müssen.

- Man möchte **Code im Team erstellen**:
  Sollen mehrere Personen ein Softwarepaket erstellen, so müssen sie sich auf Schnittstellen einigen. In Java können sie dazu Interfaces festlegen, die als gemeinsame Grundlage dienen. In C kann man Header-Dateien definieren, in denen die gemeinsam zu benutzenden Konstanten, Datentypen und Funktionsprototypen stehen. Die Programmierer/-innen schreiben dann ihre eigenen Quellcodedateien, die die Header-Dateien per `#include` einbinden, und programmieren dabei für jeweils einen Teil der Prototypen die zugehörigen Funktionskörper. Die Quellcodedateien können unabhängig voneinander in Objektcode vorübersetzt und dabei insbesondere auf syntaktische Korrektheit geprüft werden: Der Compiler benötigt dazu nur die Schnittstellendefinition der aufgerufenen (Fremd-)Funktionen; die Körper werden erst später hinzugebunden, wenn der Linker alle Teilprogramme zum gemeinsamen Endprodukt zusammenfasst.

- Man möchte **Code wiederverwenden**:
  Programmstücke, die öfter benötigt werden, können vorübersetzt bereitgestellt und bei
  Bedarf hinzugezogen werden. In Java gibt es eine Vielzahl vorgegebener Klassen und
  Pakete, die als Bytecode in Java-Archiven abgelegt sind; auch lassen sich bei der Pro-
  grammierung selbst solche Archive erstellen. Für C kann man Quellcodemodule einzeln
  vorübersetzen und in Form von Objektcode bereitstellen, was entweder in einzelnen Ob-
  jektcodedateien oder in Bibliotheken mit mehreren Objektcodedateien geschehen kann.
  Vordefiniert ist die C-Standardbibliothek (→ 6.6, → 7, → Anhang C).

Tabelle 2.1 stellt die Ziele und Techniken in einer Übersicht dar:

Tabelle 2.1 Modularisierung in C und Java

Ziel	Vorgehensweise in C	Vorgehensweise in Java
Strukturierung von Code	Verteilung der Funktions-, Typ- und Konstantendefinitionen auf mehrere Dateien	Verteilung der Interfaces, Klassen und Pakete auf mehrere Dateien
Änderung von Teilen des Codes	Neuübersetzung nur der geänderten Programmteile, Dazubinden des Objektcodes der nicht geänderten Teile	Neuübersetzung nur der geänderten Programmteile, Bytecode der nicht geänderten Teile bleibt in deren Class-Dateien bestehen
Verteilte Erstellung von Code	Verteilung der Funktionsdefinitionen auf mehrere Dateien, Definition gemeinsamer Konstanten, Typen und Schnittstellen in Header-Dateien	Verteilung der Klassen und Pakete auf mehrere Dateien, Definition gemeinsamer Konstanten, Typen und Schnittstellen durch abstrakte Klassen und Interfaces
Wiederverwendung von Code	Bei der Übersetzung Einbinden von vorübersetztem Code aus Objektdateien und Bibliotheken	Bei der Ausführung Rückgriff auf vorübersetzten Bytecode in Class-Dateien und Java-Archiven

2.2.3 GCC und weitere Programmierwerkzeuge

Ein sehr weit verbreitetes Werkzeug zum Übersetzen und Binden von C-Programmen ist
GCC [GCC1]. GCC ist Bestandteil des GNU-Projekts [GNU], in dem frei verfügbare Soft-
ware für Betriebssysteme entwickelt wird. Die Abkürzung GCC stand früher für „GNU C
Compiler" und jetzt, da auch weitere Programmiersprachen unterstützt werden, für „GNU
Compiler Collection".

GCC ist Bestandteil der meisten Linux-Distributionen und daher dort unmittelbar einsetz-
bar. Für Windows gibt es die GCC-Portierung **MinGW** (Minimalist GNU for Windows,
[MinGW]). Außerdem kann man GCC unter Windows an den Linux-Benutzerschnittstellen
von **Cygwin** und **WSL** (Windows-Subsystem für Linux) nutzen; siehe hierzu z.B. [StOfl1]
und [StOfl2]. Auch für macOS ist GCC verfügbar [Mac].

GCC ist kommandozeilenorientiert, wird also, durch das Kommando gcc, in der zeichenorientierten Konsole/Kommandoeingabe aufgerufen. Zudem kann GCC in fensterbasierte Programmentwicklungsumgebungen eingebettet sein; Näheres dazu am Ende dieses Abschnitts.

Das gcc-Kommando kann ein C-Programm unmittelbar in ein ausführbares Maschinenprogramm übersetzen, es kann aber auch Zwischenstufen erzeugen und solche Zwischenstufen bei der weiteren Übersetzung heranziehen. Abbildung 2.2 illustriert die Ausführungsschritte von gcc und nennt die Namensendungen der verarbeiteten und erzeugten Dateien. Zusätzlich sind die zwei Kommandooptionen von gcc angegeben, mit denen man Objektcodedateien (-c) bzw. eine ausführbare Maschinenprogrammdatei mit einem bestimmten Namen (-o) erzeugen kann:

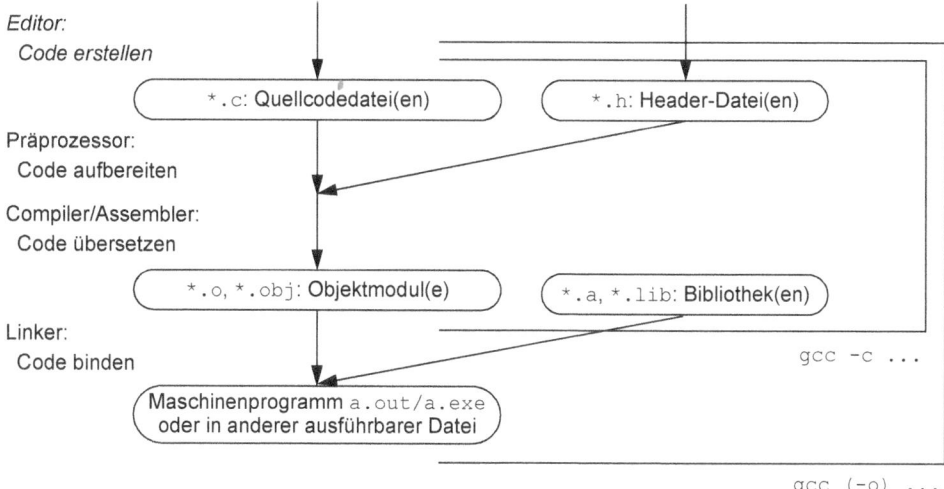

Abbildung 2.2 Übersetzung von C-Programmen mit dem gcc-Kommando

gcc wird typischerweise wie folgt benutzt:

- gcc prog.c übersetzt das Quellcodeprogramm prog.c in ein ausführbares Maschinenprogramm. Im Standardfall heißt die Datei mit dem Maschinenprogramm a.out (unter Linux) bzw. a.exe (unter Windows); man kann aber mit der Option -o einen anderen Dateinamen wählen. So erzeugt beispielsweise der Befehl gcc -o prog prog.c eine Maschinenprogrammdatei mit dem Namen prog bzw. prog.exe.

- gcc funktion.c hauptprog.c übersetzt ein Quellcodeprogramm, das sich auf zwei Dateien verteilt (→ 2.1.2), in eine Maschinenprogrammdatei a.out bzw. a.exe. Man kann auch hier zusätzlich die Option -o benutzen, um der Maschinenprogrammdatei einen anderen Namen zu geben (z.B. gcc -o prog funktion.c hauptprog.c).

- gcc -c funktion.c erzeugt lediglich eine Objektcodedatei funktion.o, nicht jedoch eine Maschinenprogrammdatei. Man kann dies dazu nutzen, um eine C-Funktion vorzuübersetzen. Diese Funktion kann dann später durch gcc funktion.o hauptprog.c mit einem Hauptprogramm zu einem ausführbaren Maschinenprogramm gebunden werden. Der C-Compiler erkennt dabei automatisch, dass die Funktion bereits im Objektcode vorliegt.

- Zudem kann man mit `gcc -E` nur den Präprozessor anwenden und mit `gcc -S` Assemblercode erzeugen.

Mehr Details zum `gcc`-Kommando liefert `gcc --help` oder (unter Linux) das Manual-Kommando `man gcc`. Auch gibt es eine ausführliche Online-Dokumentation [GCC2].

Weitere C-Compiler findet man durch Recherche im Internet; besondere Empfehlungen sollen hier nicht gegeben werden.

Ein C-Compiler kann eigenständig verwendet werden, indem man ihn von der zeichenorientierten Kommandozeile aus aufruft, er kann aber auch in eine fensterbasierte **Programmentwicklungsumgebung (Integrated Development Environment, IDE)** eingebettet sein. Neben der eigentlichen Übersetzung von Programmen bieten Entwicklungsumgebungen bekanntlich weitere Dienste, so beispielsweise

- Editoren, die die Syntax von C „kennen" und somit den Programmtext entsprechend formatieren können,

- Debugger zur Unterstützung bei der Fehlersuche sowie

- die Möglichkeit zur Arbeit mit „Projekten" aus mehreren Quellcodedateien.

Entwicklungsumgebungen unterscheiden sich insbesondere danach, wieviel Unterstützung sie einerseits zur Entwicklung auch größerer Projekte bieten und wieviel Aufwand man anderseits dafür treiben muss, ein Programm zur Ausführung zu bringen. Für einfache Programme, also gerade auch die Beispiele in diesem Buch, empfehlen sich schlanke Werkzeuge wie **Dev-C++** [DevC++] für Windows oder **Code::Blocks** [CodeBl] für Windows, Linux und macOS. Komplexere Umgebungen zur Entwicklung von C-Programmen sind beispielsweise **Visual Studio** [VisStud] für Windows und **Eclipse** [Eclipse] für Windows, Linux und macOS. Alle genannten Werkzeuge sind kostenfrei verfügbar. Darüber hinaus gibt es kommerziell angebotene Entwicklungssoftware wie z.B. **CLion** [CLion].

Die Linux-Kommandoschnittstelle bietet, neben `gcc`, weitere Kommandos zur Unterstützung bei der C-Programmierung. So kann man mit `make` die Übersetzung größerer C-Softwarepakete automatisieren und mit `ar` („archive") Bibliotheken erstellen.

2.3 Anweisungen des Präprozessors

Der **Präprozessor** wird vor der eigentlichen Übersetzung eines C-Programms ausgeführt („prä" = vor). Er bearbeitet die Präprozessoranweisungen, die in den Programmtext eingebettet sind, und wandelt dabei den Programmtext in reinen C-Quellcode um. Alle Präprozessoranweisungen beginnen mit einem # (sprich „Doppelkreuz" oder auch „Hash"). Sie sind meist jeweils nur eine Zeile lang, können aber durch ein \ am Zeilenende in der nächsten Zeile fortgesetzt werden.

2.3.1 #include: Einfügen von Header-Dateien

Mit der `#include`-Anweisung kann man den Inhalt einer anderen Datei in die Programm-datei einfügen. Der Präprozessor ersetzt dabei die Anweisung textuell durch den Dateiin-halt. Ein Anwendungsbeispiel wurde bereits in → 2.1.2 besprochen:

```
#include <stdio.h>
#include "arithmetik.h"
int main(void) {
    ...
}
```

Der Name der einzufügenden Datei kann auf zwei verschiedene Arten angegeben werden:

- `#include <dateiname>`: Ist der Dateiname in spitzen Klammern eingeschlossen, so sucht der Präprozessor diese Datei in einem Standardverzeichnis — unter Linux im Ver-zeichnis `/usr/include`, unter Windows im `include`-Unterverzeichnis des installier-ten Compilers. Dieses Verzeichnis enthält Standard-Header-Dateien, wie zum Beispiel `stdio.h`.

- `#include "dateiname"`: Ist der Dateiname in Hochkommata eingeschlossen, so sucht der Präprozessor diese Datei zunächst im Arbeitsverzeichnis und, wenn er sie dort nicht findet, wie zuvor beschrieben im Standardverzeichnis.

Statt eines einfachen Dateinamens kann man auch einen Pfad im Dateibaum angeben.

Prinzipiell dürfen `#include`-Anweisungen an jeder beliebigen Stelle des Codes stehen; üb-licherweise setzt man sie aber nur an den Programmanfang, um Header-Dateien einzufügen. Solche Header-Dateien enthalten typischerweise

- Präprozessoranweisungen (insbesondere `#define`-Anweisungen zur Definition von Konstanten und Makros sowie `#include`-Anweisungen zum Einschluss weiterer Hea-der-Dateien),

- Typdefinitionen und

- Funktionsprototypen.

Header-Dateien sind entweder vorgegeben (wie beispielsweise `stdio.h`) und stellen damit die Verbindung zur Standardbibliothek (→ 6.6.2) her, oder man kann sie beim Programmie-ren selbst erstellen, um oft gebrauchte Definitionen bereitzustellen oder die Schnittstelle zwischen mehreren Teilprogrammen zu definieren (→ 2.2.2).

 Ein „beliebter" Anfängerfehler ist, in Header-Dateien Variablen oder Funktions-körper zu definieren. Dies sollte man aber *nie* tun und zwar aus dem folgenden Grund: Besteht ein Programm aus mehreren Quellcodedateien (→ 2.1.2), so ist es durchaus üblich, in diese Quellcodedateien jeweils dieselbe Header-Datei per `#in-clude` zu importieren. Damit stünde (nach Ausführung des Präprozessors) in jeder Quellcodedatei dieselbe Variablendefinition und würde bei der Übersetzung in je-weils gleichnamige Variablen in den zugehörigen Objektcodedateien umgesetzt. Bei Binden der Objektdateien käme es dann (abhängig vom verwendeten Linker) zu einem „Duplicate Definition"-Fehler.

2.3.2 #define: einfache Ersetzung von Zeichenketten

Textuelle Ersetzungen können mit Hilfe der `#define`-Anweisung gesteuert werden. Im einfachsten Fall benutzt man `#define`, um **symbolische Konstanten** (also Konstanten mit Namen) zu definieren, wie die folgenden beiden Beispiele zeigen:

Beispiel 1:

```
#define PI 3.14159265389793
int main(void) {
 double a_grad, b_grad, a_bogen, b_bogen;
 ...
 a_bogen = PI/180.0*a_grad;
 b_bogen = PI/180.0*b_grad;
 ...
}
```

wird durch den Präprozessor umgewandelt in

```
int main(void) {
 double a_grad, b_grad, a_bogen, b_bogen;
 ...
 a_bogen = 3.14159265389793/180.0*a_grad;
 b_bogen = 3.14159265389793/180.0*b_grad;
 ...
}
```

Beispiel 2 (siehe hierzu auch → 4.3):

```
#define ARRAYLAENGE 20
...
float vektor[ARRAYLAENGE];
...
for (i=0;i<ARRAYLAENGE;i++)
  vektor[i] = ...;
```

wird durch den Präprozessor umgewandelt in

```
...
float vektor[20];
...
for (i=0;i<20;i++)
  vektor[i] = ...;
```

Diese Art der Konstantendefinition wird insbesondere in Header-Dateien (→ 2.3.1) benutzt, um allgemeinverbindliche Werte festzulegen.

Die allgemeine Form der `#define`-Anweisung lautet

```
#define name string
```

Der `name` in dieser Anweisung muss den Regeln zur Bildung von Variablennamen gehorchen, die in C dieselben wie in Java sind. Üblicherweise werden alle Buchstaben im Namen groß geschrieben, um ihn von Variablen- und Typnamen abzuheben.

Unterhalb der `#define`-Anweisung ersetzt der Präprozessor jedes Vorkommen von `name` im Programmtext durch die Zeichenkette `string` (außer in anderen Präprozessoranweisungen, in Stringkonstanten und als Teilzeichenfolge in längeren Namen). Mit `#define` kann man also einer längeren Zeichenkette einen prägnanten Namen geben und damit die Lesbarkeit eines Programms erhöhen. Zudem hilft `#define` dabei, einen Programmtext konsistent zu ändern: Wie das zweite Programmbeispiel zeigt, kann man beispielsweise die Länge eines Arrays per `#define` festlegen. Will man später die Arraylänge ändern, so muss man nur den Wert in der `#define`-Anweisung anpassen. Ohne `#define` müsste man dagegen den gesamten Programmtext nach den zu ändernden Stellen durchforsten, was mühsam und fehleranfällig ist.

`#undef name` macht eine Definition wieder rückgängig. Konkret bedeutet das, dass der Präprozessor die Ersetzung nur bis zu dieser Stelle im Programmtext vornimmt, weiter unten aber nicht mehr (es sei denn, dort wird `name` wieder neu definiert).

 `#define`-Anweisungen stehen üblicherweise ganz oben im Programmtext (→ Beispiel 1), entweder unmittelbar hinter den `#include`-Anweisungen oder sogar noch davor. Manchmal lagert man sie auch in eine Header-Datei aus.

 Man kann mit `#define` nicht nur Konstanten definieren, sondern auch kleine Anweisungsfolgen benennen. So definiert beispielsweise

```
#define FEHLER { printf("Fehler mit Programmabbruch!"); \
                exit(-1); }
```

eine Aktion, die bei einem Fehlerabbruch des Programms ausgeführt wird (wobei der umgekehrte Schrägstrich anzeigt, dass die Definition in der nächsten Zeile fortgesetzt wird). Man kann also anschließend schreiben:

```
if (nenner==0)
  FEHLER;
bruch = (float) zaehler / nenner;
```

2.3.3 #define: Makros mit Parametern

`#define`-Anweisungen können parametrisiert werden. Damit werden **Makros mit Parametern** definiert – kurze Codestücke, die an mehreren Stellen des Programms auftreten und dabei dieselbe Berechnung auf jeweils unterschiedlichen Werten ausführen (`#define`-Anweisungen gemäß 2.3.2 werden auch als „Makros ohne Parameter" bezeichnet). Im folgenden Beispiel wird ein Makro zur Berechnung des arithmetischen Mittels dreier Zahlen definiert und anschließend zweimal benutzt:

```
#define AVERAGE(a,b,c) (a+b+c)/3
int main(void) {
 float f_1, f_2, f_3, f_avg;
 int i_1, i_2, i_3, i_avg;
 ...
 f_avg = AVERAGE(f_1,f_2,f_3);
 i_avg = AVERAGE(i_1,i_2,i_3);
 ...
}
```

Das Programmstück wird vom Präprozessor in den folgenden C-Code umgewandelt:

```
int main(void) {
 float f_1, f_2, f_3, f_avg;
 int i_1, i_2, i_3, i_avg;
 ...
 f_avg = (f_1+f_2+f_3)/3;
 i_avg = (i_1+i_2+i_3)/3;
 ...
}
```

Makros ähneln also in ihrer Definition und Benutzung Methoden bzw. Funktionen. Es gibt aber deutliche Unterschiede: Der Code einer Funktion ist im Quell- und Objektcode jeweils nur einmal vorhanden. Die Ausführung des Programms „springt" jeweils in diesen Code, wobei die Argumente (= aktuellen Parameterwerte) an die formalen Parameter übergeben werden. Der Code eines Makros wird dagegen durch den Präprozessor jeweils textuell an den Stellen eingesetzt, an denen das Makro benutzt wird. Er ist also anschließend im Programmtext als „inline code" mehrfach vorhanden und wird ohne Parameterübergabe ausgeführt. Makros können also schneller als Funktionen ausgeführt werden, benötigen dafür aber mehr Platz. Sie eignen sich daher primär für kurze Berechnungen, die oft ausgeführt werden sollen. Zudem sind sie etwas flexibler, da ihre Parameter nicht typisiert sind (siehe das Makro oben, das sowohl auf ganze Zahlen als auch auf Gleitkommazahlen angewendet werden kann).

Die allgemeine Form einer Makrodefinition mit Parametern lautet

```
#define makroname(f1,f2,...,fn) string
```

(wobei zwischen dem Makronamen und der öffnenden Klammer kein Leerzeichen stehen darf!) und die allgemeine Form der Makrobenutzung

```
makroname(a1,a2,...,an)
```

`f1`, ..., `fn` sind (kleine) Zeichenketten, die in `string` auftreten. Bei einer Makrobenutzung ersetzt der Präprozessor in `string` zunächst jedes `fi` textuell durch das entsprechende `ai`, das ebenfalls eine Zeichenkette ist. Anschließend wird der so geänderte `string` an der Stelle `makroname(a1,a2,...,an)` eingesetzt.

 In der Definition eines Makros sollte man Klammern großzügig setzen. Würde man beispielsweise ein Makro, das zwei Zahlen multiplizieren soll, definieren als

```
#define MULT(a,b) a*b ,
```

so würde die Modulbenutzung

```
MULT(x+1,y)
```

umgesetzt in

```
x+1*y ,
```

was wahrscheinlich nicht so sein soll. Die Definition sollte daher besser lauten

```
#define MULT(a,b) (a)*(b) .
```

 Makros können nicht nur Berechnungsformeln, sondern beliebige Programmanweisungen abkürzen. So erweitert beispielsweise

```
#define FEHLER(meldung) { printf("Fehler %s!",meldung); \
                          exit(-1); }
```

die Aktion aus dem Beispiel aus → 2.3.2 um eine spezifische Fehlermeldung. Man kann also nun schreiben:

```
if (nenner==0)
  FEHLER("Nenner==0");
bruch = (float) zaehler / nenner;
```

2.3.4 #ifdef, #if: bedingte Übersetzung

Programmstücke, die mit den Präprozessoranweisungen #ifdef/#if und #endif geklammert sind, werden **bedingt übersetzt**, also nur unter bestimmten Umständen in Maschinencode übersetzt und damit dann später auch ausgeführt. Bei #ifdef wird die Übersetzung davon abhängig gemacht, ob zuvor eine bestimmte Zeichenkette per #define definiert wurde. Beispielsweise wird in

```
#define VERBOSE
...
zahl = 1234;
#ifdef VERBOSE
printf("Aktueller Wert von zahl: %d\n",zahl);
#endif
```

die printf-Zeile übersetzt, so dass das Programm eine Bildschirmausgabe macht. In

```
#undef VERBOSE
...
zahl = 1234;
#ifdef VERBOSE
printf("Aktueller Wert von zahl: %d\n",zahl);
#endif
```

unterbleibt dagegen die Ausgabe (was man auch erreichen kann, indem man die #define-Zeile einfach weglässt).

Mit #if kann man die Übersetzung von Eigenschaften des Werts einer symbolischen Konstanten abhängig machen. So gibt das Programm bei

```
#if ARRAYLAENGE > 100000
printf("Warnung: Array sehr gross\n");
#endif
```

eine Warnmeldung aus, wenn ARRAYLAENGE mit einem übermäßig großen Wert definiert wurde. Bei #if sind auch andere relationale Operatoren wie ==, < usw. zulässig.

Durch bedingte Übersetzung kann man also zwei oder mehr Versionen eines Programms in derselben Datei halten. So kann man im ersten Beispiel zwischen der Testversion des Programms, die viele Bildschirmausgaben macht, und der endgültigen Version hin- und herschalten. Eine weitere Anwendungsmöglichkeit sind Programme, die mehrere Algorithmen zur Lösung desselben Problems enthalten (z.B. unterschiedliche Sortierverfahren), von denen man dann einen auswählt.

Weitere Präprozessoranweisungen in diesem Umfeld sind:

- `#ifndef` (= „if not defined") zur Übersetzung eines Programmstücks, wenn eine bestimmte Zeichenkette **nicht** definiert ist,

- `#else` und `#endif` zur Programmierung von if-else-Strukturen der Art `#ifdef` *bedingter Teil 1* `#else` *bedingter Teil 2* `#endif`) und

- `#elif` *Bedingung* (= „else if") für geschachtelte if-else-Strukturen.

 Statt `#define NAME` mit anschließendem `#ifdef NAME` kann man auch das Konstrukt `#define NAME 1` mit anschließendem `#if NAME` benutzen: Für alle `NAME`-Werte, die ungleich 0 sind, liefert `#if NAME` ein „wahr"; ist `NAME` gleich 0, liefert `#if NAME` ein „falsch".

2.4 Übungsaufgaben

1. Schreiben Sie ein Programm, in dem per `#define` eine Konstante für die Zahl π definiert wird. Das Programm soll das Doppelte, Dreifache und Vierfache von π berechnen und ausgeben.

   Hinweis zur Programmierung: Für Programmrahmen und Ausgabeoperation orientieren Sie sich am besten an den Beispielprogrammen aus → 1.2.1. Die Konversionsangabe zur Ausgabe eines `float`-Werts lautet `%f`.

2. Schreiben Sie ein Programm mit einem Makro, das den Absolutwert (den „Betrag") einer Zahl berechnet. Das Programm soll je eine ganze Zahl und eine Zahl mit Nachpunktstellen einlesen, deren Beträge berechnen und ausgeben.

   Hinweise zur Programmierung:

   - Die Konversionsangabe zum Einlesen eines `float`-Werts lautet `%f`.

   - Zur Berechnung des Absolutwerts benutzen Sie am besten einen bedingten Ausdruck (`boolescher Ausdruck ? Wert bei true : Wert bei false`), der in C genau dieselbe Form wie in Java hat.

3. Erweitern Sie das Makro aus der vorigen Aufgabe so, dass der Absolutwert nicht als Ergebnis geliefert, sondern direkt per `printf()` auf den Bildschirm ausgegeben wird. Das Makro soll nur `int`-Werte verarbeiten können.

4. Schreiben Sie ein Programm, das „Ich bin Antons Programm" auf den Bildschirm ausgibt, wenn zuvor per `#define` die symbolische Konstante `ANTON` definiert wurde. Ist das nicht der Fall, so soll die Ausgabe „Ich gehoere niemandem" erscheinen.

5. Schreiben Sie ein Programm, das „Fall 1" oder „Fall 2" auf den Bildschirm ausgibt, wenn zuvor per `#define` die symbolische Konstante `FALL` mit dem Wert 1 bzw. 2 definiert wurde. Hat dagegen `FALL` einen anderen Wert oder ist `FALL` gar nicht definiert, so soll die Ausgabe lauten „Weder Fall 1 noch Fall 2".

   Hinweis zur Programmierung: Benutzen Sie die Anweisung `#elif`.

Schnelleinstieg 3: Kontrollstrukturen

Die Kontrollstrukturen von C sind denen von Java sehr ähnlich:

- Die grundlegende Kontrollstruktur von C ist, wie in Java, der *Block*. Ein Block fasst Deklarationen (insbesondere die Definitionen von Variablen) und Anweisungen zu einer Einheit zusammen:

```
{ int a = 1;
  float b = 2.5;
  float sum, diff;
  sum  = a + b;
  diff = a - b; }
```

Insbesondere der Körper einer Funktion ist syntaktisch ein Block.

- Als *bedingte Anweisungen* kennt auch C `if`, `if-else` und `switch-case`. In C darf, im Gegensatz zu Java, der Ausdruck in `if (ausdruck)` von einem beliebigen Zahlentyp sein, denn C stellt Wahrheitswerte auch durch Zahlen dar (0 = „false", alle anderen Werte = „true" – insbesondere der Wert 1).

- Als *Schleifen* gibt es in C wie in Java `for`, `while` und `do-while`.

Der nächste Schnelleinstieg steht auf Seite 38.

3 Kontrollstrukturen

Die Kontrollstrukturen einer Programmiersprache dienen zur Steuerung des Programmablaufs. Typisch für prozedurale und objektorientierte Sprachen sind Blöcke, bedingte Anweisungen und Schleifen; dazu gibt es Aufrufe von Prozeduren/Funktionen (→ 6). Die grundlegenden Kontrollstrukturen von C sind denen von Java sehr ähnlich, so dass in diesem kurzen Kapitel nur einige wenige Detailunterschiede genannt werden müssen.

3.1 Blöcke

Der **Block** ist in C, wie in Java, ein grundlegendes Strukturierungsmittel für Programme. Auch hier besteht ein Block aus einer Reihe von Deklarationen und Anweisungen, die aber in früheren C-Versionen geordnet sein mussten: Vorn im Block mussten alle Deklarationen stehen, dann folgten die Anweisungen. Ein Block hat hier also die allgemeine Form

```
{ Deklarationen
  Anweisungen }
```

Ab C99 können aber Deklarationen und Anweisungen wie in Java durchmischt auftreten.

 Sprachlich wird zwischen der **Deklaration** und der **Definition** von Variablen unterschieden: Eine Deklaration informiert den Compiler darüber, dass eine Variable mit einem bestimmten Namen und Typ existiert; eine Definition verlangt zusätzlich nach der Reservierung von Speicherplatz. Jede Definition ist damit auch eine Deklaration, aber nicht umgekehrt. Die meisten Variablendeklarationen in C schließen eine Definition, also die Belegung von Speicherplatz, mit ein; Ausnahmen gibt es im Zusammenhang mit globalen Variablen (→ 6.5.2.2).

 Lokale Variablen werden in C wie in Java nicht automatisch initialisiert, enthalten also zunächst einen zufälligen Wert. Daher muss einer lokalen Variablen zunächst explizit ein Anfangswert zugewiesen werden, bevor man sie sicher benutzen kann. Im Gegensatz zum Java-Compiler prüft dies der C-Compiler jedoch nicht und gibt noch nicht einmal eine Warnung. Bei der Programmierung muss man also unbedingt selbst auf eine ordentliche Initialisierung achten!

Wie in Java können Blöcke **geschachtelt** sein. Die Lebensdauer einer (lokalen) Variablen ist dabei ebenfalls auf den Block beschränkt, in dem die Variable deklariert ist. Im Gegensatz zu Java darf in einem inneren C-Block eine Variable deklariert werden, die denselben Namen wie die Variable eines äußeren Blocks trägt. Es handelt sich dabei dann um zwei verschiedene Variablen, die denselben Namen tragen. Wird dieser Name im inneren Block benutzt, so bezieht er sich stets auf die innen deklarierte Variable: Man sagt, dass die „innere" Variable die „äußere" Variable **verdeckt**. Das folgende Beispiel illustriert diesen Sachverhalt:

```
int main(void) {
  int a = 0;
  { int a = 1;
    printf("Wert der inneren Variablen: %d\n",a);
  }
  printf("Wert der aeusseren Variablen: %d\n",a);
  return 0;
}
```

 Man sollte die Möglichkeit, Variablen zu verdecken, nur in Ausnahmefällen nutzen: Durch Verdeckungen wird das Programm unübersichtlich und damit fehleranfällig.

Das erste `printf()` des Beispielprogamms gibt den Wert 1 aus. Es steht nämlich im inneren Block, so dass sich der Name a auf die Variable bezieht, die innen deklariert und initialisiert wurde. Das zweite `printf()` liefert den Wert 0: Es steht im äußeren Block, in dem nur die außen vereinbarte Variable a bekannt ist.

Weitere Informationen zur Deklaration, Definition und Initialisierung von Variablen findet man in → 4 und → 6.5.

3.2 Bedingte Anweisungen

C bietet wie Java die **bedingten Anweisungen** `if`, `if-else` und `switch-case`. Syntax und Semantik dieser Anweisungen sind im Wesentlichen dieselben wie in Java; lediglich im Detail gibt es Unterschiede:

*   Während in Java der Ausdruck in `if (ausdruck)` vom Typ `boolean` sein muss, darf in C hier ein Ausdruck eines beliebigen Zahlentyps (einschließlich `char` und Zeigertypen, → 5) stehen. C stellt nämlich Wahrheitswerte auch durch Zahlen dar, wobei der Wert 0 für „false" und ein Wert ungleich 0 für „true" steht (→ 4.1.2). Diese Freiheit ist allerdings eine recht zwiespältige Angelegenheit: Man kann dadurch zwar manchmal recht „trickreich" programmieren (z.B. statt `if (a!=0)` kurz `if (a)` schreiben), läuft dafür aber Gefahr, schwer zu entdeckende Fehler zu machen (→ Beispiel in 4.1.2).

*   Im Kopf einer `switch`-Anweisung darf und muss ein Ausdruck eines beliebigen Ganzzahltyps (→ 4.1.1) stehen. Hier sind also auch, im Gegensatz zu Java, der Typ `long` und weitere „große" Ganzzahltypen zulässig. Strings sind dagegen nicht erlaubt.

3.3 Schleifen

C kennt wie Java `for`-, `while`- und `do-while`-**Schleifen**. Auch hier gibt es nur Detailunterschiede:

*   Bezüglich der aussagenlogischen Bedingungen im Kopf bzw. Fuß der Schleifen gilt dasselbe wie bezüglich der `if`-Anweisung (→ 3.2): Wahrheitswerte können durch Zahlen codiert werden, wobei 0 für „false" und ein Wert ungleich 0 für „true" steht.

Eine **Endlosschleife** kann in C also so aussehen:

```
while(1) {
  ...
}
```

- Eine for-Schleife `for (elementtyp element: array)` ..., wie sie in Java zum Durchlaufen aller Elemente eines Arrays benutzt werden kann, gibt es in C nicht.

3.4 Ausnahmebehandlung und goto

Java besitzt mit `try-catch` und `throw`, der Klasse `Exception` und den davon abgeleiteten Klassen ein recht mächtiges Konzept zur **Ausnahmebehandlung**:

```
int a, b, c;                                          Java ...
try {
  ...
  c = a/b;
  ...
} catch (ArithmeticException e)
   { System.out.println("Fehler: Division durch 0"); }
```

In C ist kein vergleichbar allgemeines Konstrukt vorhanden, so dass man Fehler zumeist explizit durch if- oder switch-Anweisungen behandeln muss. Dabei kann man die unbedingte **Sprunganweisung** goto verwenden, um von einer beliebigen Programmstelle (beispielsweise aus geschachtelten Blöcken heraus) zum „Exception Handler" zu springen:

```
int a, b, c, fehler = 0;                              ... C
...
if (b==0) {
  fehler = 1;
  goto Fehler;
  }
c = a/b;
...
Fehler:
 if (fehler)
  printf("Fehler: Division durch 0\n");
```

Wie das Beispiel zeigt, wird das Sprungziel von goto durch einen Bezeichner mit Doppelpunkt (ein sogenanntes **Label**) markiert.

 Die goto-Anweisung kann nicht nur zur Fehlerbehandlung, sondern auch für beliebige andere Sprünge eingesetzt werden, beispielsweise zum Sprung aus einer Schachtelung von Schleifen ganz nach außen. Man sollte goto aber nur sehr sparsam benutzen, da es leicht zu unübersichtlichen Programmstrukturen führt.

Zudem gibt es das Makro assert(), mit dem man eine Bedingung prüfen und die Programmausführung abbrechen lassen kann, wenn die Bedingung nicht erfüllt ist. Dabei wird eine Fehlermeldung auf die Standardfehlerausgabe geschrieben. Eine Division durch 0 kann dann so abgefangen werden:

```
#include <assert.h>                                         ... C
int a, b, c;
...
assert(b!=0);
c = a/b;
```

Hat hier b den Wert 0, so endet die Ausführung vor der Division mit der Meldung

```
Assertion failed: b!=0, file: Dateiname, line: Zeilennummer
```

3.5 Übungsaufgaben

1. Im Beispielprogramm von Abschnitt 3.1, das die Verdeckung von Variablen demonstriert, sind die innere und die äußere Variable vom selben Typ. Probieren Sie mit einem geeigneten Programm aus, ob die äußere Variable auch dann verdeckt wird, wenn die innere einen anderen Typ hat.

2. Schreiben Sie ein Programm, das einen Ganzzahlwert und einen Wert mit Nachpunktstellen einliest. Es soll dann für die beiden Werte jeweils „wahr" oder „falsch" ausgegeben werden – je nachdem, ob der Wert gemäß Abschnitt 3.2 als „true" oder „false" interpretiert wird.

3. Gegeben ist ein Java-Programm, das die natürlichen Zahlen von 0 bis 99 ausgibt und dabei alle Vielfachen einer eingegebenen Zahl a mit einem # markiert:

```java
import java.io.*;
class Ueb0303 {
 public static void main(String args[]) throws IOException {
   int a;
   do {
     System.out.print("Bitte positive ganze Zahl eingeben: ");
     BufferedReader in =
      new BufferedReader(new InputStreamReader(System.in));
     a = Integer.parseInt(in.readLine());
   } while (a<=0);
   for (int i=0; i<10; i++) {
     for (int j=0; j<10; j++) {
       if (i==0)
         System.out.print(" ");
       System.out.print(i*10+j);
       if ((i*10+j)%a==0)
         System.out.print("# ");
        else
         System.out.print("  ");
      }
     System.out.println();
    }
  }
}
```

Schreiben Sie ein C-Programm, das dasselbe leistet.

Schnelleinstieg 4: Datenorganisation

Daten werden in C, wie in Java, in *getypten Variablen* gespeichert. Es gibt hier viele Gemeinsamkeiten mit Java, aber auch eine Reihe von Unterschieden:

- C erzwingt nicht, dass eine Variable vor ihrer Benutzung explizit *initialisiert* wird. Auch erhält eine Variable nicht unbedingt automatisch einen *Standardanfangswert*.

- In C gibt es, über die *Zahlen- und Zeichentypen* von Java hinaus, eine große Anzahl weiterer Typen. Für viele dieser Typen ist nicht standardisiert, wie viele Bytes eine Variable dieses Typs hat.

- *Wahrheitswerte* können in C auch durch Zahlen repräsentiert werden: Der Wert 0 bedeutet `false`, alle Werte ungleich 0 bedeuten `true`.

- *Konstanten* vereinbart man mit dem Schlüsselwort `const`.

- Bei einem Arrayzugriff wird nicht überprüft, ob der Index innerhalb der Indexgrenzen liegt. Es kann daher zu gefährlichen *Überläufen* kommen, also zu Zugriffen auf Speicherbereiche, die hinter dem Ende des Arrays liegen.

- *Zeichenketten (Strings)* werden in C durch `char`-Arrays dargestellt, in deren Komponenten die einzelnen Zeichen des Strings hintereinander gespeichert sind. Das letzte Zeichen ist stets ein `\0`, das das Ende eines Strings markiert. Die Header-Datei `string.h` vereinbart Standardfunktionen zur Arbeit mit Strings, so `strlen()` zum Feststellen der Länge eines Strings, `strcpy()` zum Kopieren, `strcat()` zum Aneinanderhängen und `strcmp()` zum Vergleichen von Strings.

- Man kann Daten verschiedener Typen zu einer Einheit zusammenfassen, indem man eine „*struct*" definiert. Auf ihre Komponenten greift man durch Punktnotation zu:

```
struct {
   int nummer; float stand;
} bankkonto;
bankkonto.stand = 537.16;
```

  Unions und *Bitfelder* sind Varianten von Strukturen. Man kann mit ihnen im Speicher Komponenten überlagern bzw. die Bitanzahl einer Komponente festlegen.

- Mit dem Schlüsselwort `typedef` lassen sich *neue Typnamen* definieren, z.B.:

```
typedef struct {
   char ort[30]; char str[40]; int nr;
} adresse;
adresse meine_adresse, deine_adresse, seine_adresse;
strcpy(meine_adresse.ort,"Bergisch Gladbach");
```

Der nächste Schnelleinstieg steht auf Seite 62.

4 Datenorganisation

Prozedurale und objektorientierte Programmiersprachen speichern Daten in getypten Variablen, die unterschiedlich aufgebaut sein können, und verarbeiten sie mit Anweisungen, die mit Hilfe von Operatoren gebildet werden. C und Java weisen hier einige Gemeinsamkeiten auf. Es gibt aber auch deutliche Unterschiede, so beim Umfang der unterstützten Zahlen- und Zeichentypen, bei der Behandlung von Wahrheitswerten und Zeichenketten, bei der Implementierung von Arrays und bei der Realisierung weiterer zusammengesetzter Datentypen („Strukturen"/„structs"). Darüber hinaus realisiert C ein Zeigerkonzept, durch das man unmittelbar auf Speicherzellen zugreifen kann (→ Kapitel 5).

4.1 Skalare Datentypen

Skalare Variablen sind Variablen, die jeweils genau einen Wert speichern. Die entsprechenden Datentypen in C beziehen sich auf

* Zahlen (→ 4.1.1),
* Zeichen (→ 4.1.1),
* Wahrheitswerte (→ 4.1.2) und
* Zeiger (→ 5).

4.1.1 Zahlen- und Zeichentypen

Die grundlegenden **Ganzzahl- und Zeichentypen** in C und Java sind die folgenden:

Tabelle 4.1 Datentypen für ganze Zahlen und Zeichen in C und Java (siehe auch Anhang B.1)

Typname	in C:		in Java:	
	Bytes (mind.)	Wertebereich (mindestens)	Bytes (immer)	Wertebereich (immer)
char	1	$-2^7...2^7 - 1$	2	Unicode-Zeichensatz
byte	nicht vorhanden, stattdessen char		1	$-2^7...2^7 - 1$
short	2	$-2^{15}...2^{15} - 1$	2	$-2^{15}...2^{15} - 1$
int	2	$-2^{15}...2^{15} - 1$	4	$-2^{31}...2^{31} - 1$
long	4	$-2^{31}...2^{31} - 1$	8	$-2^{63}...2^{63} - 1$
long long	8	$-2^{63}...2^{63} - 1$	nicht vorhanden	

Fast alle Ganzzahltypen, die man von Java her kennt, findet man also auch in C. Hinsichtlich ihrer Implementation gibt es jedoch entscheidende Unterschiede:

- Während Java die Anzahl der Bytes pro Variable (und damit die Wertebereiche der Typen) strikt vorgibt, spezifiziert C nur Mindestgrößen. Die tatsächlichen Größen der Variablen und Wertebereiche sind plattformabhängig, werden also von Compiler, Betriebssystem und Hardware bestimmt. So umfassen `int`-Variablen auf manchen Plattformen zwei Byte, auf anderen vier Byte und `long`-Variablen vier oder acht Byte.

  Festgelegt werden die Wertebereiche durch Konstantendefinitionen in den Header-Dateien `limits.h` und `float.h` (→ Anhang B.1). Die Variablengrößen kann man mit der Funktion `sizeof()` oder dem entsprechenden Operator `sizeof` abfragen:

  - `sizeof(varname)` oder `sizeof varname` liefert (als Ganzzahlwert) die Anzahl der Bytes, in denen die Variable `varname` gespeichert ist, und

  - `sizeof(typname)` liefert die Anzahl der Bytes, in denen eine Variable des Typs `typname` gespeichert ist.

  Möchte man in C mit fest definierten Variablengrößen arbeiten, so kann man dazu mit der Header-Datei `stdint.h` Typen wie `int8_t`, `int16_t` usw. mit 8 Bit, 16 Bit usw. Länge nutzen.

- In C gibt es keinen gesonderten Typ `byte`. Stattdessen kann der Zeichen-Typ `char` auch dazu verwendet werden, kleine Zahlenwerte zu speichern.

- Der Typ `char` dient zur Darstellung einzelner Zeichen, die intern durch ganze Zahlen codiert werden. Basis ist in C der ASCII-Zeichensatz mit einer Ein-Byte-Darstellung, also nicht eine Zwei-Byte-Unicode-Codierung wie in Java (auch → Anhang D.1). Ergänzend gibt es in `stddef.h` den Typ `wchar_t` („Wide Character") sowie in `uchar.h` die Typen `char16_t` und `char32_t`, die eine Darstellung von Zeichen mit mehreren Bytes und damit UTF-16- bzw. UTF-32-codierten Unicodezeichen ermöglicht (→ 4.2.1). C23 führt voraussichtlich zusätzlich den Typ `char8_t` ein.

- Die C-Typbezeichnung `short` ist kein eigenständiger Typname, sondern eine Kurzschreibweise für `short int`. Man bezeichnet `short` daher auch als **Typmodifikator** (**Modifier**). Entsprechendes gilt für `long` und `long long`.

Ein weiterer Typmodifikator ist `unsigned`. Mit ihm kann man festlegen, dass eine Ganzzahlvariable nur nichtnegative Werte annehmen darf. Man verzichtet also auf den negativen Teil des Wertebereichs und verdoppelt dadurch den nichtnegativen Teil:

Tabelle 4.2 Typen für ganze Zahlen ohne Vorzeichen

Typname	Wertebereich (mindestens)
`unsigned char`	$0...2^8 - 1$
`unsigned short`	$0...2^{16} - 1$
`unsigned int`	$0...2^{16} - 1$
`unsigned long`	$0...2^{32} - 1$
`unsigned long long`	$0...2^{64} - 1$

Neben `unsigned` gibt es auch den Modifikator `signed`, mit dem vorzeichenbehaftete Variablen definiert werden können. Bei allen Zahlentypen, außer `char`, wird angenommen, dass sie ein Vorzeichen tragen, wenn es nicht durch `unsigned` explizit anders festgelegt ist. Ob der Typ `char` ein Vorzeichen hat, ist dagegen plattformabhängig. Hier kann man durch `signed char` den Wertebereich zu {−128, ..., +127} und durch `unsigned char` zu {0, ..., 255} festlegen.

Tabelle 4.3 zeigt die grundlegenden **Typen für Gleitkommazahlen** in C und Java. Auch hier sind in C die Variablengrößen und Wertebereiche nicht festgelegt; der Standard gibt lediglich Empfehlungen. Die Tabelle nennt daher nur einige typische Werte; die konkreten Werte für die eigene C-Implementation findet man in `float.h` (→ Anhang B.1).

Tabelle 4.3 Datentypen für Gleitkommazahlen in C und Java (siehe auch Anhang B.1)

Typname	in C:		in Java:	
	Bytes (Bsp.)	Wertebereich (Beispiel)	Bytes (immer)	Wertebereich (immer)
`float`	4	$\approx \pm 3,4 \cdot 10^{38} ... \pm 1,2 \cdot 10^{-38}$	4	$\approx \pm 3,4 \cdot 10^{38} ... \pm 1,4 \cdot 10^{-45}$
`double`	8	$\approx \pm 1,7 \cdot 10^{308} ... \pm 2,2 \cdot 10^{-308}$	8	$\approx \pm 1,7 \cdot 10^{308} ... \pm 4,9 \cdot 10^{-324}$
`long double`	16	$\approx \pm 1,2 \cdot 10^{4932} ... \pm 3,4 \cdot 10^{-4932}$	nicht vorhanden	

Eine C-Implementation kann auch die Header-Datei `complex.h` enthalten und damit **komplexe Zahlen** unterschiedlicher Genauigkeiten unterstützen.

4.1.2 Wahrheitswerte

In Java gibt es zur Arbeit mit **Wahrheitswerten** den Typ `boolean`, der von den Zahlentypen strikt getrennt ist. In C dagegen werden Wahrheitswerte durch Zahlen dargestellt:

- Der Zahlenwert 0 wird als „false" interpretiert.
- Jeder Zahlenwert ungleich 0 wird als „true" interpretiert.

Aussagenlogische Operationen und Vergleiche liefern den Ganzzahlwert 0 für „false" und den Ganzzahlwert 1 für „true". So liefert beispielsweise der Ausdruck `4>3` den Wert 1, `4<3` den Wert 0 und `4>3 && 6<7` den Wert 1.

Zudem gibt es den Typ `_Bool` sowie, in der Header-Datei `stdbool.h`, den Typ `bool` mit den Werten `true` und `false`, die intern durch die Zahlen 0 und 1 dargestellt werden. Hierdurch kann man mit Wahrheitswerten wie in Java arbeiten.

 Die fehlende Trennung von Zahlen- und Wahrheitswerten kann zu Fehlern führen, die schwer zu erkennen sind. Das folgende Beispiel zeigt einen Programmierfehler, der Anfängern recht häufig unterläuft: a, b und c seien drei `int`-Variablen. Dann lehnt der Java-Compiler den Ausdruck

```
if (a==b==c) ...
```

mit der Fehlermeldung „incomparable types: boolean and int" ab. Bei der Auswertung von links nach rechts liefert nämlich der erste Vergleich a==b einen Wert vom Typ boolean, der im zweiten Vergleich nicht mit dem int-Wert c verglichen werden darf.

In C ist der Ausdruck jedoch zulässig, da hier nicht zwischen Wahrheits- und Zahlenwerten unterschieden wird. Bei der Auswertung von links nach rechts liefert der Vergleich a==b eine 1 oder eine 0 – je nachdem, ob a und b gleich oder ungleich sind. Dieser Wert wird dann mit c verglichen. Der Ausdruck prüft also *nicht*, ob die drei Variablen a, b und c denselben Wert haben. Korrekt müsste der Test übrigens lauten: (a==b)&&(b==c).

4.1.3 Operationen

Die grundlegenden **Operatoren** auf Zahlen, Zeichen und Wahrheitswerten sind in C im Wesentlichen dieselben wie in Java. In beiden Sprachen gibt es

- arithmetische Operatoren: +, −, *, /, %
  (auch in Kurzschreibweisen mit vor- oder nachgestelltem ++ und −−)

- relationale Operatoren: <, <=, >, >=, ==, !=

- aussagenlogische Operatoren: !, &&, ||, &, |, ^, ~

- Shift-Operatoren: >>, <<

- den Zuweisungsoperator: =
  (auch in Zusammensetzung mit Kurzschreibweisen: +=, −=, ...)

- den Cast-Operator: (typname)

- den Operator für bedingte Ausdrücke: ?:

- den Kommaoperator: ,

Die **Bindungsstärken** und die **Auswertungsreihenfolge** der genannten Operatoren entsprechen denen in Java. Eine detaillierte tabellarische Übersicht findet man in → Anhang D.3.

 Vorsicht ist geboten, wenn Ausdrücke, die aus diesen Operatoren gebildet werden, Nebeneffekte haben – wie beispielsweise in der Zuweisung n = ++n + ++n die beiden Inkrementierungen von n. Der C-Standard spezifiziert nicht, wann diese Nebeneffekte wirksam werden. Für die Beispielzuweisung ist also nicht festgelegt, wann n der um 1 erhöhte Wert jeweils zugewiesen wird und welchen Wert n damit schließlich haben wird. In → Anhang A.2 findet man unter dem Stichwort **Sequenzpunkte** weitere Informationen zu dieser Problematik. Im Zweifelsfall sollte man also Ausdrücke mit solchen Nebeneffekten vermeiden.

Weitere Unterschiede zwischen C und Java sind die folgenden:

- **Relationale und aussagenlogische Operationen** in C liefern den int-Wert 0 für „false" und 1 für „true" (→ 4.1.2).

Ein „beliebter" Fehler ist, bei einem Test auf Gleichheit das zweite Gleichheitszeichen zu vergessen – also beispielsweise `if (a=0)` zu schreiben. Der Java-Compiler meldet diesen Fehler. Ein C-Compiler dagegen interpretiert den Ausdruck als eine Zuweisung mit dem Wert `0` – und da dieser Wert unter C auch als Wahrheitswert interpretiert werden kann, ist das Konstrukt zulässig. Der Compiler liefert also keine Fehlermeldung.

* In Java können **aussagenlogische Operatoren** auf Zahlenwerte oder auf Werte des Typs `boolean` angewendet werden; der Effekt ist, je nach Typ der Operanden, verschieden. In C wird keine solche Unterscheidung getroffen. Die Operatoren haben hier also zum Teil andere Effekte:

Tabelle 4.4 Aussagenlogische Operatoren und Bitoperatoren

Operation	in C	in Java (für **Zahlenwerte** a, b)	in Java (für `boolean`-Werte a, b)
a&b	bitweises UND	bitweises UND	aussagenlogisches UND (vollständige Auswertung)
a|b	bitweises ODER	bitweises ODER	aussagenlog. ODER (vollständige Auswertung)
a^b	bitweises exklusives ODER	bitweises exklusives ODER	bitweises exkl. ODER (vollständige Auswertung)
a&&b	aussagenlogisches UND (partielle Auswertung)	-	aussagenlogisches UND (partielle Auswertung)
a||b	aussagenlog. ODER (partielle Auswertung)	-	aussagenlog. ODER (partielle Auswertung)

Der Begriff **partielle Auswertung** bedeutet dabei Folgendes: Hat in `a&&b` der Operand `a` den Wert `false`, so ist der Wert des gesamten Ausdrucks ebenfalls `false` und `b` wird gar nicht ausgewertet; hat in `a||b` der Operand `a` den Wert `true`, so ist der Wert des Ausdrucks ebenfalls `true` und `b` wird nicht ausgewertet. Seiteneffekte, die sich möglicherweise bei der Auswertung von `b` ergeben würden, entfallen hier also. Bei einer „vollständigen Auswertung" wird dagegen auch `b` mit allen seinen Seiteneffekten berechnet.

* C kennt nur den **Rechtsshift** mit >>, also keinen gesonderten Shift-Operator >>>. Ob bei einem Rechtsshift Nullen oder der Wert des am weitesten links stehenden Bits (also das „Vorzeichen") nachgeschoben wird, ist durch den C-Standard nicht festgelegt, hängt somit von der jeweiligen Plattform ab.

 C erlaubt es, beliebig komplizierte Ausdrücke zu konstruieren. Man sollte sich hier aber beschränken: Ein Ausdruck wie `x?(i++-j<<4):(++i-j<<3)` mag zwar besonders effizient in der Ausführung sein, ist aber nur schwer zu lesen und somit fehleranfällig.

Bei Operationen mit Operanden unterschiedlicher Typen finden Typ- und Wertumwandlungen statt. Dabei wird, ähnlich wie in Java, der Operandenwert des „schmaleren" der beiden Typen in einen Wert des „breiteren" Typs umgewandelt. In → Anhang A.1 findet man Details zur Vorgehensweise.

4.2 Konstanten und Variablen

4.2.1 Konstanten

Java und C stellen ihre **Zahlen- und Zeichenkonstanten** (z.B. -10, 0x777, 3.1415, 'c') auf fast identische Weise dar. Für C gelten allerdings die folgenden Besonderheiten:

- Eine **Ganzzahlkonstante** ist grundsätzlich vom Typ int; sie kann aber durch ein angehängtes l, L, ll oder LL zu einer long- bzw. long-long-Konstanten gemacht werden (z.B. -2147483648l oder 100000000000LL). Ein angehängtes u oder U (z.B. 4294967295u) kennzeichnet eine vorzeichenlose Konstante (vergleiche den Modifikator unsigned in → 4.1.1). Es kann mit l, L, ll und LL kombiniert werden.

- Eine **Gleitkommakonstante** ist grundsätzlich vom Typ double. Hängt man ein f oder F an, so ist sie vom Typ float, und hängt man ein l oder L an, so ist sie vom Typ long double.

- Eine **Zeichenkonstante** des Ein-Byte-Typs char kann entweder, wie in Java, durch ein Zeichen in Hochkommata '' oder durch ihren numerischen ASCII-Wert dargestellt werden. Wie bei Java können Escape-Sequenzen benutzt werden; die wichtigsten beiden sind

  - '\n' für einen Zeilenvorschub und

  - '\0' für das Ende einer Zeichenkette (→ 4.3.3).

  Der numerische Wert kann durch eine Ganzzahlkonstante in dezimaler, oktaler oder hexadezimaler Darstellung codiert werden. Man kann hier ebenfalls Escape-Sequenzen verwenden und zwar

  - '\o1o2o3' mit drei Oktalziffern oder

  - '\xh1h2' mit zwei Hexadezimalziffern.

  Beispielsweise lässt sich der Großbuchstabe 'A' alternativ durch die Zahlenkonstanten 65, 0101 oder 0x41 sowie durch die Sequenzen '\101' oder '\x41' darstellen.

  Für die anderen Zeichentypen gibt es entsprechende Darstellungsformen.

Benannte Konstanten realisiert man in C, indem man einer Variablendefinition das Schlüsselwort const voranstellt und einen Anfangswert zuweist (→ 4.2.2). Beispiele sind

```
const float pi = 3.1415;
const int mief = 4711;
```

Die Vorgehensweise ist also dieselbe wie bei einer `final`-Definition in Java; allerdings muss die Initialisierung zusammen mit der Definition erfolgen und darf nicht später nachgeholt werden.

 Häufig definiert man Konstanten, indem man die Präprozessoranweisung `#define` benutzt (→ 2.3.2).

4.2.2 Definition und Initialisierung von skalaren Variablen

Neben den **lokalen Variablen** innerhalb von Blöcken (→ 3.1, → 6.1, → 6.5.1) gibt es **globale Variablen**, die außerhalb von Blöcken definiert werden (→ 6.5.2). Die grundlegende Schreibweise der Definition einer Zahlen- oder Zeichenvariablen ist in C und Java identisch: Der Typangabe folgen ein oder mehrere Variablennamen, die jeweils durch eine **Anfangswertzuweisung (Initialisierung)** ergänzt werden können. Beispiele sind

```
int a;
float b1, b2, b3;
double c = 3.5;
```

Zur Initialisierung einer lokalen, d.h. innerhalb eines Blocks definierten Variablen können beliebige Ausdrücke benutzt werden – also auch Ausdrücke, die andere Variablen und Funktionsaufrufe enthalten. Globale Variablen dürfen dagegen nur mit Konstanten initialisiert werden; dasselbe gilt für sogenannte „statische" Variablen (siehe hierzu → 6.5.1.2).

Im Gegensatz zu Java erzwingt C nicht, dass eine Variable vor ihrer Benutzung explizit initialisiert wird. Ein Programmstück wie

```
int a, b;
b = a+1;
```

wird also vom C-Compiler nicht zurückgewiesen; allenfalls erscheint die Warnmeldung „`Possible use of 'a' before definition`".

Ob eine Variable automatisch mit einem bestimmten Wert (beispielsweise 0) vorbesetzt wird, hängt von der Art der Variablen ab (siehe auch → 6.5). Eine lokale Variable, wie `a` oder `b` im Programmstück oben, wird **nicht** initialisiert; sie enthält nach ihrer Erzeugung den (zufälligen) Wert, der in den ihr zugeordneten Speicherzellen steht.

 Die „lasche" Vorgehensweise des C-Compilers bezüglich der Initialisierung von Variablen hat schon oft zu schwer erkennbaren Programmfehlern geführt. Man sollte also hier besonders vorsichtig sein und Variablen möglichst schon bei ihrer Definition oder unmittelbar anschließend initialisieren.

4.2.3 Wertzuweisungen

Wertzuweisungen werden in C, wie in Java, mit dem **Zuweisungsoperator** `=` ausgeführt. Im einfachsten Fall lautet die Syntax einer Zuweisung: `Variablenname = Ausdruck;`. Jedoch darf in C auf der linken Seite einer Zuweisung alles auftreten, was einen Speicherbereich identifiziert. Da man in einem C-Programm auch mit Adressen von Speicherzellen arbeiten und aus ihnen sogar Adressen neu berechnen kann, dürfen solche Adresswerte ebenfalls links des Zuweisungsoperators stehen ($\rightarrow$ 5). Generell werden Werte, die auf der linken Seite einer Zuweisung erscheinen können, als **lvalues** (= left values, sprich „el values") bezeichnet. Der C-Compiler prüft Zuweisungen entsprechend und liefert gegebenenfalls die Fehlermeldung „`lvalue required`".

Während Java bei Zuweisungen sehr strenge Typprüfungen vornimmt, ist C deutlich weniger strikt. Insbesondere kann man einen Wert eines höherwertigen Typs einer Variablen eines niederwertigen Typs zuweisen, ohne dabei explizit einen **Downcast** durchführen zu müssen. Man kann also in C beispielsweise schreiben:

```
int a;
long b = 10;
a = b;
```

In Java muss die Zuweisung dagegen

```
a = (int) b;
```

lauten. Es sind aber auch in C solche **expliziten Cast-Operationen** möglich.

 Bei Zuweisungen mit implizitem oder explizitem Downcast kann es zu Datenverlusten kommen, die während des Programmablaufs nicht gemeldet werden. Das ist beispielsweise im folgenden Programmstück der Fall:

```
short st;
long  lg = 65537;
st = lg;
```

Die Variable `lg`, deren Speicherbereich als vier Byte lang angenommen wird, hat den Wert $2^{16} + 1$. Dies entspricht dem Bitmuster 00000000 00000001 00000000 00000001. Bei der Zuweisung an die Variable `st`, die mit zwei Byte angenommen wird, gehen die vorderen zwei Byte verloren. `st` hat also anschließend den Wert 1. Generell sollte man also mit Zuweisungen von „breiteren" an „schmalere" Variablen äußerst vorsichtig umgehen.

In $\rightarrow$ Anhang A.1 findet man eine detaillierte Darstellung der Vorgehensweise bei solchen Typ- und Wertumwandlungen.

4.3 Arrays

4.3.1 Eindimensionale Arrays

Arrays (auf Deutsch manchmal auch **Felder** genannt) speichern mehrere Werte desselben Typs. Arrays gibt es sowohl in C als auch in Java und hier wie dort greift man auf eine Komponente eines (eindimensionalen) Arrays durch Indizierung `arrayname[index]` zu:

```
fibonacci[0] = 1;
fibonacci[1] = 1;
for (int i=2; i<20; i++)
 fibonacci[i] = fibonacci[i-1] + fibonacci[i-2];
```

Hinter diesen Gemeinsamkeiten verbergen sich jedoch unterschiedliche Techniken der Programmierung:

- Java realisiert Arrays als Objekte mit Attributen (insbesondere `length`) und Methoden (z.B. `clone()`), auf die über Objektreferenzen in Objektvariablen zugegriffen wird.

- C sieht dagegen Arrays als einfache Bytefolgen im direkt zugreifbaren Speicher an. Der Zugriff erfolgt über eine benannte „Zeigerkonstante" (→ 5), die den Beginn der Bytefolge angibt – also die Speicheradresse des ersten Bytes:

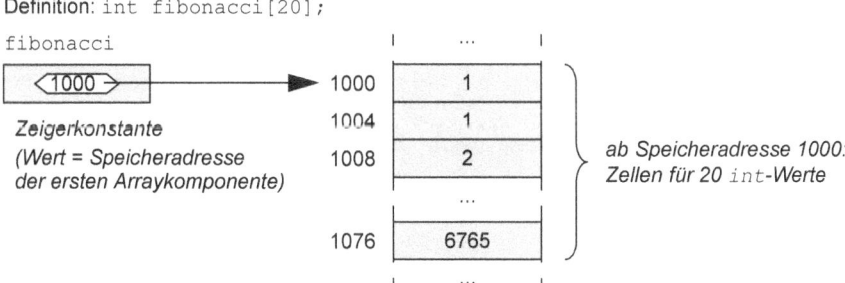

Abbildung 4.1 Realisierung eines C-Arrays im Speicher (die Adressen sind lediglich Beispielwerte)

Dieser Unterschied hat direkte Konsequenzen für die Erzeugung und Benutzung von Arrays:

- Ein Java-Array wird durch Aufruf eines Objektkonstruktors erzeugt, beispielsweise durch `int[] fibonacci = new int[20]`.

  Einen C-Array erzeugt man dagegen durch eine Variablendefinition (→ Abbildung 4.1):

  `unsigned int fibonacci[20];`

  oder auch (vgl. → 2.3.2):

  ```
  #define ARRAYLAENGE 20
  ...
  unsigned int fibonacci[ARRAYLAENGE];
  ```

 Die Länge eines Arrays, die bei der Variablendefinition angegeben wird, musste in frühen C-Versionen zwingend durch einen konstanten Ganzzahlausdruck spezifiziert werden, also schon zum Zeitpunkt der Übersetzung des Programms feststehen. Mittlerweile kann die Länge eines Arrays durch einen beliebigen Ganzzahlausdruck festgelegt werden und sich somit dynamisch, das heißt erst während der Laufzeit des Programms, ergeben. Solche sogenannten **Variable Length Arrays (VLAs)** sind allerdings optional, ein C-Compiler muss sie also nicht unbedingt unterstützen. Mit Hilfe der Funktion `malloc()` und Zeigeroperationen kann man diese Einschränkung aber umgehen (→ 5).

- In Java kann man durch eine einfache Zuweisung `b=a` erreichen, dass zwei Arrayvariablen auf dasselbe Arrayobjekt verweisen. Mit `b=a.clone()` erzeugt man eine Kopie eines Arrayobjekts und lässt die Zielvariable `b` darauf verweisen. Beide Operationen sind in C nicht möglich. Hier müssen mit einer Schleife die Einträge eines Arrays in einen bereits bestehenden anderen Array übertragen werden:

```
int a[10], b[10], i;
... Initialisierung von a ...
for (int i=0; i<10; i++)
 b[i] = a[i];
```

Alternativ kann man zum Kopieren die Bibliotheksfunktionen memcpy() oder memmove() benutzen (→ 6.6.2.3, → Anhang C.2.4).

In C findet bei der Indizierung eines Arrays keine zwingende Längenüberprüfung statt. Beispielsweise führt im Programmstück

```
float feld[3];
feld[4]=0.0;
```

die Zuweisung zu keinem Programmabbruch und zu keiner Fehlermeldung, sondern sie wird ausgeführt, indem in die fünfte Position der Folge der Speicherzellen der Wert 0.0 geschrieben wird (→ Abbildung 4.2). Dass diese Speicherzellen nicht mehr zum Array, sondern möglicherweise einer anderen Variablen gehören, ist dabei irrelevant.

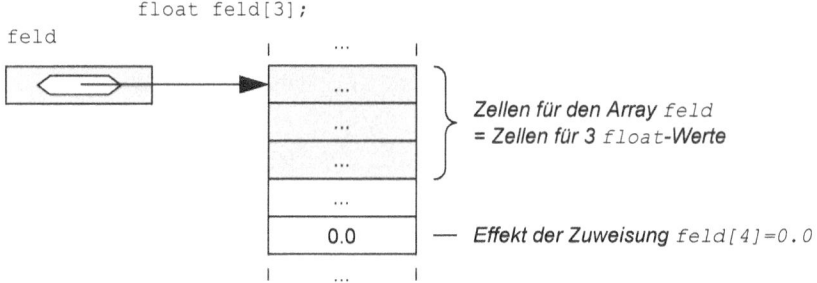

Abbildung 4.2 Fälschliche Zuweisung an Speicherzellen außerhalb des Arrays

 Die Tatsache, dass beim Programmablauf keine Längenüberschreitungen geprüft werden, führt oft zu Programmfehlern. Man sollte daher beim Schreiben eines C-Programms besonders darauf achten, dass bei der Ausführung keine Überschreitungen auftreten, und möglichst auch in das Programm explizite Abfragen einbauen, die solche Fehler abfangen.

Insbesondere muss man stets beachten, dass die Indizierung eines Arrays bei 0 beginnt. Hat ein Array a die Länge n, so liegen a[0], ..., a[n-1] innerhalb der Arraygrenzen, a[n] jedoch nicht!

 Bei der Programmierung einer Längenüberprüfung kann man auf die Funktion sizeof() zurückgreifen: sizeof(feld) liefert die Länge eines Arrays feld in Byte, und sizeof(feld)/sizeof(*Komponententyp von feld*) liefert die Anzahl seiner Einträge. Dies funktioniert allerdings nicht, wenn man sizeof auf einen Array anwendet, der als Parameter an eine Funktion übergeben wurde (→ 6.3.2.3).

Ähnlich wie in Java können Arrays in C auf zwei verschiedene Arten **initialisiert** werden, nämlich

- durch Zuweisung an Einzelkomponenten, meist in einer Schleife, wie z.B. in:

```
int a[5];
for (int i=0; i<5; i++)
 a[i] = 2*i;
```

- oder durch Angabe einer Wertefolge (eines **Aggregats**) bei der Definition:

```
int a[5] = {0, 2, 4, 6, 8};
```

Das Aggregat darf höchstens so viele Werte enthalten, wie der Array Komponenten besitzt. Enthält es weniger Werte, so werden die restlichen Arraykomponenten mit Nullen initialisiert.

Wird ein Aggregat benutzt, so darf beim Array die Längenangabe fehlen; sie ergibt sich dann aus der Länge des Aggregats:

```
int a[] = {0, 2, 4, 6, 8};
```

Mit dem Schlüsselwort `const` kann man festlegen, dass die Einträge des Arrays nicht geändert werden dürfen:

```
const int a[] = {0, 2, 4, 6, 8};
```

Sollen alle Komponenten mit derselben Konstanten (z.B. `0`) initialisiert werden, so kann man dazu die Bibliotheksfunktion `memset()` benutzen (→ 6.6.2.3, → Anhang C.2.4).

 Da in C Arrays über Zeigerkonstanten definiert werden (→ Abbildung 4.1), kann man auf ihre Komponenten nicht nur durch Indizierung, sondern auch durch Adressrechnung mit Zeigern (→ 5.3.2) zugreifen.

4.3.2 Mehrdimensionale Arrays

Wie in Java gibt es auch in C **Arrays mit mehreren Dimensionen**:

- Einen mehrdimensionalen Array definiert und erzeugt man, indem man die Größenangaben für die einzelnen Dimensionen, jeweils in eckigen Klammern, hintereinanderschreibt:

```
int matrix[5][4];
float wuerfel[10][20][15];
```

- Auf einen mehrdimensionalen Array greift man zu, indem man die einzelnen Indexwerte, jeweils in eckigen Klammern, hintereinanderschreibt:

```
matrix[2][1] = 17;
```

und

```
for (int i=0; i<10; i++)
 for (int j=0; j<20; j++)
  for (int k=0; k<15; k++)
   wuerfel[i][j][k]=0.0;
```

Wie eindimensionale Arrays, so werden auch mehrdimensionale Arrays in C und in Java unterschiedlich implementiert ($\rightarrow$ Abbildung 4.3):

- In Java ist ein mehrdimensionaler Array ein hierarchisches System von Objekten, die nach Art eines Baums organisiert sind: Auf die Wurzel des Baums verweist die Arrayvariable, an den Blättern stehen die Einträge des Arrays.

- In C werden auch mehrdimensionale Arrays als Bytefolgen im direkt zugreifbaren Speicher realisiert, auf die eine Zeigerkonstante verweist. Der Arrayinhalt wird dazu **linearisiert**: Für einen zweidimensionalen Array bedeutet das, dass sein Inhalt Zeile für Zeile hintereinander im Speicher abgelegt wird. Hierbei müssen (im Gegensatz zu Java) alle Zeilen gleich lang sein. Für höherdimensionale Arrays gilt Entsprechendes.

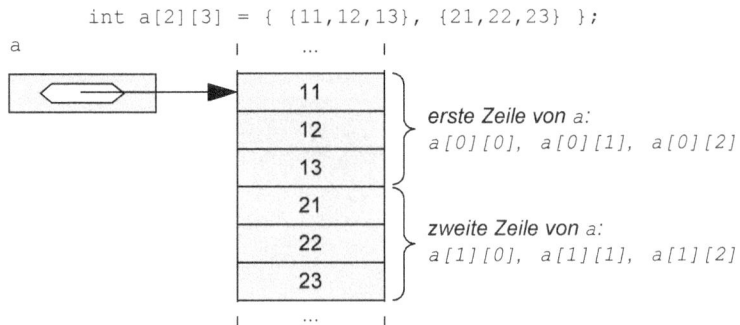

Abbildung 4.3 Speicherstruktur eines mehrdimensionalen Arrays

Mehrdimensionale Arrays können entweder durch Einzelzuweisungen oder mit Hilfe von Aggregaten initialisiert werden. Bei Einzelzuweisungen bietet es sich an, geschachtelte Schleifen zu benutzen (siehe Beispiel oben). In einem Aggregat werden die Anfangswerte gemäß ihrer Anordnung im Speicher hingeschrieben. Man kann sie dabei der Struktur des Arrays entsprechend klammern, muss es aber nicht:

```
int a[2][3] = { {11,12,13}, {21,22,23} };  (→ Abbildung 4.3)
int b[2][2][2] = { {{1,2}, {11,12}} , {{111,112}, {121,122}} };
int c[2][2][2] = { 1,2,11,12,111,112,121,122 };
```

4.3.3 Zeichenketten

Für **Zeichenketten (Strings)** gibt es in C keinen eigenen Typ: Zur Realisierung von Zeichenkettenvariablen dienen Arrays mit dem Komponententyp `char` oder einem der anderen Zeichentypen ($\rightarrow$ 4.1.1) Jedes Zeichen der Kette steht dabei in einer eigenen Arraykomponente. Das letzte Zeichen ist stets ein `\0`, das das Ende der Zeichenkette markiert:

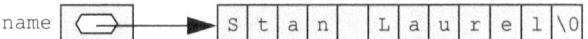

Abbildung 4.4 Zeichenkette als Array von Einzelzeichen

Zeichenkettenkonstanten werden, wie in Java, durch Zeichenfolgen dargestellt, die in doppelte Hochkommata eingeschlossen sind. Man kann mit ihnen **Zeichenkettenvariablen** gleich bei der Deklaration **initialisieren**:

```
char name[12] = "Stan Laurel";
```

Dabei darf die Längenangabe fehlen:

```
char name[] = "Stan Laurel";
```

Im weiteren Programmverlauf ist eine solche Direktzuweisung nicht mehr möglich; man muss dann die Funktion `strcpy()` („String Copy"), die in der Header-Datei `string.h` definiert ist, benutzen:

```
#include <string.h>
...
char name[12];
...
strcpy(name,"Stan Laurel");
```

Die Header-Datei `string.h` spezifiziert eine ganze Reihe von Funktionen zur Stringverarbeitung (siehe auch → 6.6.2.1 und → Anhang C.2.3). Hierzu gehören unter anderem:

- `strcpy()`: `strcpy(s_ziel,s_quell)` kopiert eine Zeichenkette `s_quell` in eine Zeichenkettenvariable `s_ziel`. `s_quell` kann eine Konstante oder eine Variable sein.

- `strcat()`: `strcpy(s_ziel,s_quell)` hängt die Zeichenkette `s_quell` an den Inhalt der Zeichenkettenvariablen `s_ziel` an. `s_quell` kann eine Konstante oder eine Variable sein.

- `strlen()`: `strlen(s)` liefert die Länge einer Zeichenkette, also die Anzahl seiner Zeichen ohne das abschließende `\0`.

- `strcmp()`: `strcmp(s1,s2)` vergleicht die beiden Zeichenketten `s1` und `s2` miteinander. Die Funktion liefert

  - eine `0`, wenn die Zeichenketten gleich sind,

  - einen Wert größer als `0`, wenn an der ersten nichtübereinstimmenden Stelle in `s1` ein (gemäß der ASCII-Anordnung) größeres Zeichen steht als in `s2`, und

  - einen Wert kleiner als `0`, wenn an der ersten nichtübereinstimmenden Stelle in `s1` ein (gemäß der ASCII-Anordnung) kleineres Zeichen steht als in `s2`.

 Bei den Kopierfunktionen muss man bei der Programmierung darauf achten, dass in der Zielvariablen genügend Platz ist. Überläufe werden nicht gemeldet!

Auf die einzelnen Komponenten einer Zeichenkettenvariablen kann durch Indizierung zugegriffen werden. Dies geschieht oft in Verbindung mit Schleifen. So würden beispielsweise durch die Anweisung

```
for (int i=0; i<4; i++)
  namensanfang[i] = name[i];
namensanfang[4] = '\0';
```

die ersten vier Zeichen der Zeichenkette `name` in die Zeichenkettenvariable `namensanfang` kopiert und dort mit einem String-Ende-Zeichen `\0` abgeschlossen.

Wie man mehrere Zeichenketten, also `char`-Arrays, ihrerseits in einem Array ablegt, wird in → 5.3.2 beschrieben.

 Bei Zeichenkettenkonstanten ist unbedingt zu beachten, dass sie implizit das Endezeichen `\0` enthalten. Um also eine Zeichenkettenkonstante zu speichern, benötigt man *ein Byte mehr* als die Anzahl ihrer sichtbaren Zeichen – im Fall von `"Hallo"` also *sechs* Bytes. Ist der Ziel-Array in `strcpy()` kürzer, so kommt es zu einer Längenüberschreitung, wie in → 4.3.1 beschrieben.

Stellt man eine Zeichenkette zusammen, indem man den einzelnen Arraykomponten `char`-Werte zuweist, so darf man nicht vergessen, in der letzten Komponente explizit ein `\0` zu speichern (siehe Beispiel oben).

 Eine Zeichenkettenvariable kann man nicht nur als `char`-Array, sondern auch als Variable vom Typ „Zeiger auf `char`" definieren. Näheres hierzu findet man in → 5.3.2 und → 5.3.3.

4.4 Strukturen

In einer objektorientierten Programmiersprache kann man Objekte erzeugen und damit Daten und die darauf definierten Operationen zu Einheiten zusammenfassen. In C, das ja keine objektorientierte Sprache ist, ist das nicht möglich. Man kann in C aber zumindest Einheiten aus Daten bilden, und zwar mit Hilfe von **Strukturen** oder **structs**.

4.4.1 Grundlegende Eigenschaften von Strukturen

Eine Struktur speichert eine Gruppe von Werten, die unterschiedlichen Typen angehören können. Eine Struktur entspricht also, ganz grob gesprochen, einem Java-Objekt, das zwar Daten speichern kann, aber keine Methoden besitzt. Das folgende Beispiel zeigt die Definition und Benutzung einer Struktur, die Personaldaten eines Angestellten enthält:

```
struct {
  char  name[41];
  int   personalnummer;
  float gehalt;
} ang_info;
strcpy(ang_info.name,"Schmitz");
ang_info.personalnummer = 1234;
ang_info.gehalt = 2752.44;
```

Das Programmstück erzeugt zunächst eine Strukturvariable `ang_info`, die aus drei Komponenten besteht. Die Komponenten haben jeweils einen Namen und einen Typ. Anschließend werden den einzelnen Komponenten Werte zugewiesen. Das geschieht mit Hilfe der **Punktnotation**, wobei der Name der Gesamtvariablen und der jeweiligen Komponenten angegeben werden.

Es ist möglich, mehrere Strukturvariablen gemeinsam zu erzeugen:

```
struct {
  ...;
} ang_info_1, ang_info_2, ang_info_3;
```

Ebenso kann man Arrays definieren, die Strukturen speichern:

```
struct {
  ...;
} ang_info_feld[10];
```

Der hier definierte Array `ang_info_feld` enthält zehn Strukturen des angegebenen Typs. Auf eine Komponente einer dieser Strukturen greift man über Indizierung und Punktnotation zu. Um beispielsweise das Gehalt eines bestimmten Angestellten um 5 % zu erhöhen, schreibt man:

```
ang_info_feld[3].gehalt = 1.05*ang_info_feld[3].gehalt;
```

oder kürzer:

```
ang_info_feld[3].gehalt *= 1.05;
```

Eine Strukturvariable wird **initialisiert**, indem man ihren Komponenten über Punktnotation Werte zuweist (→ erstes Beispiel). Alternativ kann man die Variable gleich bei ihrer Definition über ein **Aggregat**, also eine Gruppe von Werten, initialisieren:

```
struct { ... } ang_info = { "Schmitz", 1234, 2752.44 };
struct { ... } ang_info_feld[3] = { "Meier_1", 1001, 2933.75,
                                     "Meier_2", 1002, 2895.31,
                                     "Meier_3", 1003, 2697.03 };
```

Im Gegensatz zu Arrays können Strukturen einander als Ganzes zugewiesen werden:

```
ang_info_2 = ang_info_1;
```

Ein Vergleich ganzer Strukturen durch `==` oder `!=` ist jedoch nicht möglich.

 Die Komponenten einer Struktur werden im Speicher hintereinander abgelegt. Dabei bleiben manchmal Bytes zwischen ihnen frei, die nicht zur Datenspeicherung genutzt werden. Der Effekt solcher **Padbytes** ist, dass die Komponenten stets an Speicheradressen beginnen, die Vielfache einer bestimmten Zweierpotenz sind – so beispielsweise ein vier Byte großer `long`-Wert an einer Adresse, die ein Vielfaches von vier ist. Durch dieses **Alignment** kann ein Prozessor, der jeweils vier Byte gleichzeitig verarbeitet, besser auf den Wert zugreifen, als wenn dieser auf zwei Vier-Byte-Gruppen des Speichers verteilt wäre (→ Abbildung 4.5).

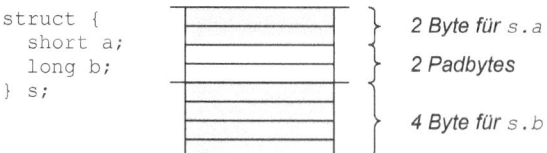

Abbildung 4.5 Padbytes

Für die Programmierung haben Padbytes die folgenden Konsequenzen:

- Soll sich das Programm dynamisch (also während seines Ablaufs) Speicher zur Ablage einer neuen Struktur beschaffen, so muss dieser Speicher möglicherweise größer sein als die Summe der Größen der einzelnen Strukturkomponenten. Die tatsächliche Größe der Struktur kann dabei mit Hilfe von `sizeof()` (→ 4.1.1) ermittelt werden. Details zur Vorgehensweise findet man in → 5.4 und → 5.5.

- Keinesfalls darf man sich darauf verlassen, dass Strukturkomponenten im Speicher unmittelbar benachbart liegen, dass es also keine Zwischenräume gibt. Das ist insbesondere für Programme wichtig, die einen Speicherbereich mit Zeigern (→ 5) durchlaufen und die dabei gefundenen Bytewerte interpretieren und weiterverarbeiten.

4.4.2 Strukturtypen

In einer Strukturdefinition wie zu Beginn des vorigen Abschnitts wird zuerst der Aufbau der Struktur(en) beschrieben und es werden dann eine oder mehrere entsprechende Variablen definiert. Etwas abstrakter gesprochen, wird zunächst ein **Strukturtyp** (also ein „Bauplan", entsprechend einer Java-Klasse) vereinbart, der als Grundlage für die anschließende Erzeugung der Variablen dient. Der Typ selbst ist hier anonym, hat also keinen Namen.

Es ist jedoch durchaus möglich, einem Strukturtyp einen Namen zu geben und darauf bei der späteren Definition weiterer Variablen zurückzugreifen:

```
struct angestellten_info {
  char  name[41];
  int   personalnummer;
  float gehalt;
} ang_info_1, ang_info_2, ang_info_3;
...
  struct angestellten_info ang_info_4, ang_info_5;
```

In diesem Beispiel wird zunächst ein Strukturtyp namens `angestellten_info` definiert und es werden bezüglich dieses Typs unmittelbar drei Variablen angelegt. Der Typname steht dabei zwischen dem Schlüsselwort `struct` und der eigentlichen Typdefinition, die Variablennamen hinter der Typdefinition. Bei der Definition der übrigen Variablen werden als Typangabe nur das Schlüsselwort `struct` zusammen mit dem neuen Typnamen hingeschrieben, die vollständige Definition des Typs wird aber nicht wiederholt.

Typ- und Variablendefinition können auch vollständig auseinandergezogen werden:

```
struct angestellten_info {
  char  name[41];
  int   personalnummer;
  float gehalt;
};
...
  struct angestellten_info ang_info_1, ang_info_2, ...;
```

Benannte Strukturtypen spielen insbesondere bei Funktionen eine wichtige Rolle (→ 6). Man kann sie benutzen, um die Typen formaler Parameter und Rückgabetypen festzulegen, und somit Strukturen übergeben. Übrigens ist es üblich, Namen von C-Typen kleinzuschreiben – im Gegensatz zu Java-Klassennamen, die üblicherweise großgeschrieben werden.

4.4.3 Schachtelung von Strukturen

Strukturen können **geschachtelt** werden; eine Struktur kann also andere Strukturen als Komponenten enthalten. Im folgenden Beispiel wird ein Strukturtyp für Datumsangaben definiert und es wird der Strukturtyp, der Informationen über einen Angestellten organisiert, durch ein Eintrittsdatum erweitert:

```
struct datum {
 int tag, monat, jahr; };
struct angestellten_info {
 char  name[41];
 int   personalnummer;
 float gehalt;
 struct datum eintrittsdatum;
};
```

Der Komponentenzugriff erfolgt hier über eine **Kette von Punktnotationen**:

```
struct angestellten_info ang_info;
ang_info.eintrittsdatum.jahr = 1997;
```

 Eine geschachtelte Struktur kann keine Struktur desselben Typs enthalten, denn dadurch würde ja eine unendliche Schachtelung entstehen. Manchmal benötigt man aber eine solche Möglichkeit – beispielsweise, um bei einem Angestellten Informationen über seinen Chef abzulegen, der ja ebenfalls oft selbst ein Angestellter ist. Eine Lösung dieses Problems, die auf Zeigern/Referenzen basiert, wird in → 5.5.2 diskutiert. Auf dieser Basis können ganze Listen von Strukturen entstehen. Details zu Listen und anderen dynamischen Datenstrukturen findet man in → 8.

4.5 Unions und Bitfelder

4.5.1 Unions

Unions ähneln Strukturen, da auch sie mehrere Komponenten definieren. Anders als eine Struktur enthält eine Union aber nicht gleichzeitig Werte für alle diese Komponenten, sondern nur für jeweils **eine** davon. Das folgende Beispiel zeigt einen Union-Typ für Variablen, die **entweder** den Namen **oder** die Nummer eines Angestellten aufnehmen können:

```
union anginfo_union {
  char name[12];
  int personalnummer;
};
```

Durch

```
union anginfo_union ainf;
ainf.personalnummer = 1234;
...
strcpy(ainf.name,"Schmitz");
```

wird zunächst eine Union-Variable `ainf` dieses Typs erzeugt und dort eine Personalnummer gespeichert. Bei der späteren Speicherung eines Namens wird die Personalnummer wieder gelöscht. Genauer gesagt: Der `personalnummer`-Wert wird überschrieben, da die Speicherbereiche für `ainf.personalnummer` und `ainf.name` dieselbe Anfangsadresse haben und somit überlagert sind (→ Abbildung 4.6).

```
union {
 char name[12];
 int personalnummer;
} ainf;
```

} 4 Byte für *personalnummer*
(*überlagert mit den 4 ersten Bytes für* name)

...

} 12 Byte für name

Abbildung 4.6 Überlagerung der Komponenten einer Union

Bei der Definition einer Union-Variablen kann nur die erste Komponente initialisiert werden. Dabei muss der Anfangswert in geschweifte Klammern gesetzt werden:

```
union anginfo_union ainf = { "Schmitz" };
```

 Bei einer Union sollte man abfragen können, welche ihrer Komponenten gerade „in Gebrauch" ist. Man erreicht das, indem man die Union beispielsweise wie folgt in eine Struktur einbettet:

```
struct anginfo {
 char art;
 union anginfo_union info;
};
```

Die `char`-Komponente der Struktur nennt durch einen Kennbuchstaben die aktuell gültige Komponente der Union – zum Beispiel `'n'` für name und `'p'` für `personalnummer`:

```
struct anginfo ainf;
ainf.art = 'p';
ainf.info.personalnummer = 4231;
...
if (ainf.art=='n')
  printf("Name: %s",ainf.info.name);
 else
  printf("Nummer: %d",ainf.info.personalnummer);
```

4.5.2 Bitfelder

Die Komponenten einer Struktur werden jeweils in einer Anzahl von Bytes gespeichert, die durch den jeweiligen Komponententyp festgelegt ist (→ 4.1). Für **Bitfelder**, eine spezielle

Art von Strukturen, kann dagegen das Programm selbst bestimmen, wie viele Speicherbits durch die einzelnen Komponenten belegt werden sollen. Die Komponenten müssen dabei laut Standard vom Typ `int` oder `unsigned int` sein. Beispielsweise wird durch

```
struct {
   unsigned int rot   : 5;
   unsigned int gruen : 6;
   unsigned int blau  : 5;
} pixel;
```

eine Variable `pixel` definiert, die die Farbdarstellung eines Bildpunkts enthält: Fünf Bits geben den Rot-, sechs Bits den Grün- und fünf Bits den Blauanteil des Punkts an. Die Komponenten werden dabei „gepackt", liegen also im Speicher unmittelbar hintereinander und belegen damit zusammen zwei Bytes (wobei die gesamte Struktur aufgrund von Padbytes, › 4.4.1, möglicherweise größer ist).

Eine große Rolle spielen Bitfelder bei der hardwarenahen Programmierung, bei der auf bestimmte Speicherbits gezielt zugegriffen werden muss. Beispielsweise ermöglicht der Strukturtyp

```
struct bitfeld {
   unsigned int flag0 : 1;
   unsigned int flag1 : 1;
   ...
   unsigned int flag7 : 1;
};
```

die Arbeit mit Bytes, die aus acht **Flags** bestehen: Ein Flag ist ein Bit, das entweder „gesetzt" oder „nicht gesetzt" ist (also den Wert 1 bzw. 0 hat) und dadurch anzeigt, ob eine bestimmte Bedingung erfüllt ist, ein bestimmter Schalter auf „An" steht oder Ähnliches.

 Durch Unions kann man Bitfelder und Ganzzahlvariablen überlagern und somit auf die Komponenten entweder einzeln oder gemeinsam zugreifen:

```
union flags {
   struct bitfeld bitfeld;
   char zahl;
} my_flags;

my_flags.bitfeld.flag0 = my_flags.bitfeld.flag1
   = my_flags.bitfeld.flag2 = my_flags.bitfeld.flag3 = 0;
my_flags.bitfeld.flag4 = my_flags.bitfeld.flag5
   = my_flags.bitfeld.flag6 = my_flags.bitfeld.flag7 = 1;
...
my_flags.zahl = 0xF0;
```

Werte, die an Ganzzahlkomponenten zugewiesen werden sollen, stellt man am besten hexadezimal dar, da man so leicht ablesen kann, wie die einzelnen Bits gesetzt sind.

 Im Beispiel haben (zumindest für einen Computer mit Intel-Prozessor) die Zuweisung an `zahl` und die Zuweisungen an die einzelnen Flags denselben Effekt. Dies gilt jedoch nicht allgemein: Die Anordnung und Nummerierung der Bits ist maschinenabhängig (verläuft also entweder „von vorn nach hinten" oder umgekehrt), so dass nicht allgemein gesagt werden kann, welches Bit einer Zahl welchem Hardwarebit entspricht. Die Benutzung von Bitfeldern sowie ihre Überlagerung mit Ganzzahlvariablen ist daher nur dann zu empfehlen, wenn man mit der Hardwarearchitektur des ausführenden Computers vertraut ist und zudem nicht vorhat, das Programm auf einen andersartigen Computer zu portieren.

4.6 Selbstdefinierte Wert- und Typnamen

4.6.1 Aufzählungstypen

Aufzählungstypen (Enumerationstypen) geben ganzen Zahlen Namen, so dass man statt dieser Zahlen ihre Namen benutzen kann. Beispielsweise kann man nach der Definition

```
enum { ZERO, ONE, TWO };
```

statt i=0 auch i=ZERO, statt i=1 auch i=ONE usw. schreiben. Der erste Name in einer enum-Liste wird also dem Wert 0 zugeordnet, der zweite dem Wert 1 usw. Man kann als Startwert aber auch einen anderen Wert als 0 wählen, zum Beispiel

```
enum { FOUR = 4, FIVE };
```

oder

```
enum { MINUSTWO = -2, MINUSONE };
```

Auch kann man innerhalb der Aufzählung einem Namen einen Wert explizit zuordnen:

```
enum { SIX = 6, SEVEN, NINE = 9, TEN };
```

Generell gilt also: Der Startwert einer Aufzählung ist 0, und der Wert eines Namens ist um 1 höher als der Wert seines Vorgängers – es sei denn, eine explizite Wertangabe legt es anders fest.

 Symbolische Konstanten, die durch enum definiert wurden, können gut dazu benutzt werden, die Fallunterscheidungen einer switch-Anweisung (→ 3.2) lesbarer zu gestalten.

Man kann auch dem Aufzählungstypen selbst einen Namen geben und anschließend Variablen dieses Typs deklarieren:

```
enum farbe { ROT, GRUEN, BLAU };
enum farbe f;
f = ROT;
```

 Der C-Compiler prüft nicht, ob ein Ganzzahlwert, der einer solchen Variablen zugewiesen wird, dem Wertebereich des Aufzählungstyps angehört. Eine Zuweisung wie f=10 ist also möglich.

4.6.2 Der typedef-Operator

Abschnitt 4.4.2 zeigte, wie man Namen für Strukturtypen definieren und diese Namen bei Variablendeklarationen benutzen kann. Mit Hilfe des `typedef`-Operators lassen sich nicht nur für Strukturtypen, sondern auch für beliebige Typen neue Namen einführen. Einige typische Anwendungsbeispiele sind die folgenden:

* Durch

  ```
  typedef unsigned long ulong;
  ```

  wird ein neuer Typname `ulong` eingeführt, der als Kurzschreibweise für `unsigned long` dient. Eine Variablendeklaration

  ```
  ulong lg;
  ```

  ist dann gleichbedeutend mit der Deklaration `unsigned long lg`.

* Durch

  ```
  typedef unsigned long zwoelf_ulongs[12];
  ```

  oder auch (unter Rückgriff auf die vorherige Definition)

  ```
  typedef ulong zwoelf_ulongs[12];
  ```

  wird ein Typ namens `zwoelf_ulongs` definiert. Er dient zur Deklaration von Array-Variablen, die zwölf Werte des Typs `unsigned long` speichern können. Eine Variablendeklaration

  ```
  zwoelf_ulongs monatsstatistik;
  ```

  ist dann gleichbedeutend mit `unsigned long monatsstatistik[12]`.

* Entsprechend definiert

  ```
  typedef char text[50];
  ```

  einen Typ `text` für Zeichenketten mit bis zu 50 Zeichen.

* Auch Strukturtypen können mit `typedef` definiert werden:

  ```
  typedef struct {
    char  name[41];
    int   personalnummer;
    float gehalt;
  } angestellten_info;
  ```

  Gegenüber der Schreibweise, die in → 4.4.2 eingeführt wurde, hat diese Version den Vorteil, dass in den Variablendeklarationen das Schlüsselwort `struct` nicht mehr hingeschrieben werden muss:

  ```
  angestellten_info ang_info_1, ...;
  ```

  Gleiches gilt für die Schachtelung von Strukturtypen:

  ```
  typedef struct {
   int tag, monat, jahr;
  } datum;
  typedef struct {
   ...
  ```

```
    datum eintrittsdatum;
} angestellten_info;
```

- Schließlich ist auch eine Vereinbarung von Zeigertypen möglich. So definiert

  ```
  typedef angestellten_info *ang_info_zeiger;
  ```

  einen Typ `ang_info_zeiger` für Variablen, die Speicheradressen von Variablen des Typs `angestellten_info` enthalten können. Die Deklaration

  ```
  ang_info_zeiger z;
  ```

  ist dann gleichbedeutend mit der Deklaration `angestellten_info *z`. Details zum Zeigerkonzept findet man in → 5.

Der neu eingeführte Typname steht in den Beispieldefinitionen an etwas unterschiedlichen Positionen, was zunächst verwirrend sein mag. Dahinter steckt jedoch eine einheitliche Regel: Eine Typdefinition entspricht syntaktisch einer Variablendeklaration, der das Schlüsselwort `typedef` vorangestellt ist. Der neue Typname steht dabei an der Stelle, an der bei einer Variablendeklaration der Variablenname stehen würde.

4.7 Übungsaufgaben

1. Schreiben Sie ein Programm, das ausgibt, wie viele Bytes auf Ihrem Computer für Variablen der in 4.1.1 genannten Typen belegt werden.

   Die Anzahl der Speicherbytes für eine Variable eines bestimmten Typs kann man mit `sizeof(typname)` ermitteln (→ 4.1.1). Die Funktion liefert einen Ganzzahlwert.

2. Schreiben Sie ein Programm, in dem 15 Variablen des Typs `int` definiert werden. Das Programm soll den Variablen keine Anfangswerte zuweisen, sondern unmittelbar ihre Werte auf den Bildschirm ausgeben. Was beobachten Sie (höchstwahrscheinlich)?

   Anmerkung: Im Normalfall enthalten die Variablen verschiedene, zufällig erscheinende Werte. Die Erklärung hierfür ergibt sich aus 4.2.2.

3. Schreiben Sie ein Programm, in dem zwei Arrays `a` und `b` unmittelbar hintereinander deklariert werden (erst `a`, dann `b`). Der Array `a` soll die Werte { 0, 1, 2, 3 } enthalten, der Array `b` die Werte { 10, 11, 12, 13 }. Das Programm soll dann den Inhalt des Arrays `b` ausgeben, dabei aber den Index von 0 bis 7 laufen lassen, also über das Ende von `b` hinaus. Was beobachten Sie (höchstwahrscheinlich)?

   Anmerkung: Es sollten zunächst die Einträge von `b` und danach von `a` erscheinen. Das liegt daran, dass die beiden Arrays im Speicher unmittelbar hintereinander angelegt sind. Falls Sie das nicht beobachten, dann experimentieren Sie ein wenig – geben Sie z.B. `a` auf dieselbe Weise aus.

4. Schreiben Sie ein Programm, in dem zwei Strukturtypen definiert werden. Der erste Strukturtyp soll Zeitangaben mit Stunden, Minuten und Sekunden darstellen können (wobei hier nicht berücksichtigt werden muss, dass die einzelnen Wertebereiche nach

oben beschränkt sind). Der zweite Strukturtyp soll Zeitintervalle mit einem Anfangs-
und einem Endzeitpunkt darstellen können und dabei auf den ersten Typ zurückgreifen.

Im Programm soll dann eine Zeitintervall-Variable definiert werden. Ihrem Anfangszeitpunkt soll die Uhrzeit 12:30:00h zugewiesen werden und das Programm soll diese
Uhrzeit aus der Struktur heraus auf den Bildschirm ausgeben. Anschließend soll von der
Tastatur eine Uhrzeit für den Endzeitpunkt eingelesen werden. Dabei soll der Benutzer
aufgefordert werden, die Eingabe zu wiederholen, wenn der Stundenwert größer als 23
ist, der Minuten- oder Sekundenwert größer als 59 ist oder der Endzeitpunkt vor dem
Anfangszeitpunkt liegt. Abschließend soll der eingegebene Wert zur Kontrolle auf den
Bildschirm ausgegeben werden.

Hinweise zur Programmierung:

- Ist s eine Strukturvariable mit einer unsigned-short-Komponente c, so kann man
  einen Wert für s.c mit der Operation scanf("%hu",&s.c) einlesen.
- Die Konversionsangabe zur Ausgabe eines unsigned-short-Werts lautet %hu.

5. Ein Flughafen kann entweder durch sein Drei-Buchstaben-Kürzel oder seine geografi-
   sche Lage identifiziert werden. So hat der Flughafen Köln-Bonn das Kürzel CGN und
   die Lage 50° 52' N, 7° 9' O.

   Schreiben Sie ein Programm mit einem Strukturtyp und einem Uniontyp. In einer Variablen des Strukturtyps sollen das Kürzel eines Flughafens **und** seine Lage gespeichert
   werden können, in einer Variablen des Uniontyps das Kürzel **oder** die Lage. Stellen Sie
   innerhalb der Struktur bzw. der Union jeweils einen Array mit drei chars für das Kürzel
   und einen Array mit vier shorts für die Lage bereit (wobei Angaben wie N, O usw. unter den Tisch fallen).

   Definieren Sie für die beiden Typen je eine Variable. Ermitteln Sie die Größen der beiden Variablen, geben Sie diese Größen auf den Bildschirm aus und vergleichen Sie sie.
   Wie erklären Sie sich die Werte und den Unterschied zwischen ihnen?

   Weisen Sie den beiden Variablen nun die Werte für den Flughafen Köln-Bonn zu und
   geben Sie sie auf den Bildschirm aus. Was beobachten Sie bei der Union?

   Hinweise zur Programmierung:

   - Die Größe einer Variablen, also die Anzahl ihrer Speicherbytes, kann man mit der
     Funktion sizeof() ermitteln (→ 4.1.1). Die Funktion liefert einen Ganzzahlwert.
   - Ist x eine Struktur- oder Unionvariable, die eine Arraykomponente a enthält, so kann
     man mit x.a[i] auf den i-ten Eintrag dieses Arrays zugreifen.
   - Die Konversionsangabe zur Ausgabe eines char-Werts lautet %c und zur Ausgabe
     eines short-Werts %hd.

6. Schreiben Sie Ihr Programm aus Aufgabe 4.) so um, dass zur Definition der Strukturtypen der typedef-Operator verwendet wird.

Schnelleinstieg 5: Zeiger

Variablen in C haben *Adressen*: Die Adresse einer Variablen ist die Nummer der Speicherzelle, in der ihr Wert abgelegt ist. Man kann die Adresse einer Variablen i in einer anderen Variablen pt (einer *Zeiger-/Pointer-Variablen*) speichern. Damit kann man auf die Variable nicht nur über ihren Namen i, sondern auch über die Adresse in der Zeigervariablen pt zugreifen:

```
int i;
int *pt;                pt=&i:        *pt=1:        *pt=*pt+1:
pt = &i;                pt    i       pt    i       pt    i
*pt = 1;
*pt = *pt + 1;
```

Im Beispiel wird, nach der int-Variablen i, eine Zeigervariable pt definiert, die Adressen von Variablen des Typs int aufnehmen kann. Danach ermittelt der *Adressoperator* & die Adresse von i. Sie wird pt als Wert zugewiesen, so dass pt nun auf i „zeigt". In der nächsten Zeile liefert der *Dereferenzierungsoperator* * die Variable, auf die pt verweist. Dieser Variablen (hier: i) wird 1 zugewiesen. Abschließend wird, wieder mit Hilfe des Dereferenzierungsoperators, der Variablenwert um 1 erhöht.

Zeiger ermöglichen eine *Adressarithmetik*: Man kann mit Adresswerten „rechnen", also z.B. von einer Variablen zu einer anderen Variablen übergehen, die im Speicher unmittelbar davor oder dahinter liegt. Die Adressarithmetik wird in C insbesondere zur Realisierung von Arrays genutzt: Ein Arrayname a wird in einem C-Programm intern behandelt wie ein (konstanter) Zeiger auf die erste Hauptspeicherzelle des Arrays. Eine Zuweisung an die i-te Komponente von a lässt sich dann wahlweise schreiben als a[i]=0 oder als *(a+i)=0. Die Indexschreibweise wird intern stets auf die Adressarithmetik zurückgeführt.

```
a[0] oder *a
a[1] oder *(a+1)
a[2] oder *(a+2)
```

Großen Nutzen bringen Zeiger bei der Arbeit mit Speicherbereichen, die das Programm selbst verwaltet. Mit der Funktion malloc() kann es *dynamisch*, also während der Laufzeit, einen zusammenhängenden Speicherbereich einer bestimmten Größe anfordern. Der Vorteil dabei ist, dass die Größe des Speichers nicht bei der Programmierung statisch festgelegt werden muss, sondern bei Bedarf erst während der Programmausführung berechnet werden kann. malloc() liefert die Adresse des belegten Speicherbereichs, die man dann in einer Zeigervariablen speichert:

```
float *fpt;
int gewuenschte_groesse;
... Einlesen oder Berechnen von gewuenschte_groesse ...
fpt = (float *) malloc(gewuenschte_groesse*sizeof(float));
for (int i=0; i<gewuenschte_groesse; i++)
  *(fpt+i) = 0.0;
```

Der nächste Schnelleinstieg steht auf Seite 86.

5 Zeiger

Das **Zeiger-/Pointerkonzept** ist eine charakteristische Eigenschaft der Programmiersprache C: Zeigervariablen enthalten Adressen von Speicherzellen. Sie „zeigen" somit auf diese Speicherzellen und ermöglichen dadurch den Zugriff auf die dort gespeicherten Werte. Im Zeigerkonzept wird also die grundlegende Eigenschaft von C deutlich, nicht nur eine anwendungsorientierte, sondern auch eine hardwarenahe Sprache zu sein.

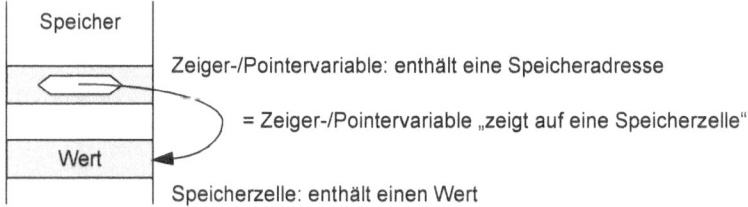

Abbildung 5.1 Speicheradresse in einer Zeiger-/Pointervariablen

Zeiger erlauben eine sehr flexible Programmierung: Mit ihnen kann ein Programm während seiner Ausführung, also „dynamisch", bestimmen, auf welchen Speicherzellen es arbeitet, und dabei auf beliebige Bereiche seines Speichers zugreifen. Zeiger sind aber auch gefährlich: Bitmuster in Zellen sind ohne eine zwingende Typprüfung oder andere Schutzmechanismen zugänglich, so dass die Fehlergefahr hoch ist. In Java hat man daher auf ein allgemeines Zeigerkonzept verzichtet und sich auf typsichere Objektreferenzen beschränkt.

5.1 Java-Objektvariablen vs. C-Zeigervariablen

Die von Java her bekannten **Objektreferenzen** sind Verweise auf Objekte. Objektreferenzen werden in Objektvariablen gespeichert, über die man auf die Objekte zugreifen kann. Objekte und Objektvariablen sind typisiert, gehören also Klassen an, und bei jeder Operation auf einer Objektvariablen findet eine strenge Typprüfung statt.

Ein einfaches Java-Programm mit einem Objekt, das Informationen über eine Person in einer Firma enthält, könnte beispielsweise wie folgt aussehen:

```
class AngestelltenInfo {                          Java ...
  String name;
  int     personalnummer;
  float   gehalt;
};
...
AngestelltenInfo a = new AngestelltenInfo();
```

Das Programm definiert die Klasse `AngestelltenInfo` (wobei, um einen unmittelbaren Vergleich mit einer C-Struktur ziehen zu können, keine Methoden vereinbart werden, insbesondere auch keine `get`- und `set`-Methoden und kein Konstruktor). Es erzeugt dann ein Objekt dieser Klasse und legt in der Variablen `a` eine Referenz darauf ab. Abbildung 5.2 illustriert die zugrunde liegende Sichtweise: Eine typisierte Objektvariable verweist auf ein typisiertes Objekt. Davon, dass das Objekt und auch die Variable durch Bitmuster in Speicherzellen realisiert werden, wird vollständig abstrahiert.

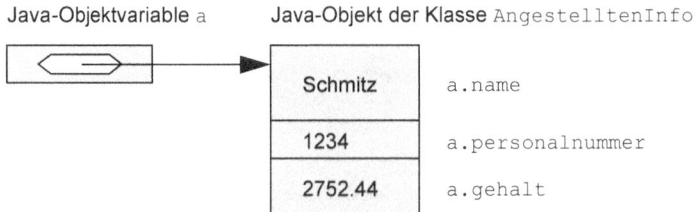

Java-Objektvariable `a`   Java-Objekt der Klasse `AngestelltenInfo`

Schmitz	`a.name`
1234	`a.personalnummer`
2752.44	`a.gehalt`

Abbildung 5.2 Objektvariable und Objekt in Java

Ein C-Programm, das diesem Java-Beispiel entspricht, könnte die folgende Form haben:

```
typedef struct {                              . . . C
  char   name[41];
  int    personalnummer;
  float  gehalt;
} angestellten_info;
angestellten_info as;
angestellten_info *a;
a = &as;
```

Wie aus → 4.4 her bekannt, wird zunächst ein Strukturtyp `angestellten_info` definiert und eine Variable `as` dieses Typs vereinbart. Neu sind die letzten beiden Zeilen des Programms: Hier wird eine **Zeiger-/Pointervariable** `a` definiert, die Speicheradressen von Variablen des Typs `angestellten_info` aufnehmen kann. Dies wird durch die Typangabe `angestellten_info *` (sprich „Zeiger/Pointer auf `angestellten_info`") festgelegt. Anschließend wird durch den **Adressoperator** `&` die Speicheradresse von `as` ermittelt und in `a` gespeichert. Die Zeigervariable `a` zeigt jetzt also auf die Strukturvariable `as`.

Abbildung 5.3 verdeutlicht die Sichtweise von C: Variablen und deren Werte werden durch Speicherzellen mit den darin enthaltenen Bitmustern realisiert. Auf die Variablen kann man wahlweise über Namen oder über Speicheradressen zugreifen.

Beim Vergleich der beiden Beispiele fällt übrigens auf, dass im Java-Programm nur die Objektvariable einen Namen hat, nicht jedoch das Objekt selbst, während im C-Programm sowohl die Strukturvariable selbst als auch die Zeigervariable benannt sind. Es ist jedoch auch in C möglich, unbenannte Variablen zu erzeugen, auf die dann nur über (benannte) Zeigervariablen zugegriffen wird. Details dazu findet man in → 5.4.

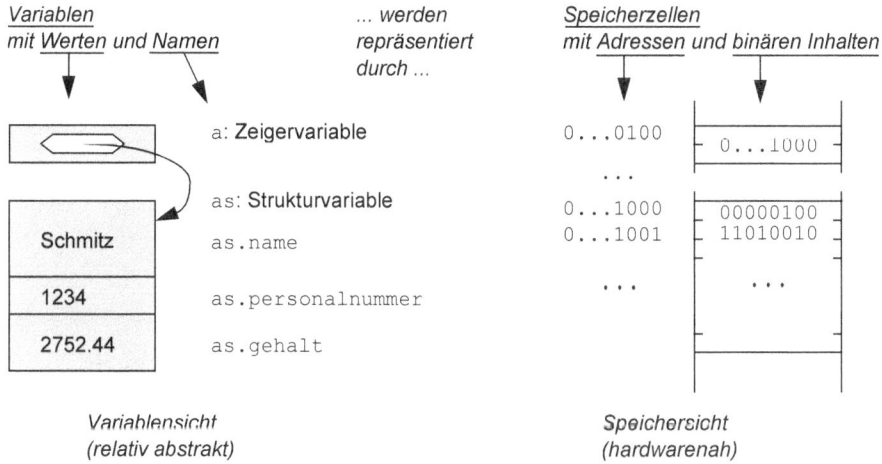

Abbildung 5.3 Zeiger und Zeigervariablen in C – Variablensicht vs. Speichersicht

5.2 Grundlegende Begriffe und Operatoren

5.2.1 Speicheradressen und Zeigervariablen

Variablen in C haben **Adressen**: Die Adresse einer Variablen ist die Nummer der Speicherzelle, in der ihr Wert steht (oder, wenn die Variable mehrere Zellen belegt, die Nummer ihrer ersten Zelle, → Abbildung 5.3). Adressen können in benannten **Zeigervariablen** abgelegt werden. Enthält eine Zeigervariable `pt` die Adresse einer Variablen `var`, so sagt man, dass `pt` `var` **referenziert** oder dass `pt` auf `var` **zeigt** (→ Abbildung 5.4 links). Zeigervariablen werden auch kurz **Zeiger** oder **Pointer** genannt.

Zeigervariablen sind der Ausgangspunkt **indirekter Variablenzugriffe**: Der Zugriff auf die Zeigervariable liefert eine Adresse, über die dann im zweiten Schritt auf die referenzierte (also die „eigentliche") Variable zugegriffen wird. Man kann so über die Zeigervariable den Wert der referenzierten Variablen auslesen oder man kann ihn überschreiben. Dabei sind auch mehrstufig indirekte Zugriffe möglich: Eine Zeigervariable kann auf eine zweite Zeigervariable zeigen, diese möglicherweise auf eine dritte und so weiter (→ Abbildung 5.4 rechts).

Eine Zeigervariable ist meist **typisiert** und kann dann nur Variablen eines bestimmten Typs referenzieren (siehe aber → 5.2.4). Der Typ wird bei der Deklaration der Zeigervariablen angegeben. Der Zugriff auf eine referenzierte Variable benötigt diese Typinformation, da dann der Wertebereich dieser Variablen und die auf ihr zulässigen Operationen bekannt sein müssen. Zudem ergibt sich aus der Typangabe, wie viele Speicherzellen (ab der durch die Zeigervariable angegebenen Zelle) zur referenzierten Variablen gehören. So verweist beispielsweise ein `char`-Zeiger auf eine einzelne Speicherzelle, ein `double`-Zeiger auf eine Gruppe von (meist) acht Speicherzellen (→ 4.1.1).

Einstufige Indirektion: *Mehrstufige Indirektion:*

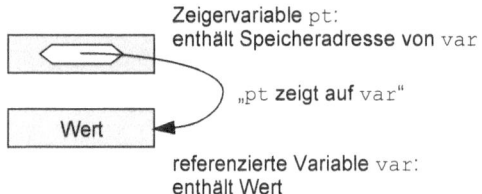

Zeigervariable `pt`:
enthält Speicheradresse von `var`

„`pt` **zeigt auf** `var`"

referenzierte Variable `var`:
enthält Wert

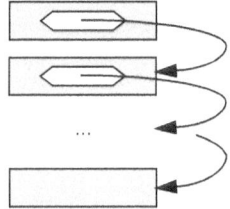

Abbildung 5.4 Indirektion mit Zeigervariablen

Um eine Zeigervariable von einer „normalen" Variablen zu unterscheiden, wird ihrem Namen bei der Deklaration ein `*` vorangestellt. Beispiele für Deklarationen von Zeigervariablen sind die folgenden:

- `char *cpt;`
  deklariert eine Variable `cpt`, die Adressen von Variablen des Typs `char` aufnehmen kann.

- `angestellten_info *apt;`
  deklariert eine Variable `apt`, die Adressen von Strukturvariablen des Typs `angestellten_info` aufnehmen kann.

- `float **fppt;`
  deklariert eine Variable `fppt`, die Adressen von Variablen aufnehmen kann, in denen wiederum Adressen von Variablen des Typs `float` stehen können. Hier wird also eine zweistufige Indirektion realisiert (→ Abbildung 5.4, → 5.6).

Die Sprechweise ist dann beispielsweise: „`cpt` ist ein Zeiger/Pointer auf `char`" oder „`fppt` ist ein Zeiger auf Zeiger auf `float`".

 Der Stern bei der Variablendeklaration gehört stets zu *einem* Variablennamen. Will man also zwei Zeiger deklarieren, so muss man `int *a, *b` schreiben; `int *a, b` würde eine Zeigervariable `a` und eine „normale" `int`-Variable `b` deklarieren.

Dass hier kein Beispiel für einen Zeiger auf Arrays angegeben wird, hat einen besonderen Grund: In C ist ein Array nichts anderes als ein Zeiger, nämlich ein Zeiger auf den Anfang der Folge von Speicherzellen, in denen der Inhalt des Arrays steht. Näheres zu diesem Thema findet man in → 5.3.2.

Zeigervariablen können, außer Adressen anderer Variablen, den Wert `NULL` enthalten. `NULL` ist der **Nullzeiger**, der angibt, dass die Zeigervariable zur Zeit auf keine andere Variable verweist. Die Konstante `NULL` ist in den Header-Dateien `stdio.h` und `stdlib.h` definiert; man kann daher in Zuweisungen und Vergleichen statt `NULL` auch den numerischen Wert `0` verwenden.

 Eine Zeigervariable, die zwar definiert, aber noch nicht initialisiert wurde, verweist auf irgendeine Zelle des Speichers. Ein Zugriff auf diese Speicherzelle ist kritisch, denn dabei könnte der Wert der Variablen, die zufällig an dieser Stelle steht, überschrieben werden. Da hier weder vom C-Compiler noch beim Programmablauf eine Fehlermeldung geliefert wird, muss man bei der Programmierung selbst darauf achten, dass Zeigervariablen zuerst initialisiert und erst danach benutzt werden. Einer Zeigervariablen kann insbesondere auf die folgenden beiden Arten ein Anfangswert zugewiesen werden:

- Durch Zuweisung der Adresse einer existierenden Variablen (→ 5.2.2) oder des Nullzeigers.
- Durch Belegung eines zuvor freien Speicherbereichs und Zuweisung von dessen Adresse (→ 5.4.1).

Übrigens können Zeigervariablen nicht nur auf andere Variablen, sondern auch auf Funktionen verweisen. Mit Zeigern auf Funktionen beschäftigt sich → 6.7.

5.2.2 Adress- und Dereferenzierungsoperator

Zur Arbeit mit Zeigern gibt es in C zwei grundlegende Operatoren (siehe hierzu auch → Abbildung 5.5 unten):

- Der **Adressoperator** & liefert zu einer Variablen deren Adresse. Man kann diese Adresse in einer Zeigervariablen speichern:

```
int i;
int *ipt;
ipt = &i;
```

Auch kann man mit so ermittelten Adressen „rechnen", also beispielsweise die Adresse der im Speicher vorangehenden oder folgenden Variablen ermitteln (→ 5.3).

- Der **Dereferenzierungsoperator** * liefert zu einem Zeiger die Variable, auf die dieser Zeiger verweist. Beispielsweise wird durch

```
int i;
int *ipt;
ipt = &i;
*ipt = 1;
```

der Variablen i der Wert 1 zugewiesen. Durch

```
*ipt = *ipt + 1;
```

oder auch

```
(*ipt)++;
```

wird der Wert von i um 1 erhöht.

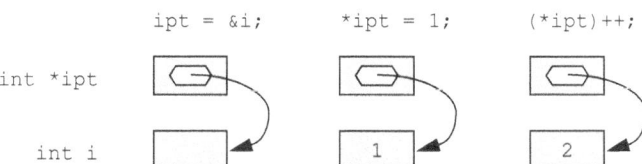

Abbildung 5.5 Basisoperationen auf Zeigervariablen

Bei der Programmierung mit Zeigern muss man stets gut überlegen, mit welcher Variablen das Programm arbeiten soll – mit der Zeigervariablen selbst oder mit der Variablen, auf die die Zeigervariable verweist. Beispielsweise besteht ein erheblicher Unterschied zwischen den Zuweisungen pt2 = pt1 und *pt2 = *pt1 (wobei pt1 und pt2 zwei Zeigervariablen sind, → Abbildung 5.6):

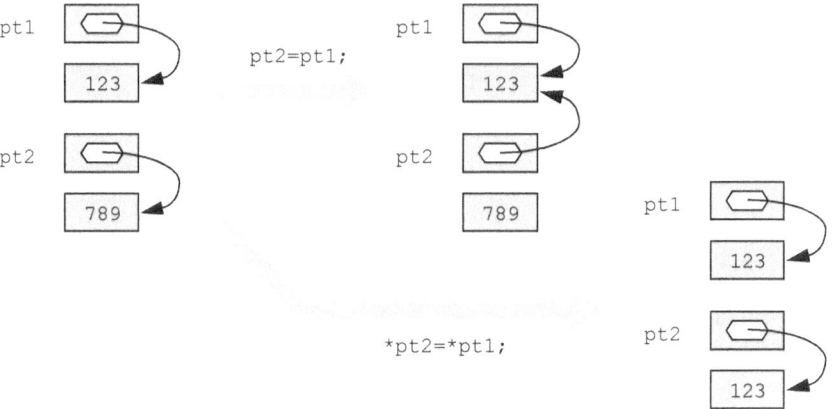

Abbildung 5.6 Zuweisung an Zeigervariable versus Zuweisung an referenzierte Variable

- Durch pt2 = pt1 wird der Inhalt der Zeigervariablen pt1 (eine Adresse) in die Zeigervariable pt2 kopiert. Beide Zeigervariablen referenzieren also anschließend dieselbe Variable; die Inhalte der referenzierten Variablen selbst bleiben dagegen unverändert.

- Durch *pt2 = *pt1 wird der Inhalt der Variablen, auf die pt1 verweist, in die Variable kopiert, auf die pt2 verweist. Der Inhalt einer referenzierten Variablen ändert sich also, die Inhalte der Zeigervariablen bleiben aber unverändert.

Übrigens sind direkte Zuweisungen zwischen Zeigervariablen nur dann möglich, wenn beide Variablen vom selben Typ sind. Anderenfalls muss eine explizite Typumwandlung vorgenommen werden:

pt2 = (t2 *) pt1; (wobei pt2 vom Typ t2 * ist)

5.2.3 Zwei Programmbeispiele

Das erste Programmbeispiel demonstriert die Effekte verschiedener Adress- und Dereferenzierungsoperationen:

```
int *pt1, *pt2;
int var1 = 100, var2 = 200;

pt1  = &var1;        /* pt1 zeigt nun auf var1 */
*pt1 = *pt1 + 1;     /* entspricht var1 = var1 + 1 */
pt2  = pt1;          /* pt2 zeigt nun auch auf var1 */
pt1  = &var2;        /* pt1 zeigt nun auf var2 */
```

```
(*pt1)++;               /* entspricht var2 = var2 + 1; */
*pt2 = 150;             /* entspricht var1 = 150 */
pt1  = &var1;           /* pt1 zeigt nun wieder auf var1 */
pt2  = &var2;           /* pt2 zeigt nun auf var2 */
*pt2 = *pt1;            /* entspricht var2 = var1; */
```

Das zweite Programmbeispiel zeigt die Verwendung des Adress- und des Dereferenzierungsoperators in einem konkreten Anwendungsproblem, nämlich bei der Verwaltung von Bankkonten. Hier kann man durch eine Eingabe eines von zwei Konten auswählen und dann auf das gewählte Konto einen bestimmten Betrag einzahlen:

```
float kontostand_1 = 0.0,
      kontostand_2 = 0.0,
      *kontozeiger,
      einzahlung;

int   wahl;

printf("Bitte waehlen: 1 = Konto 1, 2 = Konto 2  ");
scanf("%d",&wahl);

if (wahl==1)
  kontozeiger = &kontostand_1;
 else
  kontozeiger = &kontostand_2;

printf("Bitte Einzahlungsbetrag eingeben:  ");
scanf("%f",&einzahlung);

*kontozeiger = *kontozeiger + einzahlung;
```

Nach der if-else-Anweisung verweist die Zeigervariable kontozeiger auf die Variable, die den Stand des ausgewählten Kontos angibt – also entweder auf kontostand_1 oder auf kontostand_2. Diese Variable wird dann in der letzten Anweisung um den Einzahlungsbetrag erhöht. Hier ergibt sich also erst während des Programmablaufs (also „dynamisch" bei der Programmausführung), mit welcher Variablen gearbeitet wird; zur Zeit der Programmübersetzung liegt das noch nicht fest.

Man könnte einwenden, dass der gewünschte Effekt genauso gut durch die Anweisung

```
if (wahl==1)
  kontostand_1 = kontostand_1 + einzahlung;
 else
  kontostand_2 = kontostand_2 + einzahlung;
```

erzielt würde – also ganz ohne Zeigervariable. Für das einfache Beispiel hier ist das sicher richtig. Sollen aber auf der gewählten Variablen mehrere Operationen ausgeführt werden, würde das Programm ohne Zeigervariable deutlich komplexer, da dann jede Operation eine neue if-else-Fallunterscheidung erfordert.

In diesem Beispiel wird übrigens auch die Bedeutung des & vor dem Variablennamen im scanf()-Aufruf klar: Es liefert die Adresse der Variablen – also die Information, in welche Speicherzelle(n) der eingelesene Wert gebracht werden soll.

5.2.4 Ungetypte Zeiger

Zeigervariablen werden meist bezüglich eines bestimmten Typs deklariert und können damit nur Variablen dieses Typs referenzieren. Dies ist aber nicht zwingend notwendig:

```
void *pt;
```

deklariert eine Variable `pt`, die Adressen von Variablen eines beliebigen Typs speichern kann. Man kann `pt` also im Laufe ihres „Lebens" Adressen von Variablen unterschiedlicher Typen zuweisen:

```
int i = 1234;
float f = 1.2345;

pt = &i;
printf("Wert von *pt: %d\n",*((int *)pt));

pt = &f;
printf("Wert von *pt: %f\n",*((float *)pt));
```

Wie das Beispiel zeigt, muss hier jeweils eine explizite Typumwandlung des Werts der Zeigervariablen stattfinden, wenn auf die referenzierte Variable zugegriffen werden soll.

5.3 Adressarithmetik

5.3.1 Operationen

Zeigervariablen enthalten Speicheradressen, also ganzzahlige Nummern von Speicherzellen. Mit Zeigervariablen lässt es sich daher rechnen oder, wie man auch sagt, **Adressarithmetik** betreiben. Beispielsweise kann man einen Speicherbereich durchlaufen, indem man eine Adresse schrittweise erhöht: Ist `pt` eine Zeigervariable, die eine Variable im Speicher referenziert, so ist `pt+1` die Adresse der nächsten Variablen, `pt+2` der übernächsten und so weiter. So kann man mit Anweisungen wie

```
*(pt+1) = 10;
*(pt+2) = *(pt+1) + 10;
*(pt+i) = 100;  // mit einer ganzzahligen Variablen i
```

auf verschiedenen referenzierten Variablen arbeiten (→ Abbildung 5.7).

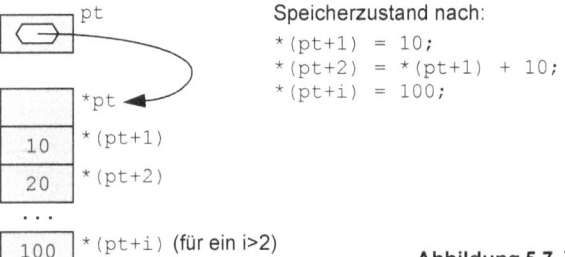

Speicherzustand nach:
```
*(pt+1) = 10;
*(pt+2) = *(pt+1) + 10;
*(pt+i) = 100;
```

Abbildung 5.7 Zeigerarithmetik – Rechnen mit Adressen

Durch Zuweisungen der Form

```
pt++;
pt = pt + 2;
pt += i;
```

lässt sich der Wert der Zeigervariablen selbst ändern (→ Abbildung 5.8).

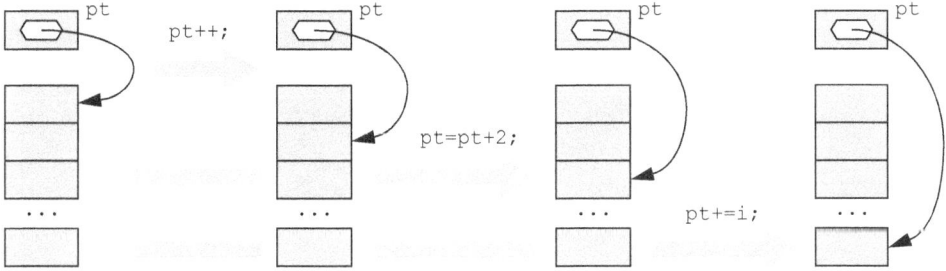

Abbildung 5.8 Zeigerarithmetik – Rechnen mit Adressen und Zuweisung an Zeigervariablen

Zahlenwerte, die in Ausdrücken der Adressarithmetik auftreten, stehen nicht für eine Anzahl von Bytes, sondern für eine Anzahl von Variablen. So wird beispielsweise durch `pt=pt+1` (oder `pt++`) der Adresswert in `pt` um so viele Bytenummern erhöht, dass `pt` nun auf die nächste Variable im Speicher verweist. Wie viele Bytes das sind, hängt vom Typ ab, für den `pt` deklariert ist (→ 5.2.1): Beispielsweise beträgt die Schrittweite bei Zeigern auf `char` ein Byte, bei Zeigern auf `double` aber z.B. acht Byte (abhängig von der konkreten Plattform). Allgemein gilt: Referenziert `pt` Variablen des Typs `T`, so entspricht ein Zahlenwert n, der in einem Ausdruck mit `pt` auftritt, `n*sizeof(T)` Speicherbytes.

 Kombiniert man die Adressarithmetik mit dem Dereferenzierungsoperator, so muss man die Regeln zur Auswertungsreihenfolge der Operatoren beachten (→ Anhang D.3): So wird bei `*pt++` zuerst die Adresse in `pt` inkrementiert und dann die resultierende Adresse dereferenziert, denn Postfixoperationen werden vor Präfixoperationen ausgeführt. Möchte man dagegen den Inhalt der Speicherzelle, auf die `pt` zeigt, inkrementieren, so muss man Klammern setzen: `(*pt)++`.

Neben der Addition ganzer Zahlen auf Zeigervariablen ist auch die Subtraktion ganzer Zahlen wie `pt--` oder `pt=pt-2` zulässig. Auch kann man zwei Zeigervariablen per `==` und `!=` auf Gleichheit prüfen, sofern sie vom selben Typ sind; ein Vergleich mit `NULL` ist immer möglich. Zeigen zwei Zeigervariablen auf Komponenten desselben Arrays, so kann man sie durch `<`, `>`, `<=` und `>=` miteinander vergleichen und ihre Werte voneinander subtrahieren. Andere Operationen, wie beispielsweise die Multiplikation zweier Zeigervariablen, sind dagegen nicht sinnvoll und daher unzulässig.

Mit Hilfe der Adressarithmetik kann man also sehr flexibel programmieren. Die Adressarithmetik ist aber auch gefährlich, da weder vom C-Compiler noch beim Programmablauf hinreichend geprüft wird, ob sie sinnvolle Resultate liefert. So kann eine Zeigervariable nach der Adressrechnung durchaus auf einen Speicherbereich mit Variablen verweisen, deren Typ nicht zum Typ der Zeigervariablen passt. Die Bitmuster in diesem Bereich werden dann fehlinterpretiert.

Man sollte daher nur dann mit Adressarithmetik arbeiten, wenn einem die Organisation des Speichers für das Programm genau bekannt ist. Das ist nicht so ohne Weiteres der Fall: Selbst bei skalaren Variablen, die unmittelbar hintereinander definiert wurden, kann man nicht unbesehen davon ausgehen, dass sie im Speicher in derselben Reihenfolge zusammenhängend abgelegt sind. In zwei Fällen lässt sich jedoch auch ohne tiefere Systemkenntnisse die Adressarithmetik sicher benutzen:

- Bei Arrays, also zusammengesetzten Variablen, die eine Folge von Werten desselben Typs enthalten (→ 5.3.2).
- Bei Speicherblöcken, die das Programm vom Betriebssystem angefordert hat und deren Verwaltung es dann selbst übernimmt (→ 5.4).

5.3.2 Adressarithmetik bei Arrays

Arrays sind das ideale Anwendungsgebiet der Adressarithmetik: Sie bestehen aus mehreren Komponenten desselben Typs, auf die man über einen ganzzahligen Index zugreift (→ 4.3). Da zudem die Komponenten eines Arrays im Speicher aufeinanderfolgend abgelegt sind, lässt sich die **Arrayindizierung** unmittelbar durch Adressarithmetik realisieren.

Für ein C-Programm ist ein Arrayname a nichts anderes als eine Zeigerkonstante, die auf die Speicherzelle verweist, ab der die Arrayeinträge abgelegt sind. Eine Zuweisung an die i-te Komponente von a lässt sich dann wahlweise schreiben als a[i]=0 oder als *(a+i)=0 (→ Abbildung 5.9). Die Indexschreibweise, die für die Programmierung meist bequemer ist, wird dabei intern stets auf die Adressarithmetik zurückgeführt.

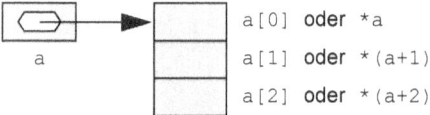

Abbildung 5.9 Adressierung von Arrays mit Index- oder mit Zeigerschreibweise

Das Programmstück, das in 4.3.1 folgendermaßen lautete:

```
unsigned int fibonacci[20];
fibonacci[0] = 1;
fibonacci[1] = 1;
for (int i=2; i<20; i++)
  fibonacci[i] = fibonacci[i-1] + fibonacci[i-2];
```

sieht in Zeigerschreibweise beispielsweise wie folgt aus:

```
unsigned int fibonacci[20];
*fibonacci     = 1;
*(fibonacci+1) = 1;
for (int i=2; i<20; i++)
  *(fibonacci+i) = *(fibonacci+i-1) + *(fibonacci+i-2);
```

Zudem kann man einen Array einer Zeigervariablen zuweisen:

```
unsigned int fibonacci[20];
unsigned int *fib_zeiger;
fib_zeiger = fibonacci;
```

Die Zeigervariable zeigt damit auf die erste Speicherzelle des Arrays. Der Zeigervariablen kann auch die Adresse einer Komponente **innerhalb** des Arrays zugewiesen werden:

```
fib_zeiger = &fibonacci[i];
```

oder äquivalent

```
fib_zeiger = fibonacci+i;
```

Somit kann man über eine Zeigervariable alle Einträge eines Arrays durchlaufen:

```
unsigned int fibonacci[20];
unsigned int *fib_zeiger;
fib_zeiger = fibonacci;
*fib_zeiger = 1;
fib_zeiger++;
*fib_zeiger = 1;
for (int i=2; i<20; i++) {
  fib_zeiger++;
  *fib_zeiger = *(fib_zeiger-1) + *(fib_zeiger-2);
}
```

Aus dem Zusammenhang mit Zeigern folgen zwei grundlegende Eigenschaften von Arrays in C (vergleiche → 4.3.1):

- Die Indizierung eines Arrays beginnt stets bei 0. Ist nämlich `firstindex` der erste Index eines Arrays `a`, so müssen die beiden Ausdrücke `a` und `a+firstindex` denselben Adresswert liefern, und das ist nur bei `firstindex==0` der Fall.

- Eine direkte Zuweisung von Arrayeinträgen durch `arrayname2=arrayname1` ist nicht möglich, denn `arrayname2` ist eine Zeigerkonstante, der nichts zugewiesen werden darf. Für das Kopieren muss man also eine Schleife benutzen, in der die Einträge einzeln kopiert werden. Alternativ kann man die Bibliotheksfunktionen `memcpy()` oder `memmove()` benutzen (→ 6.6.2.3, → Anhang C.2.4).

 Der Ausdruck `&a[n]` liefert die Adresse der n-ten Komponente des Arrays `a`. Speichert man diese Adresse in einer Zeigervariablen, so kann man über die Zeigervariable auf den Teilarray von `a` zugreifen, der an der Position `n` beginnt (→ Abbildung 5.10):

```
char ort[21];
char *ortsname;
strcpy(ort,"51465 Berg. Gladbach");
ortsname = &ort[6];
printf("Ortsname ohne PLZ: %s\n",ortsname);
```

Übrigens liefern nicht nur `a` und `&a[0]` die Anfangsadresse des Arrays, sondern auch `&a`. Die Ausdrücke `a`, `&a` und `&a[0]` sind also äquivalent.

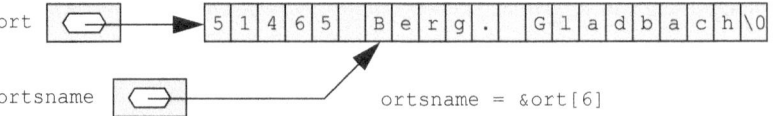

Abbildung 5.10 Definition von Teilarrays durch Zeiger

 Ein Array kann selbst Adressen weiterer Arrays enthalten. Dies nutzt man beispielsweise aus, um in einem Array mehrere Zeichenketten (die in C ja `char`-Arrays sind, → 4.3.1) zu speichern. Das folgende Beispielprogramm illustriert die Vorgehensweise (→ Abbildung 5.11):

```
char str0[6] = "hello",
     str1[6] = "world";
char *woerter[2];
woerter[0] = str0;
woerter[1] = str1;
```

Abbildung 5.11 Array mit Zeichenketten

Nach den Zuweisungen stehen im Array `woerter` die Adressen der Arrays `str0` und `str1`. Man beachte, dass hier eine Zuweisung wie `strcpy(woerter[0],str0)` **nicht** zulässig ist: Hierdurch würde die Zeichenkette aus `str0` in den Speicherbereich kopiert, auf den `woerter[0]` verweist. `woerter[0]` wurde jedoch nicht initialisiert und zeigt somit auf irgendeinen Bereich, der möglicherweise schon anderweitig benutzt wird. Vor einer derartigen Zuweisung müsste man also explizit Speicher belegen und `woerter[0]` darauf verweisen lassen. Der folgende Abschnitt zeigt, wie das geht. In → 5.6 findet man eine Erweiterung des Beispiels für den Fall, dass sich die Anzahl der zu speichernden Zeichenketten erst während des Programmablaufs ergibt.

5.3.3 Exkurs: Zeichenkettenvariablen und -konstanten

Wie aus → 4.3.3 bekannt, können Zeichenketten in Arrays mit dem Komponententyp `char` gespeichert werden. Eine entsprechende Variablendeklaration und -initialisierung sieht wie folgt aus:

```
char array[] = "Stan Laurel";
```

Da der Umgang mit einem `char`-Array intern auf Adressarithmetik mit `char`-Zeigern zurückgeführt wird, lässt sich ebenso gut schreiben:

```
char *zeiger = "Stan Laurel";
```

Die Möglichkeiten, `char`-Array- und `char`-Zeiger-Variablen zu nutzen, sind jedoch verschieden:

- Ein Array `array` ist ein konstanter Zeiger, verweist also auf einen Speicherbereich mit festgelegter Anfangsadresse und Länge. Man kann also `array` keinen Zeiger auf einen anderen Speicherbereich zuweisen. Allerdings kann man die im Speicherbereich abgelegten `char`-Werte ändern, beispielsweise durch Zuweisung an einzelne Komponenten (`array[2]='e'`) oder durch Aufruf einer Standardfunktion (`strcpy(array,"Ollie Hardy")`).

- Der Wert einer Zeigervariablen `zeiger` kann dagegen geändert werden; man kann sie also auf einen anderen Speicherbereich verweisen lassen (vergleiche → Abbildung 5.10). Der C-Standard legt aber nicht fest, ob der Inhalt des Speicherbereichs, der durch eine Anfangswertzuweisung wie `char *zeiger = "Stan Laurel"` belegt und initialisiert wurde, überschrieben werden kann: Eine Zuweisung wie `zeiger[2]='e'` oder `*(zeiger+2)='e'` kann, je nach Plattform, zulässig oder verboten sein.

  Will man eine solche Änderung des Speicherinhalts ausdrücklich verbieten, so kann man das mit dem Schlüsselwort `const` tun:

  ```
  const char *zeiger = "Stan Laurel";
  ```

  Nach einer solchen Deklaration kann aber immer noch der Wert der Zeigervariablen selbst geändert werden; man kann also durch Zuweisung eines neuen Zeigers die Variable auf einen anderen Speicherbereich zeigen lassen. Möchte man dies verhindern, so muss man schreiben:

  ```
  char * const zeiger = "Stan Laurel";
  ```

  Und wenn man beide Arten der Zuweisung verhindern möchte, muss es heißen:

  ```
  const char * const zeiger = "Stan Laurel";
  ```

5.4 Dynamische Speicherverwaltung

5.4.1 malloc()

5.4.1.1 Objekterzeugung in Java vs. Speicherbelegung in C

In Java lassen sich Objekte durch Aufruf eines Konstruktors dynamisch, also während der Programmausführung erzeugen. Der Aufruf liefert eine Referenz auf ein neues Objekt, die dann in einer Objektvariablen gespeichert werden kann. In C, das ja keine objektorientierte Sprache ist, existieren keine solchen Konstruktoren. Es gibt jedoch die Funktion `malloc()` (= „Memory Allocation" = Anlegen von Speicher): Mit dem Aufruf `malloc(size)` wird ein bisher freier Speicherbereich von `size` Bytes belegt und die Anfangsadresse dieses Bereichs zurückgeliefert. Man spricht hier von einer **dynamischen Speicherbelegung**, da sie während der Ausführung der Anweisungen des Programms geschieht.

 `malloc()` belegt Speicherplatz im **Heapsegment** des Programms. Das Heapsegment ist ein Speicherbereich, der getrennt vom **Stacksegment** des Programms mit den lokalen Variablen (→ 6.5.1) und vom **Datensegment** mit den globalen und statischen Variablen (→ 6.5.2) geführt wird.

Dynamische Speicherbelegungen können in C insbesondere eingesetzt werden für

- Arrays, deren Größe sich erst während des Programmablaufs ergibt (→ 5.3.2), und

- dynamische Datenstrukturen wie verketteten Listen oder Graphen (→ 5.5, → 8).

Die folgenden Programmfragmente verdeutlichen die Gemeinsamkeiten und Unterschiede der Vorgänge in C und Java: Einem Java-Programmstück der Form

```
class BeispielKlasse { ... };
BeispielKlasse bsp;
...
bsp = new BeispielKlasse(...);
```
Java ...

entspricht (grob) ein C-Programmstück der Form

```
typedef struct { ... } beispielStructTyp;
beispielStructTyp *bsp;
...
bsp = (beispielStructTyp *) malloc(sizeof(beispielStructTyp));
```
... C

In Java wird eine Klasse definiert sowie eine Objektvariable, die Referenzen auf Objekte dieser Klasse aufnehmen kann. Anschließend wird ein Objekt erzeugt und eine Referenz darauf in der Objektvariablen gespeichert. Entsprechend wird in C ein Strukturtyp definiert sowie eine Zeigervariable, die Adressen von Variablen dieses Typs aufnehmen kann. Anschließend wird eine Strukturvariable erzeugt und ihre Adresse in der Zeigervariablen gespeichert.

Die Abläufe in Java und in C sind also einander recht ähnlich. Ein wesentlicher Unterschied liegt aber in den Auswirkungen des Konstruktoraufrufs und des Aufrufs von `malloc()`:

- Der Java-Konstruktor erzeugt ein Objekt der vorgegebenen Klasse und liefert eine Referenz darauf. Über diese Referenz können nur die Operationen auf dem Objekt durchgeführt werden, die in seiner Klasse definiert sind. Andere Operationen sind nicht zulässig.

- Die C-Funktion `malloc()` belegt lediglich einen Speicherbereich einer bestimmten Größe und liefert seine Adresse. Diese Adresse ist „ungetypt", also vom Typ `void *`: Sie bezeichnet eine unstrukturierte Folge von Speicherbytes, die im Programm beliebig genutzt werden können. Im Beispielprogramm findet eine Typumwandlung zu einer Adresse einer Variablen eines zuvor definierten Strukturtyps statt. Ebenso könnten aber hier (und auch später im Programm) Zugriffe auf den Speicher stattfinden, die nicht zu diesem Strukturtyp passen.

5.4.1.2 Definition von malloc()

Allgemein ist die Funktion `malloc()` folgendermaßen definiert: Ihr Prototyp (Funktionskopf), festgelegt durch die Header-Datei `stdlib.h`, hat die Form

```
void *malloc(size_t size)
```

Der Parameter `size` gibt die Größe des gewünschten Speichers in Bytes an. Sein Typ `size_t` ist ein plattformabhängiger `unsigned`-Ganzzahltyp, der in der Header-Datei stddef.h definiert wird. Ein Aufruf malloc(size) belegt, mit Hilfe des Betriebssystems, einen zusammenhängenden Speicherbereich von size Bytes. Der Speicher wird dabei nicht initialisiert, enthält also (vereinfacht gesprochen) zufällige Werte. Die Speichergröße size muss nicht schon zur Übersetzungszeit feststehen, sondern kann während der Ausführung des Programms dynamisch berechnet oder von außen eingelesen werden.

Ein malloc()-Aufruf liefert als Rückgabewert die Adresse der ersten Zelle des neu belegten Speichers. Sie ist vom Typ void *, ist also noch keine Adresse einer Variablen eines bestimmten Typs. Die Typisierung erfolgt durch eine Typumwandlung (einen „Typecast"), wie im Beispiel von → 5.4.1.1 angegeben. Konnte kein Speicher der gewünschten Größe belegt werden, so liefert malloc() den Nullzeiger NULL zurück.

In → 6.6.2.3 und → Anhang C.4.1 werden die ergänzenden Funktionen calloc() und realloc() erläutert.

5.4.2 free()

Java realisiert eine automatische Garbage Collection: Objekte, die nicht mehr zugreifbar sind, werden gelöscht; ihr Speicherplatz wird an die Speicherverwaltung zurückgegeben. Dadurch wird verhindert, dass der Speicher mit nicht mehr benutzten Objekten „vollläuft". In C existiert kein solcher Automatismus, der solche **Memory Leaks** verhindert: Speicherbereiche, die zuvor per malloc() belegt wurden, jetzt aber nicht mehr benötigt werden, müssen explizit wieder freigegeben werden. Hierzu dient die Funktion free(). Der Aufruf

```
free(pt)
```

gibt den gesamten Speicher, auf den die Zeigervariable pt verweist, an die Speicherverwaltung des Betriebssystems zurück. pt muss dabei eine Adresse enthalten, die von einem vorherigen malloc()-, calloc()- oder realloc()-Aufruf geliefert wurde.

 Durch die Freigabe des Speichers ändert sich der Wert der Variablen pt nicht! Über pt kann man also nach wie vor auf diesen Speicher zugreifen. Dies wird kritisch, wenn der Speicher durch einen erneuten malloc()-Aufruf für andere Zwecke belegt wird. Man sollte also Zeigervariablen nach dem free()-Aufruf den Nullzeiger zuweisen und bei einer späteren Benutzung der Variablen explizit abfragen, ob sie den Nullzeiger enthält:

```
free(pt);
pt = NULL;
...
if (pt==NULL)
    ... Fehlermeldung ...
```

 Bei Programmen, die nur wenig Speicherplatz dynamisch belegen, sind Aufrufe von free() nicht unbedingt nötig. Ohnehin wird am Ende der Programmausführung üblicherweise sämtlicher belegter Speicherplatz wieder freigegeben.

 Da in C kein Garbage Collector existiert, kann der freie Speicher nach einer Reihe von malloc()- und free()-Aufrufen so stark zerstückelt („fragmentiert") sein, dass danach keine größeren zusammenhängenden Bereiche mehr belegt werden können.

5.4.3 Zwei Programmbeispiele

Die folgenden Beispiele zeigen zwei Programme, die mit dynamischer Speicherbelegung arbeiten. Im ersten Programm kann man eine Anzahl von int-Werten eingeben und dabei zuvor selbst bestimmen, wie viele Werte es sein sollen. Das Programm speichert die Werte, berechnet dann ihr arithmetisches Mittel und gibt es mit drei Nachpunktstellen aus:

```
#include <stdio.h>
#include <stdlib.h>
int main(void) {
 unsigned int anzahl, i;
 int *array, summe;
 printf("Wie viele Zahlen sollen verarbeitet werden? ");
 scanf("%u",&anzahl);
 array = (int *) malloc(anzahl*sizeof(int));
 if (array==NULL) {
   printf("Fehler: Speicher konnte nicht belegt werden!");
   exit(-1); }
 for (int i=0; i<anzahl; i++) {
  printf("Bitte %d-ten Wert eingeben: ",i+1);
  scanf("%d",array+i);
 }
 summe = 0;
 for (int i=0; i<anzahl; i++)
  summe += array[i];
 printf("\nMittel: %.3f",(float)summe/anzahl);
 return 0;
}
```

Man beachte die unterschiedlichen Schreibweisen beim Zugriff auf den dynamisch belegten Speicher: Beim Einlesen bietet sich die Schreibweise mit Adressarithmetik an, da scanf() ja eine Adresse als Parameter erwartet, beim Berechnen ist dagegen die Indexschreibweise übersichtlicher.

Das zweite Beispielprogramm liest Werte aus einer Datei angestellte.txt, die Daten über eine Reihe von Angestellten enthält. In der Datei steht zunächst ein Ganzzahlwert, der die Anzahl ihrer Einträge angibt. Es folgen die Einträge selbst: Für jede Person gibt es eine eigene Zeile mit ihrem Namen, ihrer Personalnummer und ihrem Gehalt. Das Programm liest zunächst alle Daten in einen ausreichend großen Speicherbereich ein und gibt sie anschließend auf dem Bildschirm aus:

```
#include <stdio.h>
#include <stdlib.h>
int main(void) {
 typedef struct {
   char  name[41];
```

```
   int    personalnummer;
   float gehalt;
} angestellten_info;
unsigned int anzahl;
angestellten_info *array;
FILE *fd;
fd = fopen("angestellte.txt","r");
fscanf(fd,"%u",&anzahl);
array = (angestellten_info *)
              malloc(anzahl*sizeof(angestellten_info));
if (array==NULL) {
  printf("Fehler: Speicher konnte nicht belegt werden!");
  exit(-1);
 }
for (int i=0; i<anzahl; i++) {
  fscanf(fd,"%s",array[i].name);
  fscanf(fd,"%d",&array[i].personalnummer);
  fscanf(fd,"%f",&array[i].gehalt);
 }
for (int i=0; i<anzahl; i++)
  printf("Eintrag %u: %s %u %.2f\n",i,array[i].name,
                  array[i].personalnummer,array[i].gehalt);
return 0;
}
```

Im Programm öffnet die Funktion `fopen()` die Datei für nachfolgende Lesezugriffe. Sie liefert einen „Dateideskriptor" des vorgegebenen Zeigertyps `File *`, über den anschließend per `fscanf()` die Dateieinträge eingelesen werden können. Die Syntax von `fscanf()` entspricht im Wesentlichen der von `scanf()`. Weitere Informationen zu Dateizugriffen findet man in → Kapitel 7.

 Bei `malloc()` sollte man die Anzahl der benötigten Bytes stets mit Hilfe von `sizeof` berechnen, also nie eine Zahlenkonstante als `malloc()`-Parameter verwenden. Im zweiten Programmbeispiel heißt es daher `malloc(anzahl*sizeof(struct angestellten_info))` und nicht `malloc(47*anzahl)` (mit 41 Byte für die String-, zwei Byte für die `int`- und vier Byte für die `float`-Komponente). Der Grund dafür ist, dass eine Struktur Padbytes (→ 4.4.1) enthalten und somit mehr Bytes belegen kann, als für ihre Einzelkomponenten nötig wären.

5.5 Zeiger auf Strukturen

Zeiger können auf Strukturvariablen (structs) verweisen, und man kann über sie auf die einzelnen Komponenten der Strukturen zugreifen. Das Zusammentreffen der Stern- und der Punktnotation führt dabei aber zu einer etwas umständlichen Schreibweise:

```
typedef struct { ... } angestellten_info;
angestellten_info *pt;
```

```
...
(*pt).personalnummer = 1234;
```

Zur Erleichterung bietet C hier eine Kurzschreibweise, bei der Stern und Punkt durch einen Pfeil (dargestellt durch die Zeichenkombination ->) ersetzt werden:

```
pt->personalnummer = 1234;
```

Zeiger auf Strukturvariablen lassen sich in den folgenden beiden Fällen besonders nutzbringend einsetzen:

- Bei schwach besetzten Arrays, die Strukturen speichern.
- Beim Aufbau strukturierter Datenbestände als Verkettung oder Vernetzung von Strukturen.

5.5.1 Arrays mit Zeigern auf Strukturen

Größere Datenbestände bestehen häufig aus Datenblöcken, die jeweils identisch strukturiert sind. Eine Personaldatenbank enthält beispielsweise eine Sammlung von Daten über Angestellte mit jeweils einem Namen, einer Personalnummer und einer Gehaltsangabe. Dies kann man in einem C-Programm durch einen Array darstellen, der Strukturen des oben definierten Strukturtyps `angestellten_info` speichert (vergleiche auch → 4.4.1):

```
angestellten_info ang_info_feld[arraygröße];
```

Jede Komponente eines solchen Arrays belegt so viele Bytes, wie eine Struktur seines Komponententyps benötigt. Insgesamt benötigt der Array also *arraylänge*`*sizeof(`*strukturtyp*`)` Bytes, was bei einem großen Array den Speicher stark beansprucht. Ist der Array zudem schwach besetzt, sind also nur in wenigen Arraykomponenten tatsächlich Nutzdaten gespeichert, so bleiben viele Speicherbytes ungenutzt (→ Abbildung 5.12)

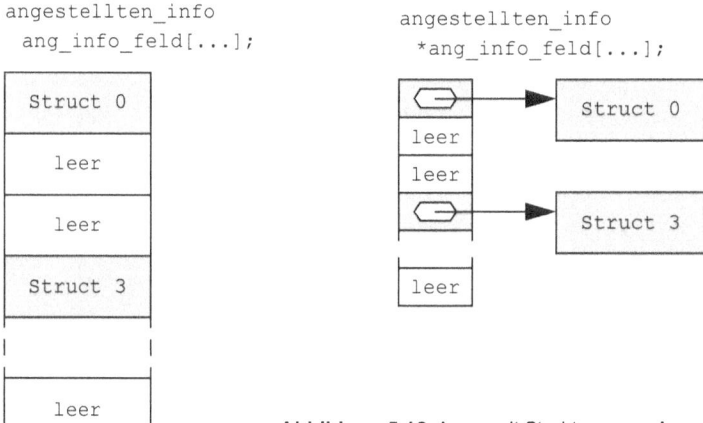

Abbildung 5.12 Array mit Strukturen vs. Array mit Zeigern auf Strukturen

In solchen Fällen bietet es sich an, im Array nicht die Strukturen selbst, sondern Zeiger auf solche Strukturen zu speichern. Ein schwach besetzter Array enthält dann in den meisten

Komponenten den Nullzeiger und nur an wenigen Stellen die Adresse einer Struktur mit Nutzdaten. Da Adressen im Allgemeinen deutlich weniger Speicherplatz beanspruchen als Strukturen, geht dieser Ansatz erheblich sparsamer mit dem Speicher um als der eingangs geschilderte (→ Abbildung 5.12).

Eine neue Struktur wird in einen solchen Array eingefügt, indem zunächst durch `malloc()` ein entsprechender Speicherbereich belegt und seine Adresse in einer Arraykomponenten abgelegt wird. Die Initialisierung erfolgt dann über Indizierung und Pfeilnotation:

```
angestellten_info *ang_info_zeigerfeld[arraygröße];
...
ang_info_zeigerfeld[i]
    = (angestellten_info *) malloc(sizeof(angestellten_info));
ang_info_zeigerfeld[i]->personalnummer = 1234;
```

5.5.2 Strukturen mit Zeigern auf Strukturen

Datenbestände sind oft vernetzt, bestehen also aus Einzeldaten, die in Beziehung zueinander stehen. So gibt es beispielsweise in einer Firma eine Hierarchie aus Untergebenen und Vorgesetzten. In C lässt sich eine solche Beziehung dadurch darstellen, dass eine Struktur einen Zeiger auf eine andere Struktur desselben Typs enthält:

```
typedef struct ang_info {
  ...
  struct ang_info *chef;
} angestellten_info;
...
angestellten_info ang1, ang2;
...
ang1.chef = &ang2;
```

Durch die Zuweisung entsteht also eine Verkettung:

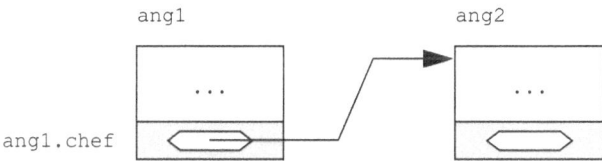

Abbildung 5.13 Verkettung von Strukturen

Nach dieser Grundidee können ganze Listen von Strukturen entstehen – beispielsweise eine Untergebenen-Vorgesetzten-Hierarchie über mehrere Stufen. Zudem kann man auf ähnliche Weise beliebige Vernetzungen von Strukturen erzeugen und dynamisch ändern. Listen und andere dynamische Datenstrukturen sind Thema von → Kapitel 8.

Man beachte, dass bei der `typedef`-Definition eines solchen Strukturtyps an zwei Stellen Typnamen eingeführt werden müssen. Im Beispiel sind das `struct ang_info` vor und `angestellten_info` nach den geschweiften Klammern. Innerhalb der Struktur wird auf die erste Stelle Bezug genommen (im Beispiel: `struct ang_info *`), da hier die Definition an der zweiten Stelle noch nicht bekannt ist.

 Die Struktur, die die Informationen über den Chef eines Angestellten enthält, muss nicht unbedingt durch eine benannte Variable realisiert werden. Man kann sie ebenso gut durch `malloc()` dynamisch erzeugen (siehe auch → Kapitel 8):

```
ang1.chef =
      (angestellten_info *) malloc(sizeof(angestellten_info));
```

Ein Zugriff auf die „Chef-Struktur" erfolgt dann, ausgehend von der Struktur des einfachen Angestellten, über Punkt- und Pfeilnotation:

```
ang1.chef->personalnummer = 100;
```

Die Hierarchie kann dann im Prinzip beliebig erweitert werden:

Abbildung 5.14 Verkettung mehrerer unbenannter Strukturen

```
ang1.chef->chef
  = (angestellten_info *) malloc(sizeof(angestellten_info));
ang1.chef->chef->personalnummer = 10;
```

Eine solche Kette von Strukturen wird an ihrem Ende durch den Nullzeiger abgeschlossen:

```
ang1.chef->chef->chef = NULL;
```

 Zwei Strukturtypen, die einen Zeiger auf eine Struktur des jeweils anderen Typs enthalten, erfordern möglicherweise eine Vorwärtsdeklaration des Typs, der als zweiter definiert wird:

```
struct s2;  // Vorwärtsdeklaration des Typs s2
struct s1 {
  ...
 struct s2 *zeiger; };
struct s2 {
  ...
 struct s1 *zeiger; };
```

5.6 Zeiger auf Zeiger

Manchmal kann es erforderlich sein, Zeiger auf Zeigervariablen zu benutzen, also mit doppelter Indirektion zu arbeiten. Ein Beispiel ist eine Anwendung, bei der mehrere Zeichenketten gespeichert werden sollen und bei der (im Gegensatz zu dem Beispiel am Ende von → 5.3.2) zur Übersetzungszeit noch nicht feststeht, wie viele Zeichenketten es sein werden.

Hierzu kann dynamisch ein Speicherbereich belegt und seine Adresse in einer Zeigervariablen (zum Beispiel mit dem Namen `string_feld`) gespeichert werden. Eine einzelne Zeichenkette wird durch einen Array mit dem Komponententyp `char` realisiert (→ 4.3.3) und
da Arrays für C nichts anderes als Zeigerkonstanten sind (→ 5.3.2), enthält der dynamisch
belegte Speicherbereich Adressen von `char`-Bereichen. Die Variable `string_feld` ist damit eine Variable des Typs „Zeiger auf Zeiger auf `char`":

`char **string_feld`

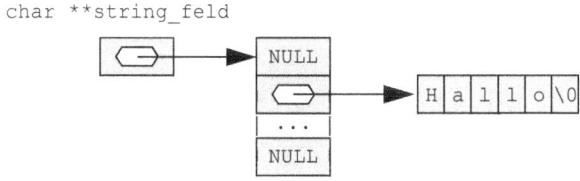

Abbildung 5.15 Zeiger auf Zeiger

Das folgende Programmfragment demonstriert, wie die in der Abbildung dargestellte Da-
tenkonfiguration erzeugt werden kann:

```
/* Dekl. eine Variable vom Typ "Zeiger auf Zeiger auf char". */
char **string_feld;
/* Belege einen Speicherbereich,
   der anzahl_strings Zeiger auf char aufnehmen kann. */
string_feld = (char **) malloc(anzahl_strings*sizeof(char *));
/* Initialisiere den neuen Speicherbereich mit Nullzeigern. */
for (int i=0; i<anzahl_strings; i++)
 string_feld[i] = NULL;
/* Belege einen Speicherbereich, der einen String mit sechs
   Zeichen aufnehmen kann, und speichere einen Zeiger darauf
   in Komponente 1 des Zeigerfelds. */
string_feld[1] = (char *) malloc(6*sizeof(char));
/* Speichere dort die Zeichenkette "Hallo". */
strcpy(string_feld[1],"Hallo");
```

Ein weiterer Anwendungsbereich der doppelten Indirektion ist die Referenzübergabe von
Zeigervariablen (→ 6.3.2.2, → 8).

 Wie man am Beispiel sieht, führen doppelt indirekte Zeiger zu unübersichtlichen
Programmkonstrukten. Man sollte also versuchen, eine solche Programmierung so
weit wie möglich zu vermeiden. Will oder muss man jedoch solche Zeiger verwenden, so muss man besonders sorgfältig vorgehen und jeden Programmschritt genau
prüfen.

5.7 Übungsaufgaben

1. Schreiben Sie ein Programm, in dem je drei `char`-, `short`- und `float`-Variablen definiert werden. Das Programm soll die Adressen dieser Variablen auf den Bildschirm ausgeben. Zeichnen Sie anhand der Ausgaben eine Skizze, die zeigt, wie die Variablen im

Speicher angeordnet sind.

Hinweis zur Programmierung: Die printf()-Konversionsangabe zur Ausgabe einer Adresse lautet %p. Die Ausgabe erfolgt üblicherweise hexadezimal.

2. Schreiben Sie ein Programm mit zwei Arrays a und b, die jeweils fünf int-Werte aufnehmen können. Der Array a soll unmittelbar bei seiner Definition mit Werten vorbesetzt werden. Das Programm soll dann die Werte von a nach b kopieren und dabei ihre Reihenfolge umkehren. Zum Abschluss soll es den Inhalt von b auf den Bildschirm ausgeben. Beim Zugriff auf die Arraykomponenten soll nicht die Indexschreibweise, sondern die Zeigerschreibweise benutzt werden.

3. Ändern Sie Ihre Lösung zu Aufgabe 2 so, dass die Arraylänge n nicht fest vorgegeben ist: Das Programm soll den Wert n von der Tastatur einlesen und zwei Arrays dieser Länge mit malloc() dynamisch erzeugen. Anschließend sollen die Werte für a von der Tastatur eingelesen werden. Anschließend soll das Programm wie in Aufgabe 2 beschrieben vorgehen.

4. Erweitern Sie das Programmstück aus Abschnitt 5.5.1 zu einem vollständigen Programm, das Folgendes leistet:

   • Erzeugung eines Speicherbereichs, der zehn Adressen von Angestelleninformationen aufnehmen kann. Initialisierung des Speichers mit Nullzeigern.

   • Einlesen eines Indexwerts i ($0 \leq i \leq 9$) über die Tastatur:

     - Steht an der Stelle i des Speichers der Nullzeiger, so soll das Programm von der Tastatur die Daten eines Angestellten einlesen. Es soll eine neue Struktur erzeugen, mit den eingegebenen Daten besetzen und an der i-ten Speicherposition ablegen.

     - Steht an der Stelle i bereits eine Struktur, so soll sie gelöscht werden.

   • Nach der Eingabe oder dem Löschen sollen sämtliche gespeicherten Daten auf den Bildschirm ausgegeben werden.

   • Eingabe, Löschen und Ausgabe sollen beliebig oft wiederholt werden können, bis ein Ende der Programmausführung gewünscht wird.

   Hinweise zur Programmierung:

   • Beim Einlesen mit scanf() muss der Adressoperator & folgendermaßen vorangestellt werden:

     scanf("%d",&ang_info_zeigerfeld[i]->personalnummer);

     Das gilt jedoch nicht für das Einlesen von Zeichenketten:

     scanf("%s",ang_info_zeigerfeld[i]->name);

   • Die Wiederholung des Programms sollte durch eine do-while-Schleife gesteuert werden. Sie wird wiederholt, wenn eine 1 eingegeben wurde, und verlassen, wenn es eine 0 war.

5. Schreiben Sie ein Programm, in dem ein Strukturtyp person definiert wird. Eine Struktur dieses Typs soll eine Zeichenkette name sowie zwei Zeiger vater und mutter auf

Strukturen des Typs `person` enthalten. Das Programm soll dynamisch fünf solche Strukturen erzeugen, dort Ihren Namen sowie die Namen Ihrer Eltern und Großeltern väterlicherseits ablegen und sie entsprechend miteinander verknüpfen. Schließlich soll es die Namenseinträge der Strukturen auf den Bildschirm ausgeben.

6. Erweitern Sie das Programmstück aus Unterkapitel 5.6 zu einem vollständigen Programm, das Folgendes leistet:

   - Erzeugung eines Speicherbereichs, der n Adressen von Zeichenketten aufnehmen kann. Der Wert n soll von der Tastatur eingelesen werden.

   - Initialisierung des Speichers mit Adressen von n Zeichenketten, die jeweils aus 30 Leerzeichen und einem abschließenden \0 bestehen.

   - Einlesen eines Index i und einer Zeichenkette. Die Zeichenkette soll an der Position i abgelegt werden. Anschließend sollen alle gespeicherten Zeichenketten auf den Bildschirm ausgegeben werden.

   - Ein- und Ausgabe der Zeichenketten sollen beliebig oft wiederholt werden können, bis ein Ende der Programmausführung gewünscht wird.

Schnelleinstieg 6: Funktionen

C-Funktionen sind *Teilprogramme* zur Lösung bestimmter Aufgaben, die einander aufrufen. Ein vollständiges C-Programm muss die Funktion `main()`, das Hauptprogramm, enthalten.

Eine C-Funktion entspricht einer statischen Java-Methode: Ihr *Kopf* mit Parameterliste und Rückgabetyp bestimmt ihr äußeres Erscheinungsbild, ihr *Körper* legt die Ausführungsschritte und ggf., mit einer `return`-Anweisung, den Rückgabewert fest. Eine Funktion muss im Programmtext oberhalb aller ihrer Aufrufe deklariert werden. Dazu genügt es, zunächst nur den *Prototypen* der Funktion, also ihren Kopf, anzugeben. Die vollständige Definition mit Kopf und Körper kann weiter unten nachgeholt werden.

Die Parameterübergabe in C erfolgt im Normalfall durch einen *Wertaufruf*, bei dem die Werte der Argumente in lokale Funktionsvariablen kopiert werden. Eine Funktion kann also die Variableninhalte der aufrufenden Funktion nicht unmittelbar ändern. Um dies zu ermöglichen, muss man einen *Referenzaufruf* verwenden, bei dem Zeiger übergeben werden. Die gerufene Funktion kann hierüber auf die Variablen der aufrufenden Funktion zugreifen – zum Beispiel, um die Inhalte zweier Variablen zu vertauschen:

```
void tausch(int *a, int *b) {
  int hilf;
  hilf=*b; *b=*a; *a=hilf; }
int main(void) {
  int x=1,y=2;
  tausch(&x,&y);
  return 0; }
```

Arrays werden in C immer per Referenzaufruf übergeben. Ein entsprechender Prototyp hat die Form `fct(komptyp feld[], int laenge)` oder `fct(komptyp *feld, int laenge)`, wobei `komptyp` den Typ der Komponenten des Arrays angibt. Die Arraylänge sollte explizit über einen zweiten Parameter `laenge` übergeben werden.

Variablen, die in einer C-Funktion deklariert werden, sind *lokal*: Ihre Lebensdauer ist durch die Ausführungsdauer eines Funktionsaufrufs begrenzt, und sie können außerhalb der Funktion nicht benutzt werden. Daneben gibt es weitere Arten von Variablen: *Statische lokale Variablen* (z.B. `static int a`) bleiben mit ihren Werten zwischen den Funktionsaufrufen bestehen, und *globale Variablen*, die außerhalb der Funktionen deklariert werden, sind ab ihrer Deklaration in allen Funktionen bekannt.

Die *C-Standardbibliothek* stellt vordefinierte Funktionen bereit, die über entsprechende Header-Dateien in ein Programm eingebunden werden. Hierzu gehören Funktionen zur Ein-/Ausgabe, mathematische Funktionen, Funktionen für Einzelzeichen und Strings sowie Funktionen zum Aufruf von Diensten des Betriebssystems.

Der nächste Schnelleinstieg steht auf Seite 122.

6 Funktionen

Funktionen, also Teilprogramme zur Lösung bestimmer Aufgaben, sind ein wichtiges Mittel zur Strukturierung von C-Programmen. Ein größeres C-Programm enthält neben dem Hauptprogramm meist mehrere Funktionen, die vom Hauptprogramm aus direkt oder indirekt aufgerufen werden. Die Funktionen können auf mehrere Dateien verteilt sein, die erst bei der Übersetzung des Programms zusammengebunden werden (→ 2.2). Häufig gebrauchte Standardfunktionen werden in Funktionsbibliotheken bereitgestellt.

6.1 Java-Methoden vs. C-Funktionen

Java realisiert Funktionen in Form von Methoden. Die Methoden eines Objekts definieren die Aktionen, die auf dem Objekt mit seinen Attributen durchgeführt werden können. Neben solchen objektbezogenen Methoden gibt es klassenbezogene („statische") Methoden, die nicht ein einzelnes Objekt, sondern eine Klasse als Ganzes betreffen. Im Extremfall arbeitet ein Java-Programm ganz ohne Objekte, besteht also nur aus klassenbezogenen Methoden. Ein Beispiel hierfür ist das folgende Java-Programm, das den größten gemeinsamen Teiler (ggT) und das kleinste gemeinsame Vielfache (kgV) zweier ganzer Zahlen berechnet:

```
import java.io.*;                                          Java ...
class GGT_KGV {
 public static int ggt(int a, int b) {
   while(a!=b)
    if (a>b)
      a = a-b;
     else
      b = b-a;
   return a;
  }
 public static int kgv(int a, int b) {
   return a*b/ggt(a,b);
  }
 public static void main(String args[]) throws IOException {
   int x, y;
   BufferedReader in =
        new BufferedReader(new InputStreamReader(System.in));
   System.out.print("Bitte zwei ganze Zahlen (>0) eingeben: ");
   x = Integer.parseInt(in.readLine());
   y = Integer.parseInt(in.readLine());
   System.out.println("ggT: "+ggt(x,y));
   System.out.println("kgV: "+kgv(x,y));
  }
}
```

Die Berechnung des ggT erfolgt hier nach dem euklidischen Algorithmus in seiner ursprünglichen Form, die Berechnung des kgV benutzt die Beziehung kgV(x,y) = x·y/ ggT(x,y). Die Eingabe von Zahlen nicht größer als 0 wird nicht explizit abgefangen.

Ein C-Programm, das dasselbe leistet, sieht so aus:

```c
#include <stdio.h>
unsigned int ggt(unsigned int a, unsigned int b) {
  while(a!=b)
    if (a>b)
      a = a-b;
    else
      b = b-a;
  return a;
}
unsigned int kgv(unsigned int a, unsigned int b) {
  return a*b/ggt(a,b);
}
int main(void) {
  unsigned int x, y;
  printf("Bitte zwei ganze Zahlen (>0) eingeben: ");
  scanf("%u",&x);
  scanf("%u",&y);
  printf("ggT: %u\n",ggt(x,y));
  printf("kgV: %u\n",kgv(x,y));
  return 0;
}
```

... C

Ein C-Programm mit **Funktionen** hat also dieselbe Struktur wie ein Java-Programm, das aus einer einzelnen Klasse mit statischen Methoden besteht. Die Funktionen werden im Programmtext aufeinanderfolgend definiert; sie dürfen also nicht geschachtelt werden, sondern stehen auf derselben Ebene. Syntaktisch ähneln Definition bzw. Aufrufe von C-Funktionen und statischen Java-Methoden einander sehr. Bei C fallen lediglich die Modifier (`public`, `protected`, `private`) weg, und der Kopf der `main()`-Funktion ist insgesamt deutlich einfacher (siehe hierzu auch → 6.4, insbesondere zur Wertrückgabe durch `main()`).

Eine wichtige Einschränkung von C gegenüber Java betrifft die Anordnung von Funktionsdefinitionen und -aufrufen: In einem C-Programmtext muss die Deklaration einer Funktion oberhalb aller ihrer Aufrufe stehen – also zumindest die Angabe ihres Kopfs mit Namen, Rückgabetyp und Parameterliste, damit der Compiler die späteren Aufrufe entsprechend zuordnen und hinsichtlich der verwendeten Typen prüfen kann.

 Fehlt diese Deklaration, so gibt der Compiler zumindest eine Warnung aus und trifft bestimmte Annahmen bezüglich der Typen (z.B. wird als Rückgabetyp `int` angenommen). Stimmen diese Annahmen mit der Funktionsdefinition weiter unten nicht überein, so gibt der Compiler eine Fehlermeldung und übersetzt das Programm nicht.

6.2 Schnittstellen

Eine C-Funktion besteht, wie eine Java-Methode, aus einem **Kopf** und einem **Körper**. Der Kopf der Funktion legt ihre Schnittstelle mit Funktionsnamen, Parameterliste sowie Rückgabetyp fest und bestimmt damit, wie die Funktion aufgerufen werden kann. Der Körper der Funktion (auch Rumpf genannt) definiert die Aktionen, die bei ihrem Aufruf ausgeführt werden sollen – insbesondere, wie ihr Rückgabewert berechnet wird.

6.2.1 Prototypen

Die Deklaration der Schnittstelle einer C-Funktion (also ihres Kopfs) und die vollständige Funktionsdefinition einschließlich Körper können räumlich auseinandergezogen werden. So könnte man das Beispielprogramm aus 6.1 auch folgendermaßen gestalten:

```
unsigned int ggt(unsigned int a, unsigned int b);
unsigned int kgv(unsigned int a, unsigned int b);
int main(void) {
 unsigned int x, y;
 ...
 printf("ggT: %u\n",ggt(x,y));
 printf("kgV: %u\n",kgv(x,y));
 ...
}
unsigned int ggt(unsigned int a, unsigned int b) {
 while(a!=b)
  ...
}
unsigned int kgv(unsigned int a, unsigned int b) {
 return a*b/ggt(a,b);
}
```

Im Programm werden also zunächst die Köpfe der Funktionen `ggt()` und `kgv()` angegeben – ihre sogenannten **Prototypen**. Man sagt, dass ein Funktionsprototyp die Funktion **deklariert**. Ein Prototyp muss mindestens den Namen der Funktion und ihren Rückgabetyp enthalten. Die Namen der Parameter müssen dagegen nicht angegeben werden, so dass man auch schreiben kann:

```
unsigned int ggt(unsigned int, unsigned int);
unsigned int kgv(unsigned int, unsigned int);
```

Erlaubt (aber nicht zu empfehlen) ist es sogar, im Prototypen die Parameter anders zu benennen oder die Parameterliste ganz wegzulassen:

```
unsigned int ggt();
unsigned int kgv();
```

Die vollständige **Definition** der Funktionen mit Kopf und Körper wird im weiteren Programmtext nachgeholt. Die Angaben im Funktionskopf müssen dabei mit den Angaben im entsprechenden Prototypen übereinstimmen, mit den oben genannten Ausnahmen bezüglich der Parameterlisten.

Funktionsprototypen können für die folgenden Zwecke eingesetzt werden:

*   Eine Programmdatei wird übersichtlicher, wenn man zu Beginn alle Prototypen der Funktionen hinschreibt, die in der Datei definiert werden (siehe Beispiel oben). Man erhält so ein „Inhaltsverzeichnis" der vorhandenen Funktionen mit ihren Schnittstellen.

*   Ein langes Programm kann strukturiert werden, indem man seine Funktionsdefinitionen auf mehrere Dateien verteilt. Die Schnittstellen der Funktionen und globale Typen macht man im gesamten Programm bekannt, indem man Prototypen und Typdefinitionen in einer Header-Datei zusammenfasst und diese per #include in alle Programmdateien einbindet. Details der Vorgehensweise und Beispiele wurden bereits in → 2.1.2 und → 2.2 diskutiert; Abbildung 6.1 skizziert ein weiteres Beispiel:

Datei `header.h`

```
typedef ... typ;
int func_a(typ p);
int func_b(typ p);
```

Datei `haupt.c`

```
#include "header.h"
main() {
  typ x=..., y=...;
  int a = func_a(x);
  int b = func_b(y);
}
```

Datei `fa.c`

```
#include "header.h"
int func_a(typ p) {
  ...
}
```

Datei `fb.c`

```
#include "header.h"
int func_b(typ p) {
  ...
}
```

Abbildung 6.1 Aufteilung eines Programms auf mehrere Dateien

*   Funktionsprototypen ermöglichen eine **wechselseitige Rekursion**, bei der sich mehrere Funktionen gegenseitig aufrufen. Ein einfaches Beispiel ist ein rekursives Verfahren zur Feststellung, ob eine Zahl gerade oder ungerade ist (eine zugegebenermaßen nicht zeitoptimale Lösung):

```
unsigned int gerade(unsigned int x) {
  if (x==0) return 1;   // true
  if (x==1) return 0;   // false
  return ungerade(x-1);
}
unsigned int ungerade(unsigned int x) {
  if (x==0) return 0;   // false
  if (x==1) return 1;   // true
  return gerade(x-1);
}
```

Diese Programmstruktur ist in C nicht zulässig, da die Funktion ungerade() textuell vor ihrer Definition aufgerufen wird. Es hilft auch nichts, die beiden Funktionsdefinitionen zu vertauschen, da dann bezüglich `gerade()` dasselbe Problem auftreten würde. Stellt man jedoch die Deklaration der Prototypen den vollständigen Funktionsdefinitionen voran, dann ist bei einem Aufruf die Funktionsschnittstelle bereits bekannt, und der C-Compiler akzeptiert den Programmtext:

```
unsigned int gerade(unsigned int x);
unsigned int ungerade(unsigned int x);
unsigned int gerade(unsigned int x) {
  ...
 return ungerade(x-1);
}
unsigned int ungerade(unsigned int x) {
  ...
 return gerade(x-1);
}
```

6.2.2 Weitere Besonderheiten von C

Java-Methodenköpfe und C-Funktionsprototypen sind einander sehr ähnlich. Einige Besonderheiten in C sind auf die C-spezifischen Datentypen zurückzuführen:

- **Strukturen** können sowohl als Funktionsparameter als auch als Rückgabewerte auftreten. Hierzu muss ein benannter Strukturtyp definiert werden, auf dessen Namen der Funktionskopf Bezug nimmt. Beispiele hierfür sind:

```
struct angestellten_info { char name[41]; ... };

...

struct angestellten_info func(struct angestellten_info param);
```
oder
```
typedef struct { ... } angestellten_info;

...

angestellten_info func(angestellten_info param);
```
Die Funktion erhält also eine Struktur des Typs `angestellten_info` als Parameter und liefert eine Struktur desselben Typs als Rückgabewert. Näheres dazu in → 6.3.2.2 und → 6.3.3.

 Ein Strukturtyp, der als Parameter- oder Rückgabetyp dient, muss sowohl in der gerufenen als auch in der aufrufenden Funktion bekannt sein. Seine Definition darf also nicht in einer der Funktionen stehen, sondern muss ober- und außerhalb beider Funktionen erfolgen. Der Programmaufbau sieht dann beispielsweise wie folgt aus:

```
struct angestellten_info { ... };
struct angestellten_info
        func(struct angestellten_info param) { ... }
int main(void) {
  ...
  struct angestellten_info ang_1, ang_2;
```

```
    ...
    ang_2 = func(ang_1);
    ...
}
```

- **Zeiger** können an Funktionen übergeben und von Funktionen zurückgeliefert werden. Die Schreibweise sieht dann beispielsweise so aus:

```
int *func(int *pt1, int *pt2);
```

Die Funktion erhält also zwei Zeiger als Parameter und liefert einen Zeiger als Rückgabewert. Mit solchen Zeigerparametern lassen sich Referenzaufrufe durchführen. Näheres dazu in → 6.3.2.2 und → 6.3.3.

 Wenn man einen Zeiger auf eine Variable zurückgibt, dann muss man darauf achten, dass diese Variable auch in der aufrufenden Funktion gültig ist. Das ist insbesondere bei lokalen Variablen der gerufenen Funktion nicht der Fall!

- Ebenso können **Arrays** als Parameter übergeben werden. Die Schreibweise ist dann beispielsweise wie folgt:

```
... func(int a[], float b[]);
```

oder alternativ (→ 5.3.2):

```
... func(int *a, float *b);
```

Wie in Java wird hier also nicht festgelegt, wie lang der zu übergebende Array sein muss; es dürfen also Arrays mit einer beliebigen Anzahl von Komponenten übergeben werden. Bei mehrdimensionalen Arrays gilt dies allerdings nur für die erste Dimension; ab der zweiten Dimension muss die Ausdehnung angegeben werden:

```
... func(int a[][10], float b[][20][20]);
```

Als Rückgabetypen sind Arraytypen nicht zugelassen. Dies ist auch nicht unbedingt nötig, denn eine Funktion kann alternativ einen Zeiger auf einen Speicherbereich mit einer Folge von Werten zurückgeben. Auch kann sie in einem Arrayparameter Werte an die aufrufende Funktion zurückgeben, da Arrays per Referenzaufruf übergeben werden. Näheres dazu in → 6.3.2.3.

 Eine Funktion, der ein Array übergeben wird, kann nicht feststellen, wie lang dieser Array ist. Man muss ihr daher die Länge des Arrays explizit über einen weiteren Parameter mitteilen:

```
    ... func(int a[], unsigned int laenge);
```

Weiterhin gelten für C-Funktionen die folgenden Besonderheiten:

- Erwartet eine Funktion keine Parameter, so kennzeichnet man dies in der Parameterliste durch das Schlüsselwort `void` – also beispielsweise

```
int func(void);
```

Ist im Funktionskopf die Parameterliste leer, wie zum Beispiel in `int func()`, so kann ihre Definition später nachgeholt werden. Man kann beispielsweise Prototypen so definieren (→ 6.2.1), sollte dies aber möglichst vermeiden, um das Programm nicht unübersichtlich zu machen.

- Funktionsparameter können als Konstanten vereinbart werden: Im Körper der Funktion

  ```
  int func(int a, const int b) { ... }
  ```

  kann zwar der Wert des Parameters `a` (als funktionslokale Variable, → 6.3.2.1/Abbildung 6.2) verändert werden, nicht jedoch der Wert von `b`.

- Funktionen in C müssen eindeutige Namen haben. Ein Überladen von Funktionen, indem man denselben Funktionsnamen mehrfach mit unterschiedlichen Parameterlisten deklariert, ist damit in C nicht möglich. Ein Überschreiben von Funktionen gibt es nicht, da C ja kein Klassenkonzept besitzt.

Eine weitere Besonderheit, auf die man vielleicht einmal stoßen mag, gab es in der ersten C-Version, dem **Kernighan-Ritchie-C** (→ 1.1.1.3). Hier werden in der geklammerten Parameterliste nur die Namen der Parameter, nicht aber ihre Typen angegeben. Die vollständige Parameterdeklaration steht dann hinter der Klammerung, aber noch vor dem Funktionskörper. Die Definition der ggT-Funktion sähe damit wie folgt aus:

```
unsigned int ggt(a,b)
 unsigned int a, b;
{
 while(a!=b)
  ...
}
```

6.3 Ausführung

6.3.1 Ablauf

Eine C-Funktion wird wie eine statische Java-Methode ausgeführt (siehe auch → 6.1):

- Um eine Funktion aufzurufen, gibt man ihren Namen an. Eine Punktnotation, wie beim Aufruf einer objekt- oder klassenbezogenen Java-Methode, gibt es dabei nicht. Dem Namen folgt die Liste der Argumente (= aktuellen Parameter), die in Anzahl und Typen zur Definition des Funktionskopfs passen muss. Bei Typunterschieden werden die übergebenen Werte nach denselben Regeln wie bei einer Wertzuweisung umgewandelt (→ 4.2.3, → Anhang A.1).

- Das C-Laufzeitsystem legt beim Aufruf einen Speicherbereich an, der die lokalen Variablen und die Parameter dieses Aufrufs aufnimmt. Die Argumente werden übergeben, indem ihre Werte ermittelt und in diesen Speicherbereich kopiert werden (→ 6.3.2).

 Es ist nicht festgelegt, in welcher Reihenfolge die Parameterwerte berechnet werden. Seiteneffekte, die bei diesen Berechnungen auftreten, können also je nach Plattform unterschiedlich ausfallen. In → Anhang A.2 findet man weitere Informationen zu dieser Problematik.

- Die Programmausführung wird mit dem ersten Befehl des Funktionskörpers fortgesetzt. Der Körper wird durchlaufen, bis eine `return`-Anweisung erreicht ist. Bei Prozeduren (also Funktionen mit dem Rückgabetyp `void`) darf das `return` fehlen; die Ausführung der Funktion endet dann mit dem Erreichen des Endes des Körpers.

- Falls die erreichte `return`-Anweisung einen Ausdruck enthält, so wird sein Wert berechnet und an die aufrufende Funktion zurückgegeben. Die gerufene Funktion wird verlassen und die aufrufende Funktion an der Aufrufstelle fortgesetzt.

 Der C-Compiler überprüft nicht, ob eine Funktion, deren Rückgabetyp nicht `void` ist, tatsächlich eine `return`-Anweisung mit Rückgabewert enthält und ausführt. Fehlt die `return`-Anweisung oder steht bei ihr kein Ausdruck, so wird ein undefinierter Wert zurückgegeben. Man muss also bei der Programmierung selbst darauf achten, dass eine Funktion in jedem Fall einen definierten Wert zurückliefert.

6.3.2 Parameterübergabe

Beim Aufruf einer C-Funktion wird, wie beim Aufruf einer Java-Methode, ein neuer **Stackframe** im **Stacksegment** angelegt. Das Stacksegment ist ein Speicherbereich für Parameter und lokale Variablen der Funktionen sowie für ihre Rückgabewerte und Rücksprungadressen (vergleiche → 6.5). Über den Stackframe werden die **Argumente** (die „aktuellen Parameterwerte") an die Funktion übergeben. Als Argument kann ein beliebiger Ausdruck auftreten, sofern sein Typ zum Parametertyp, der in der Funktionsdefinition festgelegt wurde, passt (siehe auch → Anhang A.1).

6.3.2.1 Wertaufruf

Bei einem **Wertaufruf (Call by Value)** werden die Argumentausdrücke ausgewertet und die ermittelten Werte dann im Stackframe abgelegt. Bei der Übergabe lokaler Variablen per Wertaufruf (wie beispielsweise in den ggT- und kgV-Funktionen aus 6.1) werden die Variablenwerte einfach aus dem Stackframe der aufrufenden Funktion in den Stackframe der aufgerufenen Funktion kopiert (→ Abbildung 6.2). Die aufgerufene Funktion greift bei ihrer Ausführung auf diese Kopien zu. Nach dem Ende der Funktionsausführung wird ihr Stackframe wieder gelöscht.

Programm:
```
unsigned int ggt(unsigned int a, unsigned int b) { ... }
main() { ... x=1; y=2; ggt(x,y); ... }
```

Stack:

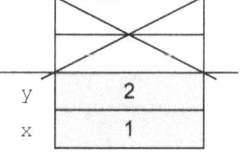

Abbildung 6.2 Wertaufruf: Parameterübergabe bei der ggt()-Funktion aus 6.1

C-Funktionen wie Java-Methoden arbeiten bei einem Wertaufruf also auf ihren eigenen Speicherbereichen und greifen nicht auf die Bereiche der aufrufenden Funktion zu. Insbesondere haben sie bei einem Wertaufruf keine Möglichkeit, Werte von lokalen Variablen der aufrufenden Funktion direkt zu ändern – das geht nur über die Rückgabe eines Funktionswerts, der dann von der aufrufenden Funktion einer ihrer Variablen zugewiesen wird.

Der Wertaufruf ist in C die vorwiegende Technik zur Parameterübergabe, die insbesondere standardmäßig bei der Übergabe von skalaren Variablen (→ 6.1) und Strukturen (→ 6.2.2) benutzt wird. Von der Wertübergabe kann man allerdings abweichen, indem man explizit Adressen von Variablen übergibt (→ 6.3.2.2). Automatisch geschieht dies bei Arrays, die in C als Zeiger auf Speicherbereiche realisiert werden (→ 6.3.2.3).

6.3.2.2 Referenzaufruf

In manchen Fällen soll eine Funktion auf die lokalen Variablen der aufrufenden Funktion zugreifen können, um deren Werte zu ändern. Dies wird durch einen **Referenzaufruf (Call by Reference)** ermöglicht, bei dem Zeiger auf diese Variablen übergeben werden. Java benutzt bekanntlich Referenzaufrufe, um Objekte an Methoden zu übergeben. Eine aufgerufene Java-Methode kann somit über die Referenz auf ein Objekt der aufrufenden Methode zugreifen (→ Abbildung 6.3).

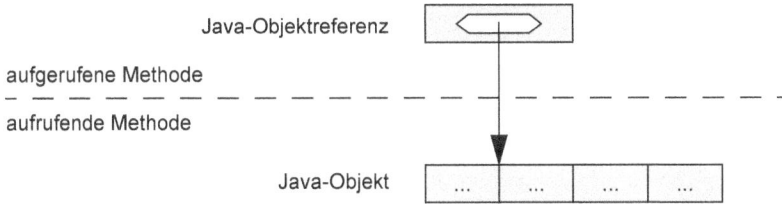

Abbildung 6.3 Referenzaufruf in Java: Objektreferenz, die an eine Methode übergeben wurde

Ein Standardbeispiel für Referenzaufrufe ist eine Funktion, die die Werte zweier Variablen der aufrufenden Funktion vertauschen soll. Diese Funktion und ein aufrufendes Hauptprogramm können in C wie folgt programmiert werden:

```
void tausch(int *a, int *b) {
 int hilf;
 hilf=*b; *b=*a; *a=hilf;
}
int main(void) {
 int x=1, y=2;
 tausch(&x,&y);
 return 0;
}
```

Wie Abbildung 6.4 zeigt, werden an die Funktion `tausch()` Zeiger auf zwei lokale Variablen des Hauptprogramms übergeben. Sie greift über diese Zeiger auf die Variablen zu und ändert deren Werte. Mit dem Ende der Funktionsausführung werden die Zeiger wieder gelöscht; die Variablen des Hauptprogramms (und damit auch die Wertänderungen) bleiben aber bestehen.

a) Stack beim Aufruf: b) Stack bei der Ausführung: c) Stack nach der Rückkehr:

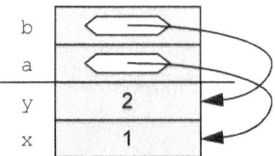 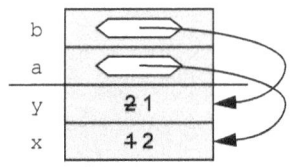 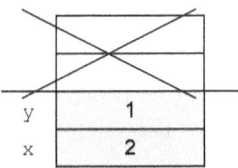

Abbildung 6.4 Referenzaufruf: Parameterübergabe bei der tausch()-Funktion

Ein zweites Beispiel zeigt eine Funktion, die die Einträge einer Strukturvariablen initialisiert:

```
struct angestellten_info { ... };
void init_angestellten_info(
        struct angestellten_info *ang_pt,
        char name[], int personalnummer, float gehalt) {
  strcpy(ang_pt->name,name);
  ang_pt->personalnummer = personalnummer;
  ang_pt->gehalt = gehalt;

 }
int main(void) {
  struct angestellten_info ang;
  init_angestellten_info(&ang,"Schmitz",1234,3567.89);
  return 0;
 }
```

Durch den Aufruf der Funktion werden in die Variable ang des Hauptprogramms die übergebenen Anfangswerte geschrieben:

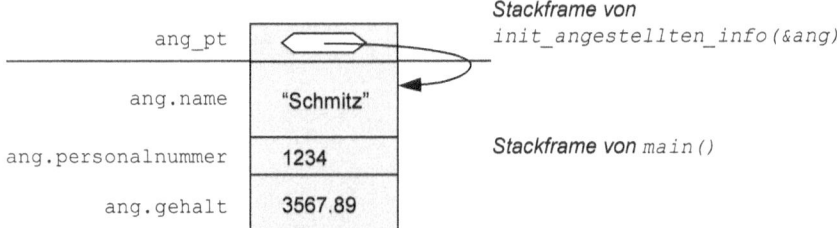

Abbildung 6.5 Referenzaufruf: Parameterübergabe bei der Funktion init_angestellten_info()

 Mit einem Referenzaufruf kann man auch die Parameterübergabe beschleunigen: Bei der Referenzübergabe einer großen Datenstruktur wird nur die Adresse der Struktur kopiert. Dies geht wesentlich schneller als das Kopieren aller Strukturinhalte bei einem Wertaufruf.

Übrigens kann an eine Funktion auch ein Zeiger auf eine andere Funktion übergeben werden. Näheres zu diesem Thema findet man in → 6.7.

6.3.2.3 Übergabe von Arrays

Arrays werden in C (wie auch in Java) stets per Referenzaufruf übergeben. C realisiert nämlich einen Array als einen Zeiger auf den Speicherbereich mit den Einträgen des Arrays ($\to$
5.3.2), und diesen Zeiger erhält die Funktion bei einem Aufruf. Die Referenzübergabe kann
auch in der Form des Funktionsprototypen sichtbar gemacht werden: Beispielsweise kann
eine Funktion, die einen `int`-Array übergeben bekommt, statt durch

```
... fct(int feld[]);
```

auch durch

```
... fct(int *feld);
```

deklariert werden. Anstelle des Komponententyps `int` könnte hier natürlich auch jeder andere Typ auftreten, beispielsweise ein Strukturtyp.

Hinsichtlich der Länge eines Arrays, der als Argument (– aktueller Parameter) übergeben
wird, gilt Folgendes:

- Eine Funktion kann die Länge des Arrays nicht feststellen. Auch der `sizeof`-Operator
  nutzt hier nichts, da er die Größe der formalen Zeigervariablen ermittelt, nicht jedoch
  die Länge des tatsächlich übergebenen Arrayarguments. Benötigt man also innerhalb
  der Funktion die Arraylänge, so muss man sie explizit in einem zusätzlichen Parameter
  übergeben. Dies geschieht bei der folgenden Beispielfunktion, die die Summe der Einträge eines Arrays liefert:

```
int arraysumme(int array[], unsigned int laenge) {
 summe = 0;
 for (int i=0; i<laenge; i++)
  summe += array[i];
 return summe;
}
```

- Bei eindimensionalen Arrayparametern ist nicht festgelegt, wie groß der zu übergebende
  Array sein muss. An eine Funktion wie `arraysumme()` können also Arrays beliebiger
  Größe übergeben werden. Es ist zwar syntaktisch zulässig, in der Deklaration einen Grö-
  ßenwert anzugegeben (beispielsweise `func(int array[10])`; die Angabe wird aber
  ignoriert.

- Bei mehrdimensionalen Arrayparametern wird die Größe nur in der ersten Dimension
  offen gelassen; ab der zweiten Dimension müssen die Größen angegeben werden:

```
... func1(int a[][10]) ...
... func2(float a[][20][20]) ...
```

Da Arrays stets per Referenzaufruf übergeben werden, kann die Funktion die Einträge eines
übergebenen Arrays ändern. Dies kann man beispielsweise zur Programmierung von Vek-
toroperationen nutzen, die aus zwei Vektoren einen dritten berechnen. Man übergibt dabei
der Funktion drei eindimensionale Arrays, von denen zwei als „Eingabevektor" dienen und
der dritte als „Rückgabevektor" – siehe den Code auf der nächsten Seite:

```
void vektorsumme(int a[], int b[], int c[],
                                unsigned int laenge) {
 for (int i=0; i<laenge; i++)
  c[i] = a[i]+b[i];
}
int main(void) {
 int x[5], y[5], summe[5];
 ... Einlesen der Werte für x und y ...
 vektorsumme(x,y,summe,5);
 ... Ausgeben der Werte von summe ...
 return 0;
}
```

Nach dem Aufruf von `vektorsumme()` enthält die Hauptprogrammvariable `summe` das Resultat der Operation.

Auch Zeichenketten lassen sich auf diese Weise manipulieren. Beispielsweise ersetzt die folgende Funktion das erste Zeichen einer Zeichenkette durch ein Fragezeichen:

```
void setzeFragezeichen(char string[]) {
 string[0] = '?';
}
```

 Will man verhindern, dass die Funktion die Einträge eines übergebenen Arrays ändert, so definiert man den Parameter als Konstante:

```
func(const int a[]);
```

6.3.3 Ergebnisrückgabe

Eine `return`-Anweisung mit nachfolgendem Ausdruck liefert das Resultat der Funktion, also den **Funktionswert**, an die aufrufende Funktion zurück. Bezüglich der skalaren Datentypen wie `int` oder `float` verhalten sich C-Funktionen hier wie Java-Methoden. C-Funktionen können zudem **Strukturen** als Rückgabewerte haben, wie das folgende Beispiel zeigt:

```
struct angestellten_info { ... };
struct angestellten_info
 neue_angestellten_info(struct angestellten_info param) {
  struct angestellten_info result;
  strcpy(result.name,strcat(param.name,"_Zwo"));
  result.personalnummer = param.personalnummer + 1;
  result.gehalt = param.gehalt+100.0;
  return result;
 }
int main(void) {
 struct angestellten_info ang_1 = { "Meier", 1234, 3000.0 };
 struct angestellten_info ang_2;
 ang_2 = neue_angestellten_info(ang_1);
 ...
}
```

Die Funktion `neue_angestellten_info()` stellt in ihrer lokalen Variablen `result` die Einträge einer Struktur zusammen, die als Ergebnis geliefert werden soll. Dabei wird auf die Werte der Parameterstruktur `param` zurückgegriffen – beim hier vorliegenden Aufruf also auf die Werte der Hauptprogrammvariablen `ang_1`. Bei der Rückgabe werden die Werte aus `result` in die Hauptprogrammvariable `ang_2` kopiert. Anschließend wird die lokale Variable `result` gelöscht.

Der Rückgabetyp einer C-Funktion kann auch ein **Zeigertyp** sein. So erhält die folgende Funktion als Parameter zwei Zeiger auf `int`-Variablen und liefert einen Zeiger auf die Variable mit dem größeren Wert zurück:

```
int *max(int *a,int *b) {
 if (*a>*b)
    return a;
  else return b; }
int main(void) {
   int x, y, *m;
   ... Initialisierung von x und y ...
   m = max(&x,&y);
   ...
}
```

Ebenso kann eine Funktion eine Variable durch `malloc()` neu erzeugen und einen Zeiger darauf zurückliefern:

```
struct angestellten_info { ... };
struct angestellten_info *neue_angestellten_info() {
   struct angestellten_info *result
     = (struct angestellten_info *)
            malloc(sizeof(struct angestellten_info));
   strcpy(result->name,"");
   result->personalnummer = 0;
   result->gehalt = 0.0;
   return result;
  }
int main(void) {
 struct angestellten_info *ang;
 ang = neue_angestellten_info();
  ...
}
```

Ist der Ausdruck nach `return` von einem anderen Typ als der Rückgabetyp der Funktion (gemäß Funktionskopf), so wird der Rückgabewert nach denselben Regeln wie bei einer Wertzuweisung umgewandelt (→ 4.2.3, → Anhang A.1).

 Ist die Funktion `func()` definiert als

```
int func(void) {
  return 2.5; }
```

so hat die Variable `d` nach

```
double d = func();
```

den Wert 2.0 (und nicht 2.5!), denn der Rückgabewert von `func()` wird in einen `int`-Wert umgewandelt, wobei die Nachpunktstellen verlorengehen. Man muss also bei der Programmierung darauf achten, den korrekten Rückgabetyp zu verwenden.

6.4 Das Hauptprogramm main()

Wie in Java ist die Funktion `main()` das **Hauptprogramm**, mit dem die Ausführung eines C-Programms beginnt. Syntaktisch ist `main()` eine normale Funktion, die in einer Programmdatei auf derselben Stufe wie die anderen Funktionen definiert wird (vergleiche → 1.2.1).

Im einfachsten Fall erhält `main()` keine Parameter und liefert einen Ganzzahlwert zurück. Dieser Rückgabewert zeigt der aufrufenden Umgebung den „Ausführungsstatus" an, informiert sie also darüber, ob die Ausführung fehlerfrei verlaufen ist. Der Wert 0 (oder die Konstante `EXIT_SUCCESS` in `stdlib.h`) zeigt dabei üblicherweise einen fehlerfreien Ablauf an, ein Wert ungleich 0 (zum Beispiel 1 oder die Konstante `EXIT_FAILURE` in `stdlib.h`) das Auftreten eines Fehlers:

```
#include <stdlib.h>
int main(void) {
  ...
 if (fehler)
   return EXIT_FAILURE;
  ...
 return EXIT_SUCCESS;
}
```

Man kann auf die `return`-Anweisung verzichten; dann terminiert `main()` am Ende seines Blocks mit dem Rückgabewert 0.

 Es ist durchaus zulässig, `main()` mit einem anderen Rückgabetyp als einem Ganzzahltyp zu definieren, insbesondere mit `void`. Dann wird jedoch ein unspezifizierter Wert zurückgeliefert, der von der Aufrufumgebung möglicherweise falsch interpretiert wird. Dies sollte man vermeiden.

Man kann `main()` auch so programmieren, dass es **Parameter** von seiner Aufrufumgebung entgegennimmt. Diese Parameter werden, wie in Java, in einem Array mit Zeigern auf Zeichenketten zusammengefasst (vergleiche auch → 5.6). Dazu kommt ein Ganzzahlparameter, der die Anzahl dieser Zeichenketten angibt. Der Kopf eines C-Programms mit Parameterübergabe hat also die Form:

```
int main(int argc, char *argv[])
```

`argv[]` (=„argument vector") ist der Array, der die Zeiger auf die übergebenen Zeichenketten enthält; `argc` (= „argument count") ist die Anzahl der Nutzdateneinträge von `argv[]`. Im Einzelnen gilt (→ Abbildung 6.6):

- `argv[0]` enthält den Namen der Datei mit dem (übersetzten) C-Programm.

- `argv[1]` bis `argv[argc-1]` enthalten die eigentlichen Parameterwerte.
- `argv[argc]` enthält den Nullzeiger.

Aufruf von der Kommandozeile: `prog.exe Hello World 123 4.56`

Parameter in `prog.exe`:

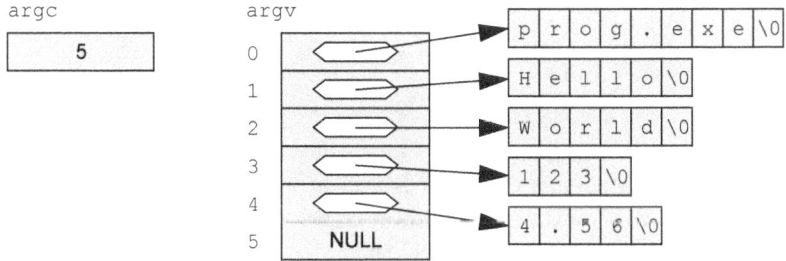

Abbildung 6.6 Organisation der Parameter im Hauptprogramm main()

Wie in Java können Zahlenwerte nur in ihrer extern lesbaren Zeichenkettendarstellung übergeben werden. Sie müssen also innerhalb des Programms explizit in die interne binäre Zahlendarstellung umgewandelt werden. Hierzu stellt die Standardbibliothek Funktionen bereit (→ 6.6.2.1, → Anhang C.1.1) – beispielsweise `atoi()` („ASCII to int") zur Umwandlung von Ganzzahlwerten oder `sscanf()` zum formatierten Lesen von Werten aus einer Zeichenkette.

6.5 Sichtbarkeiten und Lebensdauern

Ein C-Programm ist eine Sammlung von Funktionen, die auf mehrere Dateien verteilt sein können (→ 2.1.2). Variablen können innerhalb oder außerhalb der Funktionen deklariert werden und sind damit entweder **lokale Variablen** oder **globale Variablen**. Sie unterscheiden sich in ihren Sichtbarkeits-/Gültigkeitsbereichen, ihren Lebensdauern und ihren Vorbesetzungen:

- **Sichtbarkeits-/Gültigkeitsbereich**: Der Sichtbarkeits- oder Gültigkeitsbereich einer Variablen ist der Teil des Programmtexts, in dem auf die Variable zugegriffen werden kann.
- **Lebensdauer**: Die Lebensdauer einer Variablen ist der Zeitraum der Programmausführung zwischen ihrer Erzeugung und ihrer Löschung.
- **Vorbesetzung**: Die Vorbesetzung einer Variablen ist ihre (automatische) Initialisierung mit einem Anfangswert bei ihrer Erzeugung.

Man spricht in diesem Zusammenhang auch von unterschiedlichen **Speicherklassen**, denen die Variablen angehören.

6.5.1 Lokale Variablen

Eine **lokale Variable** ist eine Variable, die innerhalb eines Blocks definiert ist – also insbesondere innerhalb eines Funktionskörpers ($\rightarrow$ 6.3.2). Man kann, wie in Java, in diesem Block und den darin enthaltenen inneren Blöcken auf die Variable zugreifen. Sie kann allerdings in einem inneren Block durch eine gleichnamige, dort definierte Variable verdeckt werden ($\rightarrow$ 3.1).

6.5.1.1 Automatische Variablen

Im Normalfall wird eine lokale Variable erzeugt, wenn die Programmausführung die Definition der Variablen in einem Block erreicht, und wieder gelöscht, wenn die Programmausführung den Block verlässt. Man nennt derartige lokalen Variablen **automatische Variablen** und sagt, dass sie der **Speicherklasse „auto"** angehören. Alle lokalen Variablen, die nicht besonders gekennzeichnet sind, sind Variablen dieser Speicherklasse:

```
void func(void) {
 int i;
 float f1, f2;
 char c[10];
 ... }
```

Es ist zulässig (aber nicht üblich), der Deklaration automatischer Variablen das Schlüsselwort auto voranzustellen:

```
void func(void) {
 auto int i;
 auto float f1, f2;
 auto char c[10];
 ... }
```

Automatische Variablen werden in C nicht vorbesetzt, enthalten also nach ihrer Erzeugung zunächst einen zufälligen Wert ($\rightarrow$ 4.2.2). Daher muss einer automatischen Variablen zunächst explizit ein Anfangswert zugewiesen werden, bevor man sie benutzen kann. Man kann dies, wie in Java, gleich bei der Definition der Variablen tun:

```
int i=2;
float f1=2.5, f2=3.0;
```

Zur Initialisierung einer automatischen Variablen können beliebige Ausdrücke benutzt werden – also auch Ausdrücke mit anderen Variablen und Funktionsaufrufen.

 Im Gegensatz zum Java-Compiler prüft der C-Compiler nicht, ob eine Variable vor ihrer Benutzung initialisiert wurde und gibt daher auch keine entsprechende Fehlermeldung. Man muss also bei der Programmierung selbst darauf achten, Variablen Anfangswerte zuzuweisen.

6.5.1.2 Statische Variablen

Die Lebensdauer einer lokalen Variablen kann mit Hilfe des Schlüsselworts static verlängert werden. Man nennt lokale Variablen, deren Definition dieses Schlüsselwort vorangestellt ist, **statische Variablen** und sagt, dass sie der **Speicherklasse „static"** angehören.

Eine statische lokale Variable wird erzeugt, wenn die Programmausführung ihre Definition in einem Block zum ersten Mal durchläuft. Verlässt die Ausführung den Block wieder, wird die Variable (im Unterschied zu einer automatischen Variablen) nicht gelöscht, sondern sie bleibt bestehen und behält ihren Wert. Für statische Variablen, die in einem Funktionskörper definiert sind, bedeutet das Folgendes: Die Variablen werden beim ersten Aufruf der Funktion erzeugt und bleiben dann auch zwischen den folgenden Aufrufen erhalten. In einem Funktionsaufruf kann man also über statische Variablen auf Werte früherer Aufrufe zurückgreifen. Außerhalb der Funktion sind die Variablen jedoch nicht sichtbar.

Das folgende Beispiel zeigt eine Funktion mit einer statischen Variablen, die die Aufrufe der Funktion zählt. Der aktuelle Wert dieser Zählvariablen wird jeweils als Funktionswert zurückgeliefert:

```
int zaehler(void) {
 static int count;
 count++;
 return count;
}
int main(void) {
 printf("Dies ist Aufruf Nr. %d\n",zaehler());
 printf("Dies ist Aufruf Nr. %d\n",zaehler());
 printf("Dies ist Aufruf Nr. %d\n",zaehler());
 return 0;
}
```

Statische Variablen werden automatisch mit 0 (bzw. 0.0 oder NULL) vorbesetzt. Im Beispielprogramm steht der Zähler also zu Beginn auf 0. Alternativ kann man die Variablendefinition durch einen Anfangswert ergänzen. Dieser Wert wird der Variablen bei ihrer Erzeugung zugewiesen, also nur beim erstmaligen Durchlauf durch die Definition:

```
int zaehler(void) {
 static int count = 100;
 count++;
 ...
```

Der Anfangswert muss ein konstanter Ausdruck sein, darf also keine Variablennamen oder Funktionsaufrufe enthalten.

6.5.1.3 Registervariablen

Der Vollständigkeit halber ist noch die **Speicherklasse „register"** zu erwähnen. Kennzeichnet man eine lokale Variable (einschließlich Funktionsparameter) mit dem Schlüsselwort register, so macht man damit dem Compiler den Vorschlag, sie in einem schnell zugreifbaren Prozessorregister zu speichern:

```
void func(register int param) {
 register int i;
 ...
```

Da sich der Compiler an diesen Vorschlag nicht halten muss, gute Compiler selbst entscheiden, welche Variablen sie in Registern speichern, und zudem Einschränkungen gegenüber

„normalen" lokalen Variablen bestehen, wird man diese Speicherklasse in der Praxis nur recht selten verwenden.

6.5.2 Globale Variablen

In einer C-Programmdatei können Variablen auch außerhalb der Funktionen deklariert werden und sind damit **globale Variablen**. Globale Variablen haben längere Lebensdauern und größere Sichtbarkeitsbereiche als lokale Variablen: Sie bleiben bis zum Ende der Programmausführung bestehen und sind im Prinzip von jeder Stelle des Programmtexts, die sich unterhalb ihrer Deklaration oder ggf. in einer anderen Datei befindet, zugreifbar. Man spricht in diesem Zusammenhang auch von der **Speicherklasse „extern"**. Globale Variablen werden üblicherweise mit dem Wert 0 (bzw. 0.0 oder NULL) initialisiert; dies gilt auch für Arrays, die mit einer Folge von Nullen vorbesetzt werden. Um sicherzugehen, dass wirklich initialisiert wird, sollte ein Programm externen Variablen explizit einen konstanten Ausdruck zuweisen.

 Funktionen können über die gemeinsam benutzten globalen Variablen Werte austauschen, müssen dazu also nicht unbedingt den Mechanismus von Parameterübergabe und Wertrückgabe benutzen. Das kann verführerisch sein, denn der Zugriff auf eine globale Variable verläuft syntaktisch wie ein lokaler Variablenzugriff, ist also deutlich bequemer zu programmieren als eine Funktionsdefinition mit Parameterliste und ein anschließender Funktionsaufruf mit Argumentliste. Jedoch sind Programme mit vielen globalen Variablen unübersichtlich, denn es ist nur schwer zu erkennen, wo Wertübergaben und -änderungen stattfinden, zu welchen „Seiteneffekten" es also kommt. Globale Variablen sollten daher nur so benutzt werden, dass die Lesbarkeit des Programmtexts nicht leidet. In bestimmten Situationen, bei denen es auf eine schnelle Programmausführung ankommt, kann es aber ratsam sein, auf Parameterübergaben zu verzichten und stattdessen mit globalen Variablen zu arbeiten.

6.5.2.1 Programme in einer einzelnen Datei

In einfachsten Fall steht der Quellcode eines C-Programms in einer einzigen Datei ($\rightarrow$ 2.1.1), in der hintereinander alle Funktionen des Programms definiert werden. In die Folge der Funktionsprototypen und -definitionen können, auf derselben Ebene, Deklarationen und Definitionen von Variablen aufgenommen werden. Dies sind die globalen Variablen, auf die alle Funktionen, die textuell weiter unten definiert sind, zugreifen können. Beispielsweise enthält das folgende Programmstück eine globale Ganzzahlvariable, die sämtliche Funktionsaufrufe (einschließlich des Aufrufs des Hauptprogramms) zählt:

```
int zaehler;
void func_1(void) {
 zaehler++;
}
```

```
void func_2(void) {
 zaehler++;
}
int main(void) {
 zaehler++;
 func_1();
 func_2();
 printf("Anzahl Funktionsaufrufe: %d\n",zaehler);
 return 0;
}
```

 Lokale Variablen dürfen denselben Namen wie eine globale Variable tragen. Sie verdecken dann in ihren Sichtbarkeitsbereichen die globale Variable, so dass diese dort nicht zugreifbar ist. Beispielsweise arbeitet im folgenden Programm die Funktion auf ihrer lokalen zaehler-Variablen, nicht auf der globalen Variablen:

```
int zaehler;
void func(void) {
 int zaehler = 0;
 zaehler++;
}
int main(void) {
 func();
 zaehler++;
 return 0;
}
```

Offensichtlich leidet in einem solchen Fall die Übersichtlichkeit des Programms.

Neben Variablen können auch neue Typnamen global definiert werden, wie es die folgenden Programmstrukturen illustrieren:

```
struct structname { ... };
struct structname globale_variable;
struct structname func(struct structname param) {
 ... }
```

oder:

```
typedef ... typname ...;
typname globale_variable;
typname func(typname param) {
 ... }
```

Solche Typdefinitionen werden allerdings häufig in Header-Dateien ausgelagert (→ 2.3.1).

6.5.2.2 Programme in mehreren Dateien

Der Quellcode größerer C-Programme ist oft auf mehrere Dateien verteilt, die getrennt voneinander in Objektcode übersetzt und anschließend zu einem ausführbaren Maschinenprogramm zusammengebunden werden (→ 2.1.2, → 2.2). Auch solche Programme können globale Variablen enthalten, auf die aus allen Einzeldateien heraus zugegriffen werden kann. So kann die Variable `ueberall`, die in der folgenden Quellcodedatei `modul1.c` definiert wird, auch in anderen Quellcodedateien benutzt werden:

```
modul1.c:
  int ueberall = 100;
```

In einer anderen Quellcodedatei wird eine solche Variable bekannt gemacht, indem sie dort ebenfalls deklariert wird – allerdings mit dem ergänzenden Schlüsselwort `extern`:

```
modul2.c:
  extern int ueberall;
  int main(void) {
   printf("%d\n",ueberall);
   return 0;
  }
```

Diese `extern`-Deklaration dient dazu, den Compiler, der ja `modul2.c` getrennt von `modul1.c` übersetzt, über die Variable zu informieren. Würde dies unterbleiben, so würde der Compiler bei der (Objektcode-)Übersetzung des Hauptprogramms, das die Variable benutzt, einen Fehler melden. Das Schlüsselwort `extern` zeigt dem Compiler an, dass er für die Variable keinen eigenen Speicherplatz bereitstellen muss, da dies in einem anderen Modul bereits geschehen ist oder noch geschieht. Der Linker stellt dann beim Zusammenbinden sicher, dass der Zugriff auf die richtige Speicherstelle erfolgt.

Man beachte, dass hier der sprachliche Unterschied zwischen der „Deklaration" und der „Definition" einer Variablen zum Tragen kommt (vergleiche → 3.1): Eine Deklaration informiert den Compiler darüber, dass eine Variable mit einem bestimmten Namen und Typ existiert; eine Definition stellt zusätzlich Speicherplatz bereit.

Übrigens kann der Sichtbarkeitsbereich einer globalen Variablen beschränkt werden, indem man vor ihre Deklaration das Schlüsselwort `static` setzt. Beispielsweise ist durch

```
modul1.c:
  ...
  static int ueberall = 100;
  ...
```

die Variable `ueberall` nur in der Datei `modul1.c` benutzbar, ein externer Bezug aus anderen Quellcodedateien heraus ist ausgeschlossen.

 Bei der `extern`-Deklaration eines Arrays darf die Größenangabe fehlen:

```
extern int feld[];
```

Bei der zugehörigen Definition muss die Größe natürlich festgelegt werden:

```
int feld[4];
```

oder:

```
int feld[] = { 1, 2, 3, 4};
```

6.5.3 Tabellarische Zusammenfassung

Tabelle 6.1 gibt eine zusammenfassende Übersicht über die Arten von Variablen:

Tabelle 6.1 Arten von Variablen mit ihren Eigenschaften

Art der Variablen	Sichtbarkeit/ Gültigkeit	Lebensdauer	Vorbesetzung
global	Programm	Programm	0, 0.0, NULL (meist)
global (static)	Modul (Quelldatei)	Programm	0, 0.0, NULL (meist)
lokal (static)	Block	Programm	0, 0.0, NULL
lokal (auto)	Block	Block	undefiniert
lokal (register)	Block	Block	undefiniert

Der in der Tabelle genannte „Block" kann insbesondere der Körper einer Funktion sein.

Variablen der Speicherklasse auto stehen im **Stacksegment** des Programms (vergleiche → 6.3.2), globale Variablen sowie lokale Variablen der Speicherklasse static im **Datensegment**. Speicherbereiche, die von malloc() belegt werden, werden im **Heapsegment** des Programms realisiert (→ 5.4.1). Die drei Segmente sind jeweils eigene Speicherbereiche; dazu kommt als vierter Speicherbereich das **Codesegment** mit den Befehlen des Maschinenprogramms.

6.6 Funktionsbibliotheken

In Java gibt es zahlreiche vorgegebene Pakete und Klassen, die häufig benutzte Methoden bereitstellen und die man in Programme importieren kann. Zudem kann man bei der Java-Programmierung selbst solche Programmstücke erstellen und für Importe zur Verfügung stellen. In C realisieren **Funktionsbibliotheken** ein (ansatzweise) entsprechendes Konzept.

6.6.1 Definition und Benutzung

Eine C-Funktionsbibliothek ist eine Sammlung von Funktionen, die bereits in Objektcode übersetzt sind und zu einem Benutzerprogramm hinzugebunden werden können (→ 2.2). Funktionsbibliotheken werden oft von C-Entwicklungsumgebungen zur Verfügung gestellt (insbesondere die „Standardbibliothek", → 6.6.2); man kann sie aber auch selbst erstellen (→ 2.2.2). Meist kommt man beim Schreiben eines Benutzerprogramms mit den Bibliotheken nicht direkt in Berührung, sondern nur indirekt über Header-Dateien (→ 2.3.1). Diese Header-Dateien enthalten die Informationen, die zum Aufruf der Bibliotheksfunktionen benötigt werden – also die Prototypen der Funktionen sowie zugehörige Datentypen, Konstanten und Makros.

Ein Benutzerprogramm, das Bibliotheksfunktionen aufruft, wird in den folgenden Schritten programmiert und übersetzt (siehe auch → 2.2):

- In das Benutzerprogramm werden vorgegebene Header-Dateien per `#include` einge-fügt (→ 2.3.1) – beispielsweise die Datei `stdio.h` mit den Prototypen der Standard-funktionen zur Ein- und Ausgabe. Die Bibliotheksfunktionen – beispielsweise die Funk-tionen `printf()` und `scanf()` – werden im Programmtext wie selbst definierte Funk-tionen aufgerufen (siehe frühere Programmbeispiele, z.B. → 1.2.1).

- Der Compiler prüft anhand der Header-Dateien, ob die Bibliotheksfunktionen korrekt benutzt werden. Ist das der Fall, so übersetzt er das Benutzerprogramm in eine Objekt-codedatei. Diese Datei enthält zwar die Aufrufe der Bibliotheksfunktionen, nicht aber die Funktionskörper selbst. Diese stehen in gesonderten Objektcode- oder Bibliotheks-dateien bereit, die schon früher aus C-Quellcode „vorübersetzt" wurden.

- Der Linker (Binder) bindet den Objektcode des Benutzerprogramms mit dem Objekt-code der Bibliotheksfunktionen zu einem lauffähigen Maschinenprogramm zusammen. Bei Objektcode, der von der C-Entwicklungsumgebung bereitgestellt wird (insbesonde-re bei der Standardbibliothek, → 6.6.2) findet er den benötigten Objektcode üblicher-weise automatisch. Bei selbst erstellten Bibliotheken müssen die entsprechenden Dateien jedoch meist explizit angegeben werden. Details dazu findet man in der Doku-mentation der Programmentwicklungssoftware (IDE), die man benutzt.

6.6.2 Die Standardbibliothek

Die **Standardbibliothek libc** wird durch den C-Standard spezifiziert und steht daher auf je-der standardkonformen C-Plattform zur Verfügung. Sie enthält eine Sammlung zahlreicher Funktionen verschiedener Bereiche, so insbesondere

- Funktionen zur Ein-/Ausgabe und für Dateizugriffe (→ 7, → Anhang C.1),

- Funktionen für Zeichen und Zeichenketten (→ 4.3.3, → 6.6.2.1, → Anhang C.2),

- mathematische Funktionen (→ 6.6.2.2, → Anhang C.3) und

- Funktionen zum Aufruf betriebssystemnaher Dienste (→ 5.4, → 6.6.2.3, → Anhang C.4).

Manche C-Entwicklungsumgebungen und Systemplattformen stellen weitere Bibliotheken zur Verfügung, insbesondere zum Zugriff auf die spezifische Programmierschnittstelle (API) des darunterliegenden Betriebssystems. So kann man die Dienste von UNIX und Linux, die größtenteils in C programmiert sind, über Funktionen in C-Bibliotheken nutzen (siehe z.B. [GNU2] oder [WoKr24]).

Die folgenden Abschnitte geben eine Kurzübersicht über die wichtigsten Bibliotheksfunk-tionen (außer Ein-/Ausgabe- und Dateifunktionen, die in → 7 behandelt werden). Detaillier-tere Informationen findet man im → Anhang C oder auch im Internet, beispielsweise bei [GNU2].

6.6.2.1 Funktionen für Zeichen und Zeichenketten

Zur Arbeit mit **einzelnen Zeichen** deklariert die Header-Datei `ctype.h` Prüf- und Umwandlungsfunktionen:

- Die Funktionen `isxxx()` testen, ob ein Zeichen (also ein `char`-Wert) einer bestimmten Gruppe angehört. So prüft

  - `isalpha(c)` auf Buchstaben, d.h. die Funktion liefert einen Wert ungleich 0 (also „wahr"), wenn das Zeichen `c` ein Buchstabe ist, und 0 (also „falsch") sonst. Analog prüft

  - `islower(c)` auf Kleinbuchstaben,

  - `isupper(c)` auf Großbuchstaben,

  - `isdigit(c)` auf Dezimalziffern,

  - `isxdigit(c)` auf Hexadezimalziffern,

  - `isalnum(c)` auf Buchstaben und Ziffern,

  - `isspace(c)` auf **Whitespaces**, also auf Leerzeichen, Tabulatoren, Zeilen- und Seitenvorschübe,

  - `ispunct(c)` auf Sonderzeichen, also auf druckbare Zeichen außer Buchstaben, Ziffern und Leerzeichen,

  - `isprint(c)` auf druckbare Zeichen (einschließlich Leerzeichen),

  - `isgraph(c)` auf druckbare Zeichen (außer Leerzeichen) sowie

  - `iscntrl(c)` auf Steuerzeichen.

- Die Funktionen `toupper(c)` und `tolower(c)` liefern zu einem Kleinbuchstaben den zugehörigen Großbuchstaben und umgekehrt.

Zur Arbeit mit **Zeichenketten (Strings, → 4.3.3)** bietet die Header-Datei `string.h` unter anderem die folgenden Funktionen:

- Kopierfunktionen zum Übertragen von Zeichenketten:

  - `strcpy(tgt,src)` kopiert die Zeichenkette `src` in die Variable `tgt`.

  - `strncpy(tgt,src,n)` kopiert die n ersten Zeichen von `src` in die Variable `tgt`. Alternativ kann man hierfür die Funktionen `memcpy()` oder `memmove()` verwenden (→ 6.6.2.3).

     Es wird nicht geprüft, ob in der Zielvariablen `tgt` genügend Platz vorhanden ist, so dass es zu einem Überlauf kommen kann.

    Überlappt sich der Quellspeicherbereich mit dem Zielbereich, so ist das Verhalten der Funktionen undefiniert.

    Nach Anwendung von `strncpy()` muss das Endezeichen explizit an `tgt` angehängt werden: `tgt[n]='\0'`.

- Konkatenierungsfunktionen zum Aneinanderhängen („Konkatenieren") von Zeichenketten:

  - `strcat(tgt,src)` kopiert die Zeichenkette `src` an das Ende der Zeichenkette in der Variablen `tgt`.

  - `strncat(tgt,src,n)` kopiert die ersten n Zeichen von `src` an das Ende der Zeichenkette in der Variablen `tgt`.

   Auch hier kann es zu Überläufen kommen, wenn in `tgt` nicht genügend Platz vorhanden ist.

- Vergleichsfunktionen für Zeichenketten:

  - `strcmp(s1,s2)` liefert eine 0, wenn `s1` und `s2` gleich sind, einen Wert kleiner als 0, wenn `s1` lexikografisch (d.h. nach der „Wörterbuchordnung") kleiner als `s2` ist, und einen Wert größer als 0 sonst.

  - `strncmp(s1,s2,n)` hat denselben Effekt, berücksichtigt aber nur die ersten n Zeichen von `s1` und `s2`.

- Suchfunktionen zur Suche nach Teilzeichenketten und einzelnen Zeichen:

  - `strchr(s,c)` liefert die erste Position des Zeichens c in der Zeichenkette s.

   Der Rückgabetyp von `strchr()` ist `char *`; es wird also eine Speicheradresse geliefert. Den entsprechenden Arrayindex, also die Position des Zeichens innerhalb der Zeichenkette s, kann man durch die Adressrechnung `strchr(s,c)-s` ermitteln ($\rightarrow$ 5.3).

  - `strrchr(s,c)` liefert die letzte Position des Zeichens c in der Zeichenkette s.

  - `strpbrk(s1,s2)` liefert die erste Position irgendeines Zeichens aus der Zeichenkette s2 in der Zeichenkette s1.

  - `strstr(s1,s2)` liefert die Position des ersten Auftretens der Zeichenkette s2 in der Zeichenkette s1.

- `strlen(s)` liefert die Länge der Zeichenkette s, also die Anzahl ihrer Zeichen ohne das abschließende `\0`.

Mit **Umwandlungsfunktionen** lassen sich Zahlenwerte aus ihrer externen, also für Menschen lesbaren Zeichenkettendarstellung in die interne Binärdarstellung transformieren. In vielen Fällen geschieht eine solche Umwandlung automatisch (beispielsweise bei der Eingabefunktion `scanf()`), manchmal müssen die Umwandlungsfunktionen jedoch im Programm explizit aufgerufen werden (zum Beispiel bei der Übernahme von Parametern in das Hauptprogramm `main()`, $\rightarrow$ 6.4). Die Header-Datei `stdlib.h` bietet unter anderem die folgenden Funktionen:

- `atoi(s)` („ASCII to integer") liefert zur Zeichenkettendarstellung s einer ganzen Zahl den zugehörigen `int`-Wert.

- `atol(s)` liefert zur Zeichenkettendarstellung s einer ganzen Zahl den zugehörigen `long`-Wert.

- `atof(s)` liefert zur Zeichenkettendarstellung `s` einer Zahl mit Nachpunktstellen den zugehörigen `double`-Wert.

Nicht im C-Standard enthalten sind Umwandlungsfunktionen für die umgekehrte Richtung. Viele Compiler unterstützen aber die Funktionen `itoa()` und `ltoa()` zur Transformation eines `int`- bzw. `long`-Werts in die entsprechende Zeichenkette, wobei eine Darstellung vom Zweier- bis zum 36er-System gewählt werden kann. Alternativ kann man zur Umwandlung aus einer und in eine Stringdarstellung die Standardfunktionen `sscanf()` und `sprintf()` benutzen ($\rightarrow$ 7.3.4).

6.6.2.2 Mathematische Funktionen

Mathematische Funktionen werden hauptsächlich durch die Header-Datei `math.h` definiert. `math.h` umfasst unter anderem die folgenden Funktionen, die (sofern nicht anders angegeben) Werte vom Typ `double` liefern:

- Exponentialfunktionen und logarithmische Funktionen:
  - `pow(x,y)` liefert die Potenz x^y der `double`-Werte `x` und `y`.
  - `exp(x)` liefert die Potenz e^x mit dem `double`-Exponenten `x`.
  - `ldexp(x,n)` liefert den Wert $x*2^n$ mit der `double`-Mantisse `x` und dem `int`-Exponenten `n`.
  - `frexp(v,n)` zerlegt den Wert `v` in eine Mantisse und einen Exponenten zur Basis 2. Die Funktion liefert die Mantisse als Funktionswert und den Exponenten über den `int`-Referenzparameter `n` zurück.
  - `sqrt(x)` liefert die Quadratwurzel des `double`-Werts `x`.
  - `log(x)` liefert den natürlichen Logarithmus des `double`-Werts `x`, also den Logarithmus zur Basis `e`.
  - `log10(x)` liefert den Logarithmus des `double`-Werts `x` zur Basis 10.
- Trigonometrische Funktionen:
  - `sin(x)` liefert den Sinus von `x`, wobei der `double`-Wert `x` einen Winkel im Bogenmaß angibt.
  - `cos(x)` liefert den Cosinus des Winkels `x`.
  - `tan(x)` liefert den Tangens des Winkels `x`.
  - `asin(x)`, `acos(x)` und `atan(x)` sind die zugehörigen Umkehrfunktionen, `atan2(x,y)` entspricht `atan(x/y)`.
  - `sinh(x)`, `cosh(x)` und `tanh(x)` sind die entsprechenden hyperbolischen Funktionen.
- Betragsfunktionen:
  - `fabs(x)` liefert den Absolutwert `|x|` des `double`-Werts `x`.
  - `abs(x)` liefert den Absolutwert `|x|` des `int`-Werts `x` (Definition in `stdlib.h`).
  - `labs(x)` liefert den Absolutwert `|x|` des `long`-Werts `x` (Definition in `stdlib.h`).

- Rundungsfunktionen:

    - `ceil(x)` liefert zum `double`-Wert x die nächsthöhere ganze Zahl.

    - `floor(x)` liefert zum `double`-Wert x die nächstniedrigere ganze Zahl.

     Der Rückgabetyp von `ceil()` und `floor()` ist `double` (und nicht, wie man annehmen sollte, `int`!).

- Funktionen zur Arbeit mit Zufallszahlen (Definition in `stdlib.h`):

    - `rand()` liefert eine `int`-Zufallszahl aus dem Bereich [0,`RAND_MAX`]. `RAND_MAX` ist eine systemabhängige Konstante größer oder gleich 32767 und wird in `stdlib.h` definiert.

    - `srand(n)` initialisiert den Zufallszahlengenerator mit dem `unsigned-int`-Wert n.

- Sonstige Funktionen:

    - `fmod(x,y)` liefert den Rest der Ganzzahldivision x/y.

    - `modf(v,d)` ermittelt den Vor- und den Nachkommaanteil von v. Die Funktion liefert den Nachkommaanteil als Funktionswert und den Vorkommaanteil über den `double`-Referenzparameter d zurück.

6.6.2.3 Betriebssystemnahe Dienste

Zur Nutzung von Diensten, die die „Umgebung" der Programmausführung und damit insbesondere das Betriebssystem bereitstellt, dienen die folgenden Funktionen:

- Funktionen zur **dynamischen Speicherverwaltung** (→ 5.4, Definition in `stdlib.h`):

    - `malloc(size)` belegt einen zusammenhängenden, bisher freien Hauptspeicherbereich mit `size` Bytes und gibt seine Anfangsadresse zurück. Der Speicherbereich wird nicht initialisiert.

    - `calloc(n,size)` belegt einen zusammenhängenden, bisher freien Hauptspeicherbereich mit n·`size` Bytes, initialisiert ihn mit Nullen und gibt seine Anfangsadresse zurück.

    - `realloc(p,size)` gibt den Speicherbereich mit der Anfangsadresse p frei und gibt die Anfangsadresse eines neu belegten Bereichs mit `size` Bytes zurück.

    - `free(p)` gibt den Speicherbereich mit der Anfangsadresse p wieder frei.

- Funktionen zur Arbeit mit **Speicherinhalten** (Definition in `string.h`):

    - `memcpy(tgt,src,n)` kopiert die Inhalte der ersten n Bytes des Speicherbereichs, der an der Adresse `src` beginnt, in den Speicherbereich, der an der Adresse `tgt` beginnt.

    - `memmove(tgt,src,n)` hat denselben Effekt wie `memcpy()`, funktioniert im Gegensatz zu `memcpy()` aber auch dann, wenn sich die Speicherbereiche überlappen.

    - `memset(tgt,c,n)` schreibt den `char`-Wert c in die ersten n Bytes des Speicherbereichs, der an der Adresse `tgt` beginnt.

- `memcmp(mem1,mem2,n)` vergleicht die ersten n Einträge der Speicherbereiche, die an den Adressen `mem1` und `mem2` beginnen, byteweise von vorn nach hinten miteinander. Die Funktion liefert eine `0`, wenn die Einträge jeweils übereinstimmen, einen Wert kleiner als `0`, wenn an der ersten nichtübereinstimmenden Stelle der Wert in `mem1` kleiner ist als der in `mem2` und einen Wert größer als `0` sonst.

- `memchr(mem,c,n)` liefert die erste Position des Werts c innerhalb des Speicherbereichs, der an der Adresse `mem` beginnt und n Byte lang ist.

• Funktionen zur Arbeit mit **Zeitwerten** (Definition in `time.h`):

  - `clock()` liefert einen Zahlenwert für die Prozessorzeit (die CPU-Zeit, also nicht die absolute Zeit), die seit dem Start des Programms benötigt wurde. Die Einheit dieses Werts ist „Clock Ticks"; der Wert gibt also an, wie oft sich die Systemuhr während der Ausführung des Programms „gemeldet" hat. Mit Hilfe der Konstanten `CLOCKS_PER_SEC`, die die Anzahl der Clock Ticks pro Sekunde angibt, lässt sich die CPU-Zeit in Sekunden berechnen: `clock()/CLOCKS_PER_SEC`. Die Konstante `CLOCKS_PER_SEC` kann eine ganze Zahl oder eine Zahl mit Nachpunktstellen sein.

  - `time(NULL)` liefert die aktuelle absolute Zeit („Kalenderzeit") als Zahlenwert. Der Wert gibt üblicherweise die Anzahl der Sekunden an, die seit dem 1.1.1970, 0 Uhr, verstrichen sind.

  - `ctime(&t)` liefert zu einer absoluten Zeitangabe eine entsprechende Zeichenkette der Form `Sun Mar 31 18:30:00 2024`. Der Parameter `&t` ist dabei die Adresse einer Zahlvariablen, die eine absolute Zeitangabe in der Form, wie sie von `time()` erzeugt wird, enthält.

  - `localtime(&t)` erzeugt zu einer absoluten Zeitangabe eine Struktur, die Informationen über diese Zeitangabe enthält, und liefert die Adresse der Struktur zurück. Der Parameter `&t` hat dabei die gleiche Form wie bei `ctime()`. Der Typ der als Rückgabewert gelieferten Struktur ist `struct tm`; er ist in `time.h` definiert und umfasst die folgenden `int`-Komponenten:

    > `tm_sec`   Sekunden seit der letzten vollen Minute.

    > `tm_min`   Minuten seit der letzten vollen Stunde.

    > `tm_hour`   Stunden seit Mitternacht.

    > `tm_mday`   Tage seit Monatsanfang.

    > `tm_mon`   Monate seit Jahresbeginn.

    > `tm_year`   Jahre seit 1900.

    > `tm_wday`   Tage seit dem letzten Sonntag.

    > `tm_yday`   Tage seit Jahresbeginn.

• Funktion zur Ausführung von **Betriebssystemkommandos** (Definition in `stdlib.h`):

  - `system(str)` übergibt die Zeichenkette `str` an das Betriebssystem. Das Betriebssystem interpretiert die Zeichenkette als Benutzerkommando (zum Beispiel `dir` oder `ls`) und führt es aus.

- Funktion zur Beendigung des Programms (Definition in `stdlib.h`):

  - `exit(status)` beendet die Programmausführung und gibt den Ganzzahlwert `status` als „Rückkehrstatus" an die Aufrufumgebung zurück. Üblicherweise zeigt der Rückkehrstatus 0 (oder die Konstante `EXIT_SUCCESS`) ein fehlerfreies Ende des Programms an, ein Wert ungleich 0 (z.B. `-1`, `1` oder die Konstante `EXIT_FAILURE`) einen Fehler. Im Hauptprogramm `main()` kann man statt `exit(status)` auch `return status` schreiben.

 Mit der Funktion `atexit()` können Funktionen registriert werden, die bei normaler Beendigung des Programms (also bei Erreichen des Endes von `main()`, bei der Ausführung einer `return`-Anweisung in `main()` oder bei der Ausführung von `exit()`) ausgeführt werden sollen. `atexit()` erhält als Parameter einen Zeiger auf die auszuführende Funktion, der ganz einfach als der Name der Funktion angegeben wird:

```
void func(void) { ... }
...
atexit(func);
```

6.7 Techniken für Fortgeschrittene

6.7.1 Zeiger auf Funktionen

C-Programme können mit Zeigern ($\rightarrow$ 5) auf Funktionen arbeiten. Eine entsprechende Zeigervariable wird beispielsweise wie folgt deklariert:

```
void (*func) (int, float);
```

Der Name der Zeigervariablen ist hier `func`; er muss, zusammen mit einem `*`, in Klammern stehen. Die übrigen Angaben legen den Rückgabetyp sowie die Typfolge der Parameter der Funktion fest. Die Variable `func` kann also nur auf Funktionen zeigen, die als Parameter einen `int`- sowie einen `float`-Wert erhalten und keinen Wert zurückliefern. Allgemein sieht die Deklaration einer Zeigervariablen für Funktionen wie folgt aus:

```
Rückgabetyp (* Name der Zeigervariablen) (Parameterliste);
```

Man kann einer so deklarierten Variablen die Adresse einer Funktion zuweisen und diese Funktion dann über die Variable aufrufen. Das folgende Beispiel demonstriert die Vorgehensweise anhand eines Programms, bei dem man die Funktion auswählen kann, die den Inhalt eines `int`-Arrays ausgeben soll. Die Adresse der gewählten Funktion wird in der Zeigervariablen `ausgabe` gespeichert, und die Funktion wird anschließend über diese Variable aufgerufen:

```
void ausgabe horizontal(int a[], unsigned int laenge) {
 for (int i=0; i<laenge; i++)
  printf("%d ",a[i]);
 printf("\n");
}
```

```
void ausgabe_vertikal(int a[], unsigned int laenge) {
 for (int i=0; i<laenge; i++)
  printf("%d\n",a[i]);
}
int main(void) {
 int feld[] = { 2, 4, 6, 8, 10 };
 void (*ausgabe) (int *, unsigned int);
 int wahl;
 printf("Bitte Ausgabeart waehlen: 1=horizontal, 2=vertikal");
 scanf("%d",&wahl);
 if (wahl==1)
    ausgabe = ausgabe_horizontal;
   else ausgabe = ausgabe_vertikal;
 (*ausgabe) (feld,5);
 return 0;
}
```

Allgemein lautet die Zuweisung an eine Funktionszeigervariable

```
Variablenname = Funktionsname;
```

oder alternativ

```
Variablenname = &Funktionsname;
```

Der Aufruf sieht dann allgemein so aus:

```
(*Variablenname) (Argumente);
```

 Manchmal möchte man nicht von vornherein festlegen, welche Parametertypen die Funktion haben soll, auf die eine Funktionszeigervariable verweist. Man kann hier die Möglichkeit nutzen, Funktionen mit ungetypten Zeigerparametern zu definieren (→ 5.2.4). Deklariert man

```
int (*sind_gleich) (void *, void *);
```

so kann man der Variablen sind_gleich Adressen von Funktionen zuweisen, die zwei Zeiger auf Variablen beliebigen Typs als Parameter erhalten. Die Funktion

```
int sind_ints_gleich(int *a, int *b) {
 return (*a==*b);
} ,
```

die zwei Ganzzahlwerte vergleicht, und die Funktion

```
int sind_strings_gleich(char *s1, char *s2) {
 return (strcmp(s1,s2)==0);
} ,
```

die zwei Zeichenketten vergleicht, passen beide zu dieser Definition. Man ist dadurch frei, über sind_gleich sowohl Zahlenwerte als auch Strings miteinander zu vergleichen.

(Anmerkung: Möglicherweise gibt der Compiler bezüglich der Zuweisung der Funktionsnamen sind_ints_gleich und sind_strings_gleich an die Variable sind_gleich die Warnung aus, dass die Pointertypen void * und int * bzw. char * nicht kompatibel sind. Diese Warnung kann man hier aber ignorieren.)

6.7.2 Funktionen als Parameter

Zeiger auf Funktionen können als Parameter an andere Funktionen übergeben werden, um diese dynamisch an aktuelle Erfordernisse anzupassen. Das folgende Programmbeispiel zeigt eine Funktion `einlesen()`, die die Einträge eines Arrays einliest und anschließend zur Kontrolle ausgibt. Die Ausgabefunktion, die dabei verwendet werden soll, wird dabei als Parameter übergeben:

```
void ausgabe_horizontal(int a[], unsigned int laenge) {
 ... siehe 6.7.1 ...
}

void ausgabe_vertikal(int a[], unsigned int laenge) {
 ... siehe 6.7.1 ...
}

void einlesen(int a[], unsigned int laenge,
                 void (*ausgabe) (int *, unsigned int)) {
 for (int i=0; i<laenge; i++)
  scanf("%d",&a[i]);
 printf("\nKontrollausgabe:\n");
 ausgabe(a,laenge);
}

int main(void) {
 int feld1[5],
     feld2[4];
 einlesen(feld1,5,ausgabe_horizontal);
 einlesen(feld2,4,ausgabe_vertikal);
 return 0;
}
```

Die Kontrollausgabe beim Einlesen von `feld1` erfolgt also horizontal, beim Einlesen von `feld2` vertikal.

 Auch bei der Definition der Funktionsparameter kann man, wie in → 6.7.1, als Parametertyp `void *` einsetzen. Man kann damit die Eigenschaften der zu übergebenden Funktion bis zu einem gewissen Grad offen halten. So deklariert

```
void sortiere(..., int (*vergleiche) (void *, void *));
```

eine Sortierfunktion, bei der ein Wertpaar eines beliebigen Typs miteinander verglichen werden kann. Mit `sortiere()` lassen sich somit Wertemengen unterschiedlicher Typen sortieren.

6.7.3 Funktionen mit variabler Anzahl von Parametern

Man kann in C Funktionen mit einer variablen Anzahl von Parametern definieren. Das folgende Beispiel demonstriert dies anhand einer Funktion, die das arithmetische Mittel einer beliebigen Anzahl von Zahlenwerten berechnet. Die Zahlenwerte dürfen von unterschiedlichen Typen sein, so dass hier, im Gegensatz zu → 6.3.2.3, kein Array übergeben werden kann:

```c
#include <stdio.h>
#include <stdarg.h>
double arith_mittel(char *typen, ...) {
 va_list arg_pt;
 double sum = 0;
 unsigned int anzahl = 0;
 va_start(arg_pt,typen);
 while (*typen!='\0') {
   if (*typen=='i') {
     int it = va_arg(arg_pt,int);
     sum += it;
    }
   if (*typen=='l') {
     long lg = va_arg(arg_pt,long);
     sum += lg;
    }
   if (*typen=='d') {
     double db = va_arg(arg_pt,double);
     sum += db;
    }
   anzahl++;
   *typen++;
  }
 va_end(arg_pt);
 return sum/anzahl;
}
int main(void) {
 int a;
 long b;
 int c;
 double d;
 double e;
 int f;
 double mittel;
 ... Initialisierung der Variablen a-f ...
 mittel = arith_mittel("iliddi", a, b, c, d, e, f);
 ...
 }
```

Durch die drei Punkte (eine sogenannte **Ellipse**) in der Parameterliste von arith_mittel() wird angezeigt, dass an dieser Stelle eine beliebige Folge von Parametern übergeben werden kann. Insgesamt erwartet arith_mittel() also eine Zeichenkette gefolgt von beliebig vielen Parametern beliebiger Typen.

Der Zeichenkettenparameter typen von arith_mittel() dient dazu, die Funktion über die Typfolge der weiteren Parameter zu informieren. Im Beispiel zeigt ein i in dieser Zeichenkette einen int-Parameter an, ein l einen long- und ein d einen double-Parameter. Das Hauptprogramm main() codiert bei seinem Funktionsaufruf die Typenangaben für die Argumente a bis f entsprechend.

Die Funktion selbst stützt sich auf Dienste, die über die Header-Datei `stdarg.h` definiert sind:

- `va_list` ist der Typ für Laufvariablen, die die Folge der Parameter durchlaufen sollen.

- `va_start()` initialisiert eine Laufvariable. Parameter sind die zu initialisierende Variable und der Name des festen Parameters, der der variablen Parameterfolge unmittelbar vorangeht.

- `va_arg()` liefert aus der variablen Folge den nächsten Parameterwert und setzt die Laufvariable entsprechend weiter. Der Typ des gelieferten Werts und die Schrittweite hängen von dem Typ ab, der als zweiter Parameter an `va_arg()` übergeben wird.

- `va_end()` muss vor dem Rücksprung aus der Funktion aufgerufen werden. Die Funktion gibt Speicher, der zum Durchlaufen der Liste belegt wurde, wieder frei.

6.8 Übungsaufgaben

1. Schreiben Sie ein Programm, das den Inhalt eines Arrays mit Ganzzahlwerten ausgibt und dabei jede zweite Ausgabe einrückt. Die Ausgabe könnte also beispielsweise wie folgt aussehen:

```
5
   10
15
   20
25
...
```

Die Ausgabe soll durch zwei wechselseitig rekursive Funktionen erfolgen, die nach dem folgenden Schema arbeiten:

```
ausgabe_ohne_einrueck(array) {
 Ausgabe von array[0] ohne Einrückung
 Wenn (länge(array)>1)
   dann ausg_mit_einrueck(array ohne erster Eintrag)
}
ausgabe_mit_einrueck(array) {
 Ausgabe von array[0] mit Einrückung
 Wenn (länge(array)>1)
   dann ausg_ohne_einrueck(array ohne erster Eintrag)
}
```

Hinweise zur Programmierung:

- Denken Sie daran, die Länge des Arrays als gesonderten Parameter zu übergeben.

- Wie Sie für einen Array den Teilarray ohne das erste Element erhalten, können Sie in 5.3.2 nachlesen.

- Beachten Sie das Beispiel in 6.2.1 zur Realisierung wechselseitig rekursiver Funktionen.

2. Schreiben Sie drei Funktionen, die mit Strukturen des Typs `datum` ($\to$ 4.4.3) arbeiten. Die Funktionen sollen jeweils den Inhalt einer Struktur `quelle` in eine andere Struktur `ziel` kopieren.

   - Die erste Funktion soll vom Hauptprogramm `quelle` und `ziel` als Parameter erhalten. Die Variable `ziel` muss dabei per Referenzaufruf übergeben werden.

   - Die zweite Funktion soll nur `quelle` als Parameter erhalten und die Kopie als Funktionswert zurückliefern. Das Hauptprogramm soll dann der Variablen `ziel` den Funktionswert zuweisen.

   - Die dritte Funktion soll ebenfalls nur `quelle` als Parameter erhalten. Sie soll dynamisch eine neue Struktur erzeugen, die Werte dorthin kopieren und einen Zeiger auf die neue Struktur als Funktionswert zurückliefern. Im Hauptprogramm soll der Funktionswert einer Zeigervariablen zugewiesen werden.

3. Schreiben Sie eine Funktion, die den Inhalt eines Arrays mit `float`-Einträgen umkehrt. Der Array soll also anschließend seine Einträge in umgekehrter Reihenfolge enthalten. Schreiben Sie dann eine zweite Funktion, die dasselbe für einen Array tut, der eine Zeichenkette enthält. Warum können Sie hier darauf verzichten, die Länge des Arrays als gesonderten Parameter zu übergeben?

4. Schreiben Sie eine Funktion, in der drei Ganzzahlwerte so gespeichert werden, dass sie auch zwischen den einzelnen Ausführungen der Funktion erhalten bleiben. Die entsprechenden Variablen sollen mit dem Wert -1 initialisiert werden. Bei einem Funktionsaufruf wird der Funktion ein Ganzzahlwert übergeben. Sie soll diesen Wert speichern und dafür den ältesten der drei bisher gespeicherten Werte „wegwerfen". Sie soll anschließend die drei vorhandenen Werte auf den Bildschirm ausgeben – den ältesten zuerst, den jüngsten zuletzt. Schließlich soll sie eine `0` als Funktionswert zurückliefern, wenn alle drei Werte gleich `0` sind, und eine `1` sonst.

   Das Hauptprogramm soll in einer Schleife jeweils einen Ganzzahlwert von der Tastatur einlesen und die Funktion damit aufrufen. Die Schleife soll verlassen werden, wenn die Funktion eine `0` zurückgeliefert hat.

5. Schreiben Sie ein Programm mit zwei globalen Variablen, die die aktuellen Mehrwertsteuersätze angeben – eine Variable für den vollen Steuersatz, eine für den ermäßigten Satz (der für bestimmte Warengruppen wie Lebensmittel und Bücher gilt). Das Programm soll vier Funktionen definieren, die auf diese Variablen zugreifen:

   - Berechnung der Mehrwertsteuer für einen Nettobetrag
     Parameter: Nettobetrag, reduzierten Steuersatz anwenden (ja/nein)
     Rückgabewert: entsprechender Steuerbetrag

   - Berechnung des Bruttobetrags für einen Nettobetrag
     Paramcter: Ncttobctrag, reduzierten Steuersatz anwenden (ja/nein)
     Rückgabewert: entsprechender Bruttobetrag (= Nettobetrag plus Steuerbetrag)

- Berechnung des Nettobetrags für einen Bruttobetrag
  Parameter: Bruttobetrag, reduzierten Steuersatz anwenden (ja/nein)
  Rückgabewert: entsprechender Nettobetrag (= Bruttobetrag ohne Steuer)
- Änderung der Steuersätze
  Parameter: neue Steuersätze
  Rückgabewert: keiner

Das Hauptprogramm soll die globalen Variablen mit Standardwerten vorbesetzen und diese Werte zur Information auf den Bildschirm ausgeben. Es soll dann durch ein Menu dem Benutzer die Möglichkeit bieten, eine der vier Funktionen auszuwählen und entsprechende Parameterwerte einzugeben. Es soll die gewählte Funktion mit den Parameterwerten aufrufen und das Funktionsergebnis (falls vorhanden) auf den Bildschirm ausgeben. Auswahl und Aufruf der Funktionen sollen beliebig oft wiederholt werden können, bis der Benutzer ein Ende der Programmausführung wünscht.

Schnelleinstieg 7: Ein-/Ausgabe und Dateizugriffe

C-Programme lesen, wie Java-Programme, Daten über *Eingabeströme* ein und geben sie über *Ausgabeströme* aus. Ein solcher Datenstrom kann mit einer Datei auf einem Datenträger oder mit einem Ein-/Ausgabegerät verbunden sein. Stets vorhanden sind die *Standardein-* und *-ausgabeströme* stdin und stdout. Ihnen sind Tastatur und Bildschirm zugeordnet, sofern die Ein- oder Ausgabe nicht umgelenkt wird.

Die C-Standardbibliothek enthält Funktionen zum Zugriff auf die Standardein-/-ausgabe und auf beliebige Dateien/Ströme. Entsprechende Deklarationen stehen in der Header-Datei stdio.h. Die wichtigste Funktion für die Standardausgabe ist die *formatierte Ausgabe* printf(). So gibt beispielsweise der Aufruf

```
printf("Pers.nr.: %d Gehalt: %.2f Name: %s\n", nr, geh, nam);
```

die Werte der int-Variablen nr, der float-Variablen geh (mit zwei Nachpunktstellen) und der Stringvariablen nam auf den Bildschirm aus. Die Werte werden dabei in einen Text eingebettet. Wie dieser Text aussieht, wird durch den ersten Parameter, die *Formatangabe*, festgelegt. Typspezifische Platzhalter wie %d geben dort an, wo und wie die Werte der übergebenen Variablen oder Ausdrücke eingefügt und dabei formatiert werden sollen.

Das Gegenstück zu printf() ist scanf(). So liest zum Beispiel der Aufruf

```
scanf("%d %f %s", &nr, &geh, nam);
```

Werte für die drei genannten Variablen ein. Wichtig ist hier der Adressoperator & vor den Variablennamen (der bei Zeichenkettenvariablen allerdings fehlen kann).

Will man auf eine Datei zugreifen, so muss man sie mit fopen() „öffnen". Die Funktion liefert einen *Dateizeiger*, der dann beim Lesen und Schreiben benutzt wird:

```
FILE *fp;
fp = fopen("c:\\temp\\angestellte.txt","w");
fprintf(fp,"%d %.2f %s\n", n, geh, nam);
```

Der zweite fopen()-Parameter nennt den gewünschten Zugriffsmodus. Unter anderem bedeutet "r" nur Lesen, "w" Lesen und Schreiben und "a" Lesen und Anhängen.

Neben einer Ein-/Ausgabe im *Textmodus*, wie der formatierten fprintf()-Ausgabe im Beispiel, ist auch eine *binäre Ein-/Ausgabe* möglich. Hier werden Werte in ihren internen Binärdarstellungen gelesen und geschrieben, also nicht in eine Form oder aus einer Form umgewandelt, die für Menschen lesbar ist. Beispielsweise gibt

```
struct angestellten_info angestellte[10] = ...;
fp = fopen("angestellte.bin","wb");
fwrite(angestellte,sizeof(struct angestellten_info),10,fp);
```

den gesamten Inhalt des Arrays angestellte binär in eine Datei aus. Mit Hilfe der Funktion fseek() kann man gezielt auf einzelne Dateieinträge zugreifen.

Der nächste Schnelleinstieg steht auf Seite 148.

7 Ein-/Ausgabe und Dateizugriffe

Das Ein-/Ausgabekonzept von C beruht, wie das E/A-Konzept von Java, auf dem Begriff des **Datenstroms**: Datenströme transportieren Daten zwischen einem Programm und seiner Umgebung. Tastatureingabe, Bildschirm- und Druckerausgabe sowie Dateioperationen auf einem Datenträger sind Spezialfälle dieses allgemeinen Konzepts. Die C-Standardbibliothek definiert eine Vielzahl entsprechender Funktionen. Sie unterscheidet dabei zwischen zeichen- und byteorientierter Ein- und Ausgabe, also dem Transport von Werten in ihrer extern lesbaren Form bzw. ihrer internen binären Darstellung. Funktionen zur Programmierung grafischer Oberflächen gehören nicht zum C-Sprachstandard, sondern sind Bestandteil gesonderter Pakete wie beispielsweise GTK [GTK].

7.1 Grundlegende Konzepte

7.1.1 Datenströme in Java und in C

Java-Programme geben Daten über Ausgabeströme aus. Das Ziel eines solchen Ausgabestroms kann eine Datei auf einem Speichermedium oder ein Ausgabegerät sein. Geräte und Dateien sind in Java also auf einheitliche Weise zugreifbar. Dasselbe gilt für die Eingabe von Daten.

Ein Java-Programm, das einen Text in eine Datei schreibt, könnte beispielsweise wie folgt realisiert werden:

```
import java.io.*;                                        Java ...
class TextausgabeInDatei {
 public static void main(String args[])
                        throws IOException {
  FileWriter fileWrit = new FileWriter("c:\\temp\\out.txt");
  PrintWriter printWrit = new PrintWriter(fileWrit);
  printWrit.println("Hello world!");
  printWrit.close();
 }
}
```

Die Ein- und Ausgaben von C-Programmen folgen demselben Grundkonzept: Sie lesen Daten aus **Eingabeströmen** und schreiben sie in **Ausgabeströme**, die mit Datenquellen oder Datensenken/-zielen außerhalb des Programms verbunden sind. Diese Datenquellen und -senken können **Dateien** auf Datenträgern wie der Festplatte oder dem Flashspeicher sein, aber auch Ein-/Ausgabegeräte wie Tastatur, Bildschirm und Drucker. Damit können auch in C einheitliche Eingabe- und Ausgabefunktionen benutzt werden – ganz gleich, woher die Eingabedaten kommen oder wohin die Ausgabedaten gehen.

Das C-Programm, das dem oben gezeigten Java-Beispiel entspricht, sieht so aus:

```
#include <stdio.h>
int main(void) {
 FILE *fp;
 fp = fopen("c:\\temp\\out.txt","w");
 fprintf(fp,"Hello world!\n");
 fclose(fp);
 return 0;
}
```

... C

Das Programm geht wie folgt vor:

* `#include <stdio.h>`:
  Die Präprozessoranweisung fügt dem Programmtext die Header-Datei `stdio.h` hinzu („stdio" = „Standard I/O" = „Standard Input/Output"). Hier werden Konstanten, Datentypen und Funktionsprototypen definiert, die bei Ein-/Ausgabeoperationen benötigt werden.

* `FILE *fp`:
  Eine Variable zur Aufnahme eines **Dateizeigers** („File Pointers") wird definiert. Der Zeiger verweist auf eine Datenstruktur, die Informationen über einen Datenstrom enthält. Hierzu gehören insbesondere die Information, welche Datei oder welches Gerät dem Strom zugeordnet ist, ein Verweis auf den zugehörigen Puffer (also einen Hauptspeicherbereich, in dem ein- oder ausgegebene Daten zwischengespeichert werden) sowie der Positionszeiger (also die Adresse der Speicherzelle in der zugehörigen Datei, die als nächstes gelesen oder beschrieben wird). Der Typ `FILE` ist in der Header-Datei `stdio.h` definiert.

* `fp = fopen("c:\\temp\\out.txt","w")`:
  Die Datei `c:\temp\out.txt` wird „geöffnet", also für nachfolgende Zugriffe vorbereitet. Hierfür wird ein Datenstrom erzeugt. Der Parameter `"w"` gibt an, dass nur Schreibzugriffe möglich sind, dass es sich also um einen Ausgabestrom handelt. Der Rückgabewert des Funktionsaufrufs ist ein Dateizeiger, der in der Variablen `fp` gespeichert wird. `fp` verweist also jetzt auf eine neu erzeugte Datenstruktur mit Informationen über den neuen Datenstrom, also über die geöffnete Datei.

* `fprintf(fp,"Hello world!")`:
  Der Text „Hello world!" wird über den Dateizeiger in den Datenstrom und damit in die Datei geschrieben.

* `fclose(fp)`:
  Der Datenstrom wird „geschlossen", d.h. die Verbindung zwischen Strom und gespeicherter Datei wird wieder gelöst.

Nähere Informationen zu den benutzten Funktionen bringen die nachfolgenden Unterkapitel sowie → Anhang C.1.

7.1.2 Standardströme/-dateien

Ein C-Programm in Ausführung besitzt, wie ein Java-Programm, mindestens drei **Standardströme** (manchmal auch **Standarddateien** genannt). Wenn bei einer Eingabe- oder Ausgabefunktion nicht explizit angegeben ist, auf welche Datei sich die Operation bezieht, dann wird einer der Standardströme benutzt (→ 7.2). Die Standardströme werden beim Start des Programms automatisch geöffnet und sind anschließend über standardisierte Dateizeiger zugreifbar.

Tabelle 7.1 Standardströme/-dateien

Name des Stroms	Bezeichnung	Default-Gerät	Strom in Java
stdin	Standardeingabe	Tastatur	System.in
stdout	Standardausgabe	Bildschirm	System.out
stderr	Standardfehlerausgabe	Bildschirm	System.err

Tabelle 7.1 nennt die drei Standardströme, wobei die dritte Tabellenspalte das Gerät angibt, das im Normalfall dem jeweiligen Strom zugeordnet ist. Man kann diese Zuordnungen jedoch ändern, indem man beim Aufruf des Programms die Ein- und Ausgabe umlenkt. So ist nach

```
prog.exe <input.txt >output.txt
```

stdin mit der Datei input.txt und stdout mit der Datei output.txt verbunden (wobei prog.exe ein Maschinenprogramm ist, das aus C-Quellcode durch Übersetzung entstanden ist).

 Die Standardfehlerausgabe stderr ist von einer solchen Umlenkung nicht betroffen. Fehlerausgaben, die in der Form fprintf(stderr,"Fehler!") erfolgen, „verschwinden" nicht in der Datei, sondern erscheinen nach wie vor auf dem Bildschirm. Zur Ausgabe von Fehlermeldungen kann man auch die Funktion perror() benutzen (→ 7.3.7).

7.1.3 Klassen von E/A-Funktionen

Die C-Standardbibliothek bietet eine größere Anzahl von **Eingabe-/Ausgabefunktionen (E/A-Funktionen)**, die in der Header-Datei stdio.h deklariert sind. Die Funktionen lassen sich, wie Abbildung 7.1 zeigt, in drei Gruppen einteilen:

- E/A-Funktionen für die Standardein-/-ausgabe:
  Diese Funktionen sprechen im Regelfall die Tastatur als Eingabe- und den Bildschirm als Ausgabegerät an. Eine Umlenkung, wie in → 7.1.2 beschrieben, ist aber möglich.

- E/A-Funktionen für beliebige Dateien:
  Mit diesen Funktionen lassen sich Daten von beliebigen Quellen lesen und in beliebige Ziele schreiben, nämlich Dateien auf einem Datenträger, Geräte und Standardströme.

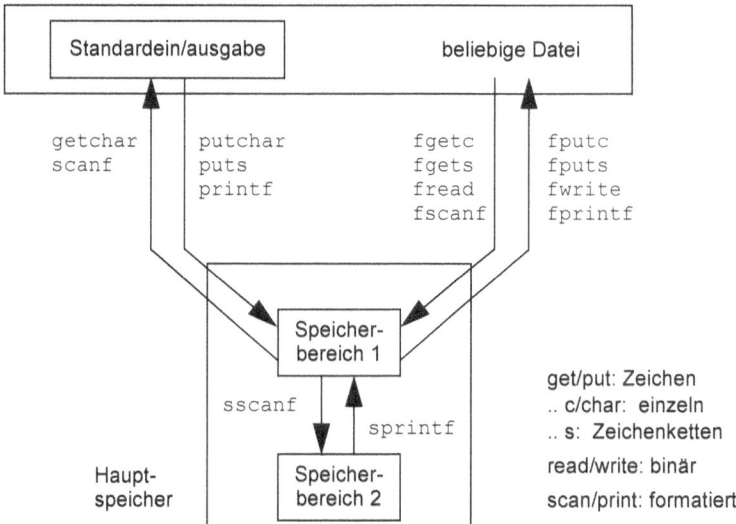

Abbildung 7.1 Eingabe- und Ausgabefunktionen in C

• E/A-Funktionen zur speicherinternen Formatierung:
  Diese Funktionen können Werte aus ihrer internen „binären" Darstellung in eine extern lesbare „formatierte" Zeichenkette umwandeln und umgekehrt. Sie sind also keine Eingabe-/Ausgabefunktionen im eigentlichen Sinn, können aber zur Weiterverarbeitung von Daten, die als Zeichenkette eingelesen wurden, oder zur Vorbereitung der Ausgabe einer Zeichenkette dienen.

Man kann die E/A-Funktionen auch danach klassifizieren, welche Art von Daten sie ein- oder ausgeben (siehe ebenfalls → Abbildung 7.1):

• Funktionen zur Ein-/Ausgabe von Zeichen oder Zeichenketten:
  Die Namen dieser Funktionen enthalten den Bestandteil `get` oder `put`. Der darauf folgende Teil des Funktionsnamens gibt an, was eingelesen oder ausgegeben wird: Bei `c` und `char` sind es einzelne Zeichen und bei `s` Zeichenketten.

• Funktionen zur formatierten Ein-/Ausgabe von Werten der Standardtypen:
  Die Namen dieser Funktionen enthalten den Bestandteil `scan` oder `print`. Eine `scan`-Funktion extrahiert, mit Hilfe von Format- oder Konversionsangaben, Werte aus einer Zeichenkette und wandelt sie in die programminterne binäre Darstellungsform um – beispielsweise eine dezimale Darstellung einer ganzen Zahl in die entsprechende binäre Zahlendarstellung. Eine `print`-Funktion erzeugt, ebenfalls mit Konversionsangaben, aus binären Werten eine extern lesbare formatierte Darstellung.

• Funktionen zur binären Ein-/Ausgabe von Werten:
  Die Namen dieser Funktionen enthalten den Bestandteil `read` oder `write`. Hier werden Daten in ihrer internen Darstellungsform eingelesen oder ausgegeben; eine Umwandlung in oder aus einer extern lesbaren Darstellung entfällt also. Die Funktionen dienen dazu, Daten des Programms in Dateien zu speichern und von dort wieder einzulesen.

Die folgenden Unterkapitel beschreiben die wichtigsten dieser Funktionen; weitere (eher selten benutzte) findet man in der Literatur, zum Beispiel in der GNU-Dokumentation [GNU2] oder im Standardisierungsdokument [ISO18], [ISO23]. Anhang C.1 enthält eine systematische Kurzübersicht. Um die Funktionen benutzen zu können, muss man mit

```
#include <stdio.h>
```

die entsprechende Header-Datei einbinden. Möglicherweise gibt es auf dem ausführenden Computer weitere Operationen, die vom dortigen Betriebssystem bereitgestellt werden, also plattformspezifisch sind.

7.2 Funktionen für die Standardein-/-ausgabe

Die Funktionen für die Standardein-/-ausgabe dienen zum Zugriff auf die Standardströme `stdin` und `stdout`. Im Normalfall arbeiten sie mit der Tastatur bzw. dem Bildschirm; die Ein- und Ausgabeströme können aber auch umgelenkt werden (→ 7.1.2).

7.2.1 printf(): formatierte Ausgabe

7.2.1.1 Grundidee

Die C-Funktion `printf(...)` entspricht den Java-Methoden `System.out.printf(String format, Object... args)` und, in weiterem Sinne, `System.out.print(String s)`. Sie dient also zur **formatierten Ausgabe** von Daten auf die Standardausgabe (`printf` = „print formatted"). „Formatiert" bedeutet, dass Werte aus ihrer internen binären Darstellung in eine textuelle Form umgewandelt werden, die für Menschen lesbar ist. Zudem bedeutet es, dass die Werte bei der Ausgabe in einen ergänzenden Text eingebettet werden können. Beispielsweise erscheint bei Ausführung des Programms

```
#include <stdio.h>
int main(void) {
 int x = 5, y = 7;
 printf("x-Wert: %d, y-Wert: %d, Summe: %d\n",x,y,x+y);
 return 0;
}
```

auf der Standardausgabe der Text

```
x-Wert: 5, y-Wert: 7, Summe: 12
```

mit einem abschließenden Zeilenvorschub: Hier wurden zunächst die internen Binärdarstellungen von x, y und x+y in die Zeichenketten 5, 7 und 12 (also in die entsprechenden Dezimaldarstellungen) umgewandelt. Diese Zeichenketten wurden dann in die Zeichenkettenkonstante eingefügt, die an den `printf()`-Aufruf als erster Parameter übergeben wird – sie wurden in diesem „Formatstring" anstelle der drei „Formatangaben" (oder „Konversionsangaben") %d eingesetzt.

7.2.1.2 Allgemeine Form

Allgemein sieht ein Aufruf der `printf()`-Funktion wie folgt aus:

```
printf(Formatstring, param_1, param_2, ...);
```

Der Prototyp der Funktion lautet formal:

```
int printf(const char *format, ...);      (zur Bedeutung des ...: → 6.7.3)
```

Die **Formatangaben** (**Formatelemente**) im **Formatstring** `format` dienen als Platzhalter für auszugebende Werte. Sie werden mit einem `%`-Zeichen eingeleitet und geben im einfachsten Fall durch einen Buchstabencode den Typ des Ausgabewerts an. Zusätzlich kann festgelegt werden, wie viele Zeichen mindestens und höchstens ausgegeben werden sollen, auf wie viele Nachpunktstellen eine Gleitkommazahl zu runden ist, ob die Ausgabe rechts- oder linksbündig erfolgen und ob ein positives Vorzeichen angezeigt werden soll. Formatangaben werden auch als **Konversionsangaben** (engl. *conversion specifiers*) bezeichnet, denn sie legen fest, wie die interne binäre Darstellung eines Werts in eine extern lesbare textuelle Darstellung umgewandelt wird. Eine systematische Übersicht über Format-(Konversions-)angaben findet man in → D.5.1 (S. 219).

Ein Argument `param_i`, das bei einem `printf()`-Aufruf verwendet wird, darf ein beliebiger Ausdruck sein, muss aber zum Typ, der durch die i-te Konversionsangabe bezeichnet wird, passen. Sein Wert wird unmittelbar vor der Ausgabe berechnet, in den Formatstring anstelle der Konversionsangabe eingesetzt und dabei den Vorgaben entsprechend formatiert. Schließlich wird die resultierende Gesamtzeichenkette auf der Standardausgabe angezeigt.

Der Formatstring kann auch Steuerzeichen enthalten, insbesondere Zeilenvorschübe `\n`. Ein Zeilenvorschub muss in C immer explizit angegeben werden; eine Funktion, die der Java-Methode `println()` entspricht, gibt es nicht.

Der Rückgabewert von `printf()` ist die Anzahl der ausgegebenen Zeichen oder, im Fehlerfall, ein negativer Ganzzahlwert.

7.2.1.3 Weitere Beispiele

Weitere typische Beispiele für `printf()`-Aufrufe sind die folgenden:

- `printf("%hd\n", sht);`
  Gibt den Wert der `short`-Variablen `sht` mit einem Zeilenvorschub aus (d ist der Code für eine Ganzzahl, der Zusatz h zeigt den Ganzzahltyp `short` an).

- `printf("\n %.3f\n", f1+f2);`
  Gibt die Summe der beiden `float`-Variablen `f1` und `f2` mit drei Nachpunktstellen aus. Vorher wird ein Zeilenvorschub mit einem Leerzeichen, anschließend ein weiterer Zeilenvorschub erzeugt.

- `printf("Drei Zeichen: %c / %c / %c", c1, c2, c3);`
  Gibt den Text „Drei Zeichen: " aus, gefolgt von den Werten der drei `char`-Variablen `c1`, `c2` und `c3`, die jeweils durch einen Schrägstrich und Leerzeichen voneinander getrennt werden.

- `printf("%-20s", str);`

  Gibt die Zeichenkette `str` in einem Bereich mit mindestens 20 Zeichen aus. Ist die Zeichenkette kürzer, so wird sie linksbündig ausgegeben (veranlasst durch das Minuszeichen hinter dem `%`), und der restliche Bereich wird mit Leerzeichen aufgefüllt.

- `for (int i=0; i<20; i++)`
  `printf("%u ", fibonacci[i]);`
  `printf("\n");`

  Gibt alle Einträge des `unsigned-int`-Arrays `fibonacci` (→ 4.3.1) in einer Zeile aus, wobei die Ausgaben jeweils durch ein Leerzeichen voneinander getrennt werden; schließt die Ausgabe durch einen Zeilenvorschub ab. `%u` ist der Code für einen Ganzzahlwert ohne Vorzeichen.

- `printf("ang_info.name: %s\n",ang_info.name);`
  `printf("ang_info.personalnummer: %d\n",`
  `                       ang_info.personalnummer);`
  `printf("ang_info.gehalt: %.2f\n\n",ang_info.gehalt);`

  Gibt die Einträge der `struct`-Variablen `ang_info` (→ 4.4.1) aus und zwar jeweils mit ihrem Namen und Wert.

 Unter bestimmten Umständen verbleiben die ausgegebenen Werte zunächst im Hauptspeicherpuffer (→ 7.1.1, → 7.3.1) und erscheinen erst auf dem Bildschirm, wenn ein Zeilenvorschub (`\n`) auszugeben ist. Eine Anweisung der Form `printf("%d ",i)` hätte dann also zunächst keinen sichtbaren Effekt; erst bei einem nachfolgenden `printf("%d\n",j)` würden die Werte i und j gemeinsam auf dem Bildschirm angezeigt. Man kann dieses Verhalten allerdings mit Hilfe der Funktion `setvbuf()` beeinflussen (→ 7.3.7).

7.2.2 scanf(): formatierte Eingabe

7.2.2.1 Grundidee

Die Funktion `scanf()` ist das Gegenstück zu `printf()`. `scanf()` dient zur **formatierten Eingabe** von der Standardeingabe – also zum Einlesen von Werten, die in einer für Menschen lesbaren Form vorliegen. Die Werte werden dabei anhand von Konversionsangaben in ihre internen binären Darstellungen umgewandelt. Ein Beispiel für die Verwendung von `scanf()` zeigt das folgende Programmstück:

```
#include <stdio.h>
int main(void) {
 int laenge, breite;
 printf("Bitte Laenge und Breite eingeben: ");
 scanf("%d %d",&laenge,&breite);
 ...
}
```

Gibt man hier die Zeichenkette 10<LEERZEICHEN>15<ENTER> ein, so wird diese in die Teilketten 10 und 15 zerlegt. Die Format-(Konversions-)angaben `%d %d` besagen nämlich, dass zwei ganze Zahlen in Dezimaldarstellung erwartet werden. Die entsprechenden Zahlenwerte werden in Binärdarstellung umgewandelt und dann in den Variablen `laenge` und `breite` gespeichert. Wie man sieht, ist die Programmierung einer formatierten Eingabe mehrerer Werte in C kompakter als in Java, wo man mehrere Methodenaufrufe benötigt (z.B. `parseXXX()` oder Methoden der Klasse `Scanner`).

 Der Formatstring, also der erste Parameter von `scanf()` dient ausschließlich dazu, die Art der einzugebenden Werte festzulegen. Man kann ihn also nicht dazu benutzen, dem Benutzer eine Eingabeaufforderung zukommen zu lassen – beispielsweise ist eine Anweisung wie `scanf("Laenge: %d",&laenge)` *nicht* zulässig. Die Aufforderung muss vielmehr, wie im Beispiel, durch einen separaten `printf()`-Aufruf erfolgen.

7.2.2.2 Allgemeine Form

Allgemein sieht ein Aufruf der `scanf()`-Funktion wie folgt aus:

```
scanf(Formatstring, Adresse_1, Adresse_2, ...);
```

Der Prototyp der Funktion lautet formal:

```
int scanf(const char *format, ...);
```
(zur Bedeutung des ...: → 6.7.3)

Im einfachsten Fall sind die Konversionsangaben im Formatstring durch Leerzeichen voneinander getrennt. Die Parameter, die auf den Formatstring folgen, sind Speicheradressen, die üblicherweise durch Anwendung des Adressoperators `&` ermittelt werden oder durch Arraynamen spezifiziert werden. Die i-te Adresse gibt dabei an, wohin der i-te eingelesene Wert gebracht werden soll. Eine systematische Übersicht über den Aufbau des Formatstrings und seiner Konversionsangaben findet man in → D.5.2 (S. 221); weiter unten (→ 7.2.2.4) werden einige typische Anwendungsbeispiele besprochen.

Die Eingabe an `scanf()` erfolgt über die Standardeingabe in Form einer Zeichenkette, die durch ein „Enter"/„Carriage Return" abgeschlossen wird. Die eingegebene Zeichenkette enthält einen oder mehrere Werte in einer Schreibweise, die für Menschen lesbar ist. Die einzelnen Werte sind im Normalfall durch Whitespace-Zeichen wie Leerzeichen, Tabulatoren oder Zeilenvorschübe voneinander getrennt (wobei man alternativ auch die maximale Anzahl der zu lesenden Zeichen spezifizieren kann, → C.1.2 und → D.5.2). Sie werden anhand der Konversionsangaben in eine binäre Form umgewandelt und an den angegebenen Stellen gespeichert. Liegen weniger Werte vor, als der `scanf()`-Aufruf anfordert, so ist das Verhalten der Funktion nicht spezifiziert. Meist kann man aber die Eingabe fortsetzen und wiederum durch ein Enter beenden. Im Extremfall kann man also auch jeden Wert einzeln, jeweils durch Enter abgeschlossen, eingeben.

Der Rückgabewert von `scanf()` ist die Anzahl der fehlerfrei umgewandelten Werte oder die Konstante `EOF` (= End of File), wenn überhaupt kein Wert umgewandelt werden konnte. Ein Programm sollte möglichst den Rückgabewert mit der Anzahl der erwarteten Eingaben vergleichen und, falls nötig, eine Fehlerbehandlung durchführen. In der Praxis unterbleibt dies aber meist.

7.2.2.3   Pufferung der Eingabedaten

Technisch wird eine Eingabe dadurch realisiert, dass zunächst alle Zeichen bis zu einem Enter-Zeichen in den Puffer von `stdin` übertragen werden (→ Abbildung 7.2; zum Begriff des Puffers siehe → 7.1.1 und → 7.3.1). `scanf()` holt die Zeichen aus dem Puffer ab und transformiert sie anhand der Konversionsangaben in interne, also binäre Wertdarstellungen. Trifft `scanf()` dabei auf ein Zeichen, das nicht zu der aktuell bearbeiteten Konversionsangabe passt (z.B. auf einen Buchstaben beim Einlesen eines Zahlenwerts), so liest es an dieser Stelle nicht weiter und lässt die übrigen Zeichen im Puffer stehen. Man kann sie von dort durch nachfolgende `scanf()`-Aufrufe abholen. Alternativ kann man den Puffer leeren, indem man die restlichen Zeichen unmittelbar einliest und „wegwirft" (→ 7.3.7).

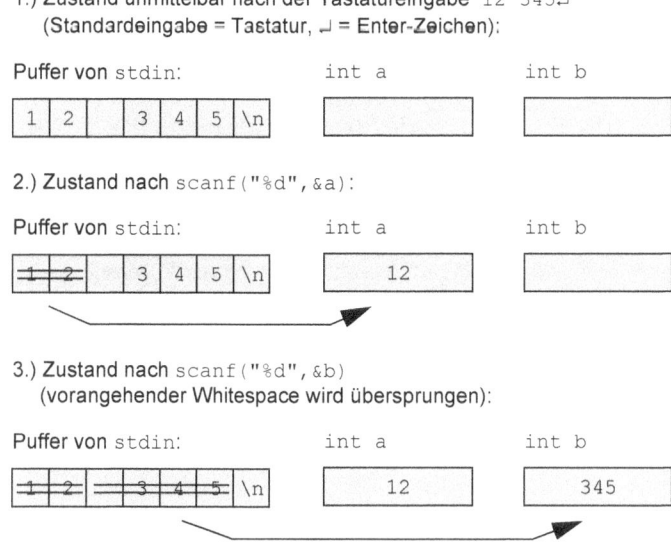

Abbildung 7.2 Einlesen von Daten über den `stdin`-Puffer

7.2.2.4   Weitere Beispiele

Weitere typische Beispiele für `scanf()`-Aufrufe sind die folgenden:

- `scanf("%u", &ui);`
  Liest einen dezimal dargestellten Ganzzahlwert ein und speichert ihn in der `unsigned-int`-Variablen `ui`.

- `scanf("%hx", &sht);`
  Liest einen hexadezimal dargestellten Ganzzahlwert des `short`-Wertebereichs ein (h = short, x = hexadezimal) und speichert ihn in der `short`-Variablen `sht`.

- `scanf("%f %lf", &flt, &dbl);`
  Liest zwei dezimal dargestellte Zahlen mit Nachpunktstellen ein und speichert sie in der `float`-Variablen `flt` sowie in der `double`-Variablen `dbl`. Bei der Eingabe sind auch Exponentialschreibweisen wie beispielsweise `1e10` oder `-1E-7` möglich.

- `scanf("%c %c %c", &c1, &c2, &c3);`

  Liest drei einzelne Zeichen in die `char`-Variablen c1, c2 und c3 ein. Die Leerzeichen zwischen den Konversionsangaben `%c` besagen, dass die Zeichen bei der Eingabe durch ein oder mehrere Whitespace-Zeichen, wie Leerzeichen, Zeilenvorschübe und Enter, voneinander getrennt sein können.

 Whitespaces werden bei Benutzung des Konversionscodes `%c` nicht in jedem Fall übersprungen, sondern möglicherweise als Einzelzeichen eingelesen. Das Verhalten hängt hier davon ab, ob die Konversionsangaben durch Whitespaces voneinander getrennt sind (wie oben) oder nicht (wie in den folgenden Beispielen): Gibt man bei den Anweisungen

`scanf("%c%c%c", &c1, &c2, &c3);`

oder

`scanf("%c", &c1); scanf("%c", &c2); scanf("%c", &c3);`

die Zeichenfolge x<ENTER>y<ENTER>z ein, so wird `'x'` in c1 gespeichert, das Enter als `\n` oder `\r` in c2 und `'y'` in c3 – ein Effekt, der wahrscheinlich nicht gewünscht war.

 Kritisch kann es auch werden, wenn ein Programm bereits einen anderen Wert (zum Beispiel einen Zahlenwert) eingelesen hat und nun durch `scanf("%c",...)` einen `char`-Wert lesen soll. Im Eingabepuffer steht dann von der vorherigen Eingabe noch das Enter-Zeichen – und dies wird jetzt als nächstes Zeichen gelesen (→ Abbildung 7.3). Man muss das bei der Programmierung explizit berücksichtigen,

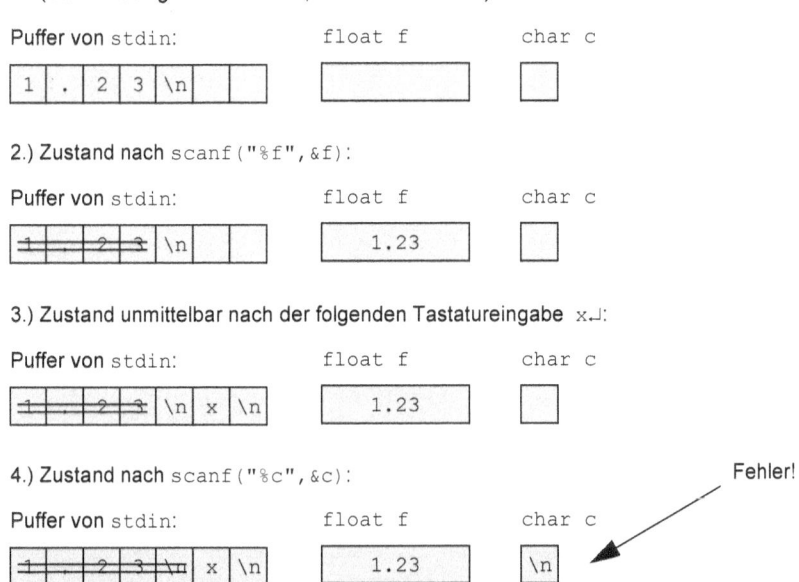

Abbildung 7.3 Fehler beim Einlesen von Zeichen ohne vorheriges Leeren des `stdin`-Puffers

indem man dieses Zeichen wegwirft und das eigentlich gewünschte Zeichen in einer weiteren Operation einliest.

 Zu Problemen kann es auch kommen, wenn der `scanf()`-Formatstring ein `\n` enthält. Eine Anweisung wie

```
scanf("%d\n", &i);
```

ist zwar syntaktisch und semantisch zulässig. Man sollte aber solche Konstrukte möglichst meiden und speziell nach solchen Fehlern suchen, wenn sich ein Programm bei Eingaben „seltsam" verhält.

• `scanf("%s", str);`
  Liest eine Zeichenkette ein und speichert sie im `char`-Array `str`.

 Beim Einlesen einer Zeichenkette kann es zu einem **Überlauf** kommen: Werden bei `scanf("%s",str)` mehr Zeichen eingegeben, als `str` aufnehmen kann, so werden die überzähligen Zeichen in dem Speicherbereich abgelegt, der sich an den Speicher von `str` anschließt (→ Abbildung 7.4). Variablen, die dort ihren Speicher haben, werden also überschrieben. Dies ist ein **erhebliches Sicherheitsrisiko!**

Man kann (und sollte!) einen solchen Überlauf dadurch vermeiden, dass man die Anzahl der einzulesenden Zeichen begrenzt. So werden bei `scanf("%20s",str)` höchstens 20 Zeichen nach `str` übertragen (dazu kommt das abschließende `\0`); die übrigen verbleiben im Eingabepuffer. Man sollte den Eingabepuffer dann leeren, um ihn für die folgenden Eingaben vorzubereiten (→ 7.3.7).

Einlesen ohne Längenbeschränkung:

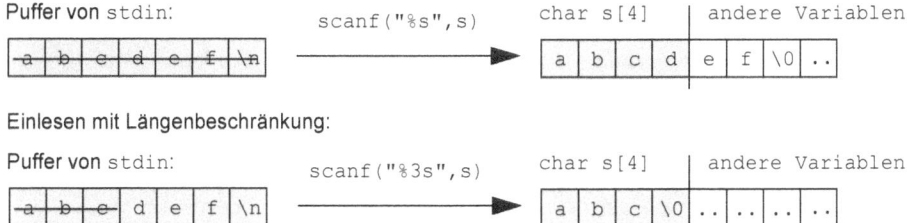

Einlesen mit Längenbeschränkung:

Abbildung 7.4 Einlesen einer Zeichenkette ohne und mit Längenbeschränkung

 Mit `scanf("%s", str)` können keine Strings eingegeben werden, die Leerzeichen enthalten, da hier Zeichenketten nur bis zum ersten Whitespace eingelesen werden. Die Funktion `fgets()` (→ 7.3.3) bietet hier Abhilfe.

• `for (int i=0; i<5; i++)`
  `scanf("%ld", &feld[i]);`
  Liest fünf Dezimalzahlen in einen `long`-Array `feld` ein (`l` = long, `d` = dezimal).

• `scanf("%s %d %f", ang_info.name,`
  `&ang_info.personalnummer, &ang_info.gehalt);`
  Liest Werte für die Komponenten der `struct`-Variablen `ang_info` (→ 4.4.1) ein. Vor `ang_info.name` steht kein `&`, da `name` ein Array und damit bereits eine Adresse ist.

Beim Programmieren mit `scanf()` darf man den Adressoperator `&` nicht vergessen! Soll allerdings eine Zeichenkette in einen `char`-Array eingelesen werden, so kann (und sollte) man den Operator weglassen.

 Neben den Standardfällen, die in den vorangehenden Beispielen gezeigt wurden, ermöglicht `scanf()` eine Reihe spezieller Anwendungen:

- Eine Konversionsangabe kann die Maximalzahl der zu lesenden Zeichen festlegen. So bestimmt `scanf("%2d%2d",&a,&b)`, dass beim Einlesen des Ganzzahlwerts für `a` höchstens zwei Ziffern berücksichtigt werden und die folgenden beiden Ziffern nach `b` gelesen werden sollen. Nach der Eingabe von `1234` hat also `a` den Wert `12` und `b` den Wert `34`.

- Eine Konversionsangabe kann vorgeben, dass bestimmte Teile der Eingabe übersprungen werden sollen. So bestimmt `scanf("%*d %d",&a)` (man beachte den Stern vor dem ersten `d`!), dass die erste eingelesene ganze Zahl ignoriert und die zweite Zahl in der Variablen `a` gespeichert wird. Nach der Eingabe von `12<Leerzeichen>34` hat also `a` den Wert `34`.

- Eine Konversionsangabe kann beim Einlesen einer Zeichenkette vorgeben, welche Zeichen akzeptiert werden sollen. `scanf("%[aeiouAEIOU]",str)` bestimmt beispielsweise, dass nur Vokale eingelesen werden sollen. Der Einlesevorgang endet hier beim ersten Zeichen, das kein Vokal ist; die restlichen Zeichen verbleiben im Puffer und müssen ggf. explizit gelöscht werden (→ 7.3.7). Nach der Eingabe von `aexio` hat also `str` den Wert `"ae"`. Analog werden durch den Aufruf `scanf("%[a-z]",str)` nur Kleinbuchstaben und durch den Aufruf `scanf("%[^aeiouAEIOU\n\r]",str)` nur „Nichtvokale" gelesen (`\n` und `\r` stellen hierbei sicher, dass auch hier das Enter-Zeichen als Ende der Eingabe interpretiert wird).

  Übrigens kann man mit dieser Technik `scanf()` dazu bringen, doch Leerzeichen einzulesen: `scanf("%[a-z][A-Z][0-9] ",str)` akzeptiert Zeichenketten, die aus Buchstaben, Ziffern und Leerzeichen bestehen.

7.2.3 Weitere Funktionen für Zeichen und Zeichenketten

Neben `printf()` und `scanf()` gibt es drei weitere Funktionen, mit denen man auf die Standardeingabe bzw. -ausgabe zugreifen kann:

- `int getchar(void)` liest das nächste Zeichen von der Standardeingabe und liefert dessen ASCII-Wert oder, im Fehlerfall, die Konstante `EOF` zurück. Da `EOF` eine ganze Zahl außerhalb des `char`-Wertebereichs ist, hat die Funktion nicht `char` als Rückgabetyp, sondern `int`.

 `getchar()` „reagiert" nicht sofort, wenn eine Taste gedrückt wird, sondern tritt erst nach der Betätigung der Enter-Taste in Aktion. Es liest dann das nächste Zeichen aus dem Eingabepuffer (→ 7.2.2, Abbildung 7.3). Das Enter-Zeichen `\n` oder `\r` selbst bleibt im Puffer stehen und muss durch einen zweiten `getchar()`-Aufruf gelöscht werden. Vergisst man das, so liest ein späterer `getchar()`-Aufruf dieses Enter-Zeichen ein und nicht das dann eingegebene Einzelzeichen!

- `int putchar(int c)` schreibt ein Zeichen `c` auf die Standardausgabe. Die Funktion liefert dieses Zeichen oder, im Fehlerfall, `EOF` als Rückgabewert.

- `int puts(const char *s)` schreibt eine Zeichenkette `s` (ohne das abschließende `\0`, aber mit einem Zeilenvorschub) auf die Standardausgabe. Die Funktion gibt im Erfolgsfall eine nichtnegative Zahl und im Fehlerfall `EOF` zurück.

7.3 Funktionen für beliebige Datenströme

Die Funktionen, die in diesem Unterkapitel besprochen werden, arbeiten mit beliebigen Datenströmen. Man kann sie somit zum Zugriff auf Dateien im weitesten Sinne (→ 7.1.1), also auf Geräte, auf die Standardein-/-ausgabe und -fehlerausgabe sowie auf Dateien im Sekundärspeicher nutzen (→ Abbildung 7.1).

7.3.1 Öffnen und Schließen

Bevor man Daten in eine Datei schreiben oder Daten aus einer Datei lesen kann, muss man die Datei „öffnen", sie also mit einem Datenstrom verbinden. Die Standardströme werden beim Programmstart automatisch geöffnet, für andere Dateien muss man explizit die Funktion

```
FILE *fopen(const char *filename, const char *mode)
```
aufrufen. Beispielsweise öffnet

```
FILE *fp;
fp = fopen("datei.txt","r+");
```
die Datei `datei.txt` für Lese- und Schreibzugriffe (`"r+"`) und liefert einen Dateizeiger, also einen Verweis auf einen Datenstrom zurück, über den anschließend auf die Datei zugegriffen werden kann. In Java entstehen solche Ströme bekanntlich beim Konstruktoraufruf von Klassen wie `FileOutputStream`, `FileInputStream` oder verwandter Klassen (→ 7.1.1).

Der erste `fopen()`-Parameter, `filename`, nennt die Datei, die geöffnet werden soll; er ist der Name oder Pfad dieser Datei. Der zweite Parameter, `mode`, legt fest,

- welche Art von Zugriffen möglich sein soll (nur Lesen, nur Schreiben oder Lesen und Schreiben),

- wo Schreibzugriffe stattfinden sollen (Überschreiben der bisherigen Einträge oder Anhängen an das Dateiende),

- ob die Ein-/Ausgabe im Text- oder im Binärmodus erfolgen soll, also Zeichen oder uninterpretierte Bitmuster gelesen und geschrieben werden (→ 7.3.3), und

- ob die Datei neu erzeugt werden soll, wenn sie noch nicht existiert.

Die folgende Tabelle gibt die möglichen Werte für den `fopen()`-Parameter `mode` an:

Tabelle 7.2 Mögliche Werte des fopen()-Parameters mode

Wert	Bedeutung
r	Nur Lesezugriffe sind erlaubt. Die Datei muss bereits existieren.
w	Nur Schreibzugriffe sind erlaubt. Existiert die Datei bereits, so wird ihr bisheriger Inhalt beim Öffnen vollständig gelöscht. Existiert die Datei noch nicht, so wird sie erzeugt.
a	Nur Schreibzugriffe sind erlaubt. Die Zugriffe erfolgen am jeweiligen Ende der Datei (a = „append" = anhängen). Neue Daten werden an den bisherigen Dateiinhalt angehängt, falls die Datei schon existiert. Existiert die Datei noch nicht, so wird sie erzeugt.
r+	Lese- und Schreibzugriffe sind erlaubt. Die Datei muss bereits existieren.
w+	Lese- und Schreibzugriffe sind erlaubt. Existiert die Datei bereits, so wird ihr bisheriger Inhalt beim Öffnen vollständig gelöscht. Existiert die Datei noch nicht, so wird sie erzeugt.
a+	Lese- und Schreibzugriffe sind erlaubt. Schreibzugriffe finden am jeweiligen Ende der Datei statt. Insbesondere werden neue Daten an den bisherigen Dateiinhalt angehängt, falls die Datei schon existiert. Existiert die Datei noch nicht, so wird sie erzeugt.

Der Parameterwert kann durch ein `b` ergänzt werden (also z.B. `"r+b"`). Die Datei wird dann im **Binärmodus** geöffnet, so dass beliebige Bytefolgen ein- und ausgegeben werden können ($\to$ 7.3.5). Wird ein `t` oder gar nichts angehängt, so wird die Datei im **Textmodus** zur Ein-/Ausgabe von Zeichen und Zeichenketten geöffnet ($\to$ 7.3.2–7.3.4).
Bei einer Datei, die zum Lesen und Schreiben (also mit `"..+.."`) geöffnet wurde, darf auf eine Schreiboperation nicht unmittelbar eine Leseoperation folgen oder umgekehrt. Es muss dazwischen der Positionszeiger, der die Stelle der nächsten Lese- oder Schreiboperation festlegt (siehe unten), per `fseek()`, `fsetpos()` oder `rewind()` positioniert werden ($\to$ 7.3.6), oder (nach einer Schreiboperation) der Puffer per `fflush()` auf den Datenträger gesichert werden ($\to$ 7.3.7).
Bei einer Datei, die zum Anhängen (also mit `"a.."`) geöffnet wurde, finden *alle* Schreibzugriffe am jeweiligen Dateiende statt – unabhängig vom Wert des Positionszeigers.

Ein `fopen()`-Aufruf bereitet Dateizugriffe vor, indem er eine Datenstruktur erzeugt, in der Informationen über den Datenstrom stehen. Diese Datenstruktur ist vom Typ `FILE`, der in `stdio.h` definiert ist. Sie enthält unter anderem ($\to$ Abbildung 7.5):

- **Informationen über die Datei** auf dem Datenträger,
- **Flags** mit Informationen, ob bei einem Dateizugriff ein Fehler aufgetreten ist und ob das Dateiende erreicht wurde,
- die Adresse des **Puffers**, eines Bereichs des Hauptspeichers, in dem eingelesene oder auszugebende Daten zwischengespeichert werden, sowie
- den **Positionszeiger**, also die Positionsnummer des Bytes in der Datei, das als nächstes gelesen oder überschrieben wird. Beim Öffnen der Datei verweist der Positionszeiger auf den Dateianfang (außer bei `mode=="a..."`, wo der Zeiger nach dem Öffnen plattformabhängig entweder auf den Anfang oder auf das Ende verweist und nur bei Leseoperationen berücksichtigt wird, $\to$ Tabelle 7.2, letzter Satz der Erläuterungen). Bei

einer Lese- oder Schreiboperation wird der Zeiger um die Anzahl der gelesenen Bytes erhöht, so dass Dateizugriffe sequentiell erfolgen. Der Positionszeiger kann aber auch frei positioniert werden (→ 7.3.6).

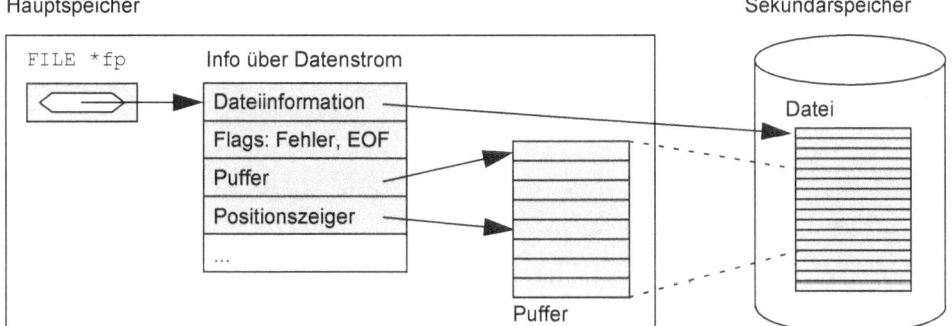

Abbildung 7.5 Datenstrukturen für eine geöffnete Datei

Der Rückgabewert von `fopen()` ist ein **Dateizeiger (File Pointer)** vom Typ `FILE *`, der in einer Variablen gespeichert und nachfolgenden Aufrufen von Lese- und Schreiboperationen als Parameter übergeben wird. Dies ist meist die einzige Weise, auf die ein Programm mit einem Dateizeiger arbeitet; die einzelnen Komponenten der `FILE`-Struktur spricht es im Allgemeinen nicht explizit an.

 Statt der Funktion `fopen()` kann man auch die Funktion `freopen()` verwenden (Prototyp: `FILE *freopen(const char *filename, const char *mode, FILE *stream)`. `freopen()` schließt zunächst die Datei, die mit dem Strom `stream` verbunden ist (siehe unten), öffnet dann die Datei `filename` und verbindet sie mit `stream`. Der Rückgabewert der Funktion ist `stream`.

Soll auf eine geöffnete Datei nicht mehr zugegriffen werden, so kann man sie durch Aufruf der `fclose()`-Funktion

```
int fclose(FILE *stream)
```

(z.B. `fclose(fp)`) wieder schließen, also ihre Verbindung zum Datenstrom lösen. Spätestens hierdurch werden geschriebene Daten aus dem Puffer auf den Datenträger übertragen. Parameter ist der Dateizeiger, der beim Öffnen von `fopen()` geliefert wurde. Der Rückgabewert von `fclose()` ist 0 nach fehlerfreier Ausführung und `EOF` im Fehlerfall.

 Dateien werden bei einem ordnungsgemäßen Ende der Programmausführung automatisch geschlossen. Dennoch sollte man sich angewöhnen, unmittelbar nach dem letzten Dateizugriff `fclose()` aufzurufen. Erst hier sind die Daten auf dem Datenträger gesichert; vorher können sie (sofern nicht `fflush()` aufgerufen wurde, → 7.3.7) bei einem Programmabsturz verloren gehen. Zudem ist die Anzahl der Dateien, die gleichzeitig geöffnet sein können, begrenzt.

7.3.2 Ein-/Ausgabe einzelner Zeichen

Die folgenden beiden Funktionen dienen dazu, einzelne Zeichen aus einer Datei zu lesen bzw. in eine Datei zu schreiben. Sie setzen voraus, dass die Datei im Textmodus (→ 7.3.1, Tabelle 7.2) geöffnet wurde.

- `int fgetc(FILE *stream)` liest ein einzelnes Zeichen aus einer Datei und liefert dessen ASCII-Wert oder, falls das Dateiende erreicht oder ein sonstiger Fehler eingetreten ist, die Konstante `EOF` (= End of File) zurück. Da `EOF` eine ganze Zahl außerhalb des `char`-Wertebereichs ist, hat die Funktion nicht `char` als Rückgabetyp, sondern `int`.

  Beispielsweise liest das folgende Programmstück den Inhalt einer Datei zeichenweise ein und gibt ihn auf den Bildschirm aus:

  ```
  char zeichen;
  FILE *fp;
  fp = fopen("datei.txt","r");
  while (!feof(fp)) {
    zeichen = fgetc(fp);
    printf("%c",zeichen);
   }
  ```

  Das Beispiel benutzt die Funktion `feof()` um festzustellen, ob das Ende der Datei erreicht wurde (→ 7.3.7).

  Statt der Funktion `fgetc()` kann man auch das Makro `getc(FILE *)` benutzen.

 Der Effekt von `fgetc()` kann durch einen Aufruf von `ungetc()` wieder rückgängig gemacht werden: `ungetc(c,fp)` schreibt den Wert von `c` wieder in den Eingabestrom `fp` zurück.

- `int fputc(int c, FILE *stream)` schreibt ein Zeichen `c` in eine Datei. Die Funktion liefert den geschriebenen ASCII-Wert oder, im Fehlerfall, `EOF` zurück.

  Beispielsweise schreibt das folgende Programmstück das Zeichen `a`, gefolgt von einem Zeilenvorschub, in eine Datei:

  ```
  char zeichen='a';
  FILE *fp;
  fp = fopen("datei.txt","w");
  fputc(zeichen,fp);
  fputc('\n',fp);
  ```

  Statt der Funktion `fputc()` kann man auch das Makro `putc(int, FILE *)` benutzen.

7.3.3 Ein-/Ausgabe von Zeichenketten

Mit zwei weiteren Funktionen lassen sich Zeichenketten (also Folgen von `char`-Werten) aus einer Datei lesen bzw. in eine Datei schreiben. Auch diese Funktionen setzen voraus, dass die Datei im Textmodus geöffnet wurde.

- `char *fgets(char *s, int n, FILE *stream)` liest aus einer Datei eine Folge von Zeichen und speichert sie in der Zeichenkettenvariablen `s`. Das Einlesen endet, wenn ein \n oder ein EOF gelesen wurde, spätestens jedoch nach dem Einlesen von n-1 Zeichen. Als letztes Zeichen wird in s automatisch ein \0 angefügt. Die Funktion liefert s (als Zeigerwert) oder, im Fehlerfall, ein NULL zurück.

Beispielsweise belegt das folgende Programmstück dynamisch einen Speicherbereich und liest dorthin eine Zeichenkette von maximal zwölf Zeichen ein:

```
char *s;
FILE *fp;
s = (char *) malloc(13);
fp = fopen("datei.txt","r");
fgets(s,13,fp);
```

 In früheren C-Versionen gab es die Funktion gets(), mit der man Zeichenketten von der Standardeingabe einlesen konnte. Diese Funktion hatte jedoch nur einen Array-Parameter s, aber keinen Längenparameter n, konnte also nicht prüfen, ob s lang genug ist, die eingegebene Zeichenkette aufzunehmen. Es konnte daher zu Überläufen kommen, bei denen die Zeichen in Speicherbereiche geschrieben werden, die nicht mehr zum Array gehören. Da solche Überläufe (wie schon weiter oben gesagt) ein erhebliches Sicherheitsrisiko sind, wird gets() nicht mehr unterstützt. Stattdessen soll fgets() wie hier beschrieben verwendet werden oder scanf() mit einer Längenbegrenzung in der Konversionsangabe (→ 7.2.2.4).

- int fputs(const char *s, FILE *stream) schreibt die Zeichenkette aus s in eine Datei. Die Zeichenkette in s muss mit einem \0 abgeschlossen sein, das aber nicht mit ausgegeben wird. Die Funktion gibt im fehlerfreien Fall einen nichtnegativen Ganzzahlwert zurück, sonst EOF.

Beispielsweise schreibt das folgende Programmstück eine Textkonstante in eine Datei:

```
FILE *fp;
fp = fopen("datei.txt","w");
fputs("Hello world!",fp);
```

7.3.4 Formatierte Ein-/Ausgabe

Die Funktionen scanf() und printf() dienen zum Lesen eines formatierten Eingabestrings von der Standardeingabe bzw. zum Schreiben eines formatierten Ausgabestrings auf die Standardausgabe (→ 7.2). Es gibt entsprechende Funktionen zur formatierten Ein-/Ausgabe für beliebige Dateien und zur Arbeit mit formatierten Ein-/Ausgabestrings innerhalb des Hauptspeichers. Die Funktionen setzen wieder voraus, dass eine hier benutzte Datei im Textmodus geöffnet wurde.

- int fscanf(FILE *stream, const char *format, ...) liest Eingabewerte formatiert aus einer Datei. Der Parameter stream gibt einen Datenstrom an, der mit der Datei verknüpft ist; die übrigen Parameter und der Rückgabewert entsprechen denen von scanf() (→ 7.2.2).

- int fprintf(FILE *stream, const char *format, ...) schreibt Ausgabewerte formatiert in eine Datei. Der Parameter stream gibt einen Datenstrom an, der mit der Datei verknüpft ist; die übrigen Parameter und der Rückgabewert entsprechen denen von `printf()` (→ 7.2.1).

- `int sscanf(const char *s, const char *format, ...)` liest Eingabewerte formatiert aus einer Zeichenkette `s`. Die übrigen Parameter und der Rückgabewert entsprechen denen von `scanf()`. `s` im Hauptspeicher tritt damit an die Stelle der Eingabedatei, so dass hier kein Peripheriegerät involviert ist (→ Abbildung 7.1).

- `int sprintf(char *s, const char *format, ...)` schreibt Ausgabewerte formatiert in eine Zeichenkettenvariable `s`. Die übrigen Parameter und der Rückgabewert entsprechen denen von `printf()`. `s` im Hauptspeicher tritt damit an die Stelle der Ausgabedatei, so dass hier kein Peripheriegerät involviert ist (→ Abbildung 7.1).

7.3.5 Ein-/Ausgabe beliebiger Bytefolgen

Die bisher beschriebenen Dateifunktionen arbeiten im **Textmodus**: Bei einer Eingabe wandeln sie Werte aus einer Darstellungsform, die für Menschen lesbar ist, in eine computerinterne „binäre" Form um; bei einer Ausgabe läuft der umgekehrte Vorgang ab. Der Vorteil dabei ist, dass die Dateiinhalte von Menschen leicht interpretiert, geändert und weiterverarbeitet werden können. Nachteilig ist, dass der Umwandlungsvorgang Zeit kostet und eine textorientierte Darstellung meist mehr Platz benötigt als eine binäre. Es kann daher sinnvoll sein, Daten im **Binärmodus** auszugeben und einzulesen, also auf die Umwandlung zu verzichten:

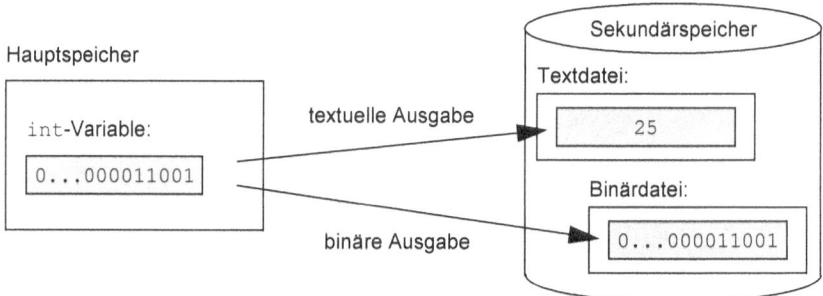

Abbildung 7.6 Ein-/Ausgabe im Textmodus vs. Ein-/Ausgabe im Binärmodus

Der C-Standard definiert zwei Funktionen für die binäre Ein-/Ausgabe. Sie transportieren Bytefolgen unverändert zwischen Hauptspeicher und Datei, ohne Berücksichtigung von deren Datentypen. Die Datei sollte dabei im Binärmodus geöffnet sein (→ 7.3.1).

- `size_t fread(void *ptr, size_t size, size_t nmemb, FILE *stream)` liest `nmemb` Datenblöcke mit jeweils `size` Bytes aus einer Datei und legt sie im Hauptspeicher in dem Bereich ab, der an der Adresse `pt` beginnt. Aus der Datei werden also insgesamt `nmemb·size` aufeinanderfolgende Bytes eingelesen. `fread()` entspricht damit der Java-Methode `read()` in der Klasse `InputStream`. Die Funktion gibt die Anzahl der fehlerfrei gelesenen Datenblöcke zurück.

- `size_t fwrite(const void *ptr, size_t size, size_t nmemb, FILE *stream)` schreibt `nmemb` aufeinanderfolgende Datenblöcke mit jeweils `size` Bytes aus einem Hauptspeicherbereich in eine Datei. `pt` ist die Anfangsadresse des Hauptspeicherbereichs. Auch hier werden also insgesamt `nmemb·size` aufeinanderfolgende Bytes übertragen. `fwrite()` entspricht damit der Java-Methode `write()` in der Klasse `OutputStream`. Die Funktion gibt die Anzahl der fehlerfrei geschriebenen Datenblöcke zurück.

Das folgende Beispielprogramm schreibt zunächst aus einem Speicherbereich eine Folge von Strukturen des Typs `angestellten_info` (→ 4.4.2) in eine Datei. Anschließend werden die Daten wieder eingelesen, dabei aber in einen anderen Bereich gebracht:

```
#include <stdio.h>
int main(void) {
 FILE *fp;
 struct angestellten_info {
  char   name[41];
  int    personalnummer;
  float gehalt;
 };
 struct angestellten_info angestellte[10];
 struct angestellten_info *anginf_pt;
 ... Initialisierung von angestellte[] ...
 fp = fopen("datei","wb");
 fwrite(angestellte,sizeof(struct angestellten_info),10,fp);
 fclose(fp);
 ...
 anginf_pt = (struct angestellten_info *)
                 malloc(10*sizeof(struct angestellten_info));
 fp = fopen("datei","rb");
 fread(anginf_pt,sizeof(struct angestellten_info),10,fp);
 fclose(fp);
 return 0;
}
```

Ein entsprechendes Programm, das einen Array mit Strukturen im Textmodus einliest, findet man in → 5.4.3.

7.3.6 Wahlfreier Zugriff

Lese- und Schreibvorgänge erfolgen im Normalfall sequentiell: Der Positionszeiger (→ 7.3.1) wird jeweils um die Anzahl der gelesenen oder geschriebenen Bytes inkrementiert. C bietet jedoch auch Funktionen zum Setzen des Positionszeigers, so dass auf Dateiinhalte gezielt zugegriffen werden kann.

- `long ftell(FILE *stream)` gibt die aktuelle Position des Positionszeigers einer geöffneten Datei zurück oder `-1` im Fehlerfall. Bei einer im Binärmodus geöffneten Datei ist dies die Nummer des Bytes, das als nächstes gelesen oder überschrieben wird. Die Bytes einer solchen Datei sind mit `0` beginnend aufsteigend durchnummeriert. Bei einer im Textmodus geöffneten Datei enthält der Rückgabewert eine nicht näher spezifizierte Information, die man lediglich als Parameterwert für die Positionierungsfunktion `fseek()` (siehe unten) verwenden kann.

Neben `ftell()` gibt es die Funktion `fgetpos()`, die dieselbe Funktionalität bietet.

- `int fseek(FILE *stream, long offset, int whence)` verschiebt den Positionszeiger einer geöffneten Datei an eine neue Stelle. Der Parameter `offset` gibt diese neue Position als „Offset" (= Abstand) von einer bestimmten Basis an. Die Basis selbst kann über den Parameter `whence` gewählt werden; mögliche Parameterwerte sind die Konstanten `SEEK_SET` (= Dateianfang), `SEEK_CUR` (= aktuelle Zeigerposition) und `SEEK_END` (= Dateiende), die in `stdio.h` definiert sind. Für eine Datei, die im Binärmodus geöffnet ist, kann man die Parameterwerte frei wählen. Bei einer Datei, die im Textmodus geöffnet ist, muss `offset` entweder 0 sein oder ein Wert, der zuvor von einem `ftell()`-Aufruf geliefert wurde. Der `ftell()`-Wert darf aber nur benutzt werden, wenn `whence` gleich `SEEK_SET` ist.

Die beiden Beispiele demonstrieren die Verwendung von `fseek()` für eine Datei im Binärmodus:

- `fseek(fp,1L,SEEK_SET)` setzt den Positionszeiger auf das zweite Byte der Datei (das erste Byte hat den Offset 0!).
- `fseek(fp,10L,SEEK_CUR)` setzt den Positionszeiger von der aktuellen Position um zehn Bytes weiter.

`fseek()` gibt eine 0 zurück, wenn kein Fehler aufgetreten ist, und einen Wert ungleich 0 im Fehlerfall.

Neben `fseek()` gibt es auch die Funktion `fsetpos()`, die eine ähnliche Funktionalität bietet.

- `void rewind(FILE *stream)` setzt den Positionszeiger auf den Dateianfang, also auf das Byte mit der Positionsnummer 0.

 Bei einer Datei, die zum Anhängen geöffnet wurde (→ 7.3.1) finden alle Schreiboperationen am Ende der Datei statt – unabhängig vom Wert des Positionszeigers.

Das folgende Programm ist ein Anwendungsbeispiel für wahlfreie Dateizugriffe. Es speichert zunächst eine Folge von Strukturen binär in einer Datei ab und liest dann einzelne Strukturen wieder ein:

```
#include <stdio.h>
int main(void) {
  int size;
  FILE *fp;
  struct angestellten_info {
    char   name[41];
    int    personalnummer;
    float  gehalt;
  } a;
```

```
/* size = Größe einer Struktur */
size = sizeof(struct angestellten_info);
/* Initialisierung der Datei mit 20 Strukturwerten */
fp = fopen("datei","w+b");
for (int i=0; i<20; i++) {
 a.personalnummer = ...; a.gehalt = ...; strcpy(a.name,"...");
 fwrite(&a,size,1,fp);
}
/* Zurücksetzen zum Dateianfang
   und Einlesen des ersten Eintrags */
rewind(fp);
fread(&a,size,1,fp);
/* Setzen auf den Eintrag Nr. 3 (= vierter Eintrag ab
   Dateianfang) und Einlesen */
fseek(fp,3*size,SEEK_SET);
fread(&a,size,1,fp);
/* Überspringen von zwei Einträgen
   und Einlesen des darauf folgenden Eintrags */
fseek(fp,2*size,SEEK_CUR);
fread(&a,size,1,fp);
/* Zurücksetzen um zwei Einträge und Einlesen */
fseek(fp,-2*size,SEEK_CUR);
fread(&a,size,1,fp);
/* Setzen auf den letzten Eintrag und Einlesen */
fseek(fp,-size,SEEK_END);
fread(&a,size,1,fp);
fclose(fp);
return 0; }
```

7.3.7 Spezielle Funktionen

- `int feof(FILE *stream)` prüft, ob das Ende einer Datei erreicht ist. Ist das der Fall, so liefert die Funktion einen Wert ungleich 0 zurück (also „wahr"), sonst eine 0 (also „falsch"). `feof()` greift auf einen Eintrag in der Informationsstruktur des zugehörigen Stroms (→ 7.3.1) zurück.

- `int fflush(FILE *stream)` überträgt, sofern es auf eine für Schreiboperationen geöffnete Datei angewendet wird, den Inhalt des zugehörigen Puffers auf den Datenträger (vergleiche → Abbildung 7.5). Hierdurch werden die Daten gesichert: Gepufferte Daten, die noch nicht auf den Sekundärspeicher übertragen wurden, gehen bei einem Systemabsturz verloren. Beim Schließen der Datei durch `fclose()` und bei einem ordnungsgemäßen Ende der Programmausführung werden die Pufferinhalte automatisch gesichert, bei einem Programmabsturz jedoch nicht unbedingt.

  Der Rückgabewert von `fflush()` ist `EOF` im Fehlerfall und `0` sonst.

Auf vielen Systemen leert der Aufruf `fflush(stdin)` den Puffer der Standard-eingabe und „säubert" ihn damit für nachfolgende Eingaben (→ 7.2.2). Dieser Effekt ist aber nicht standardisiert: Der C-Standard besagt, dass `fflush()` undefinierte Auswirkungen hat, wenn es auf einen Eingabestrom angewendet wird. Sicherer ist es, den Puffer durch wiederholte `getchar()`-Aufrufe zu leeren:

```
char garbage;
do {
 garbage = getchar();
} while (garbage!='\n'&&garbage!='\r');
```

- `int ferror(FILE *stream)` prüft, ob in der Informationsstruktur eines
  Datenstroms (→ 7.3.1) das Auftreten eines Fehlers registriert wurde. Ist das
  der Fall, so liefert die Funktion einen Wert ungleich 0 zurück, sonst eine 0.

  `void perror(const char *s)` gibt die Zeichenkette s gefolgt von einem Text, der den aufgetretenen Fehler beschreibt, auf die Standardfehlerausgabe (→ 7.1.2) aus.

  `void clearerr(FILE *stream)` löscht das Fehler-Flag in der Informationsstruktur und ebenso das dortige Dateiende-Flag.

- `int setvbuf(FILE *stream, char *buf, int mode, size_t size)`
  beeinflusst das Pufferungsverhalten beim Zugriff auf eine geöffnete Datei.
  Der Parameter buf gibt den zu benutzenden Puffer an, also den Hauptspeicherbereich, in dem ein Ausschnitt der Datei zwischengespeichert wird (→ Abbildung 7.5). size nennt die Größe von buf. Der Parameter mode bestimmt, zu welchem Zeitpunkt Daten zwischen Puffer und Datei übertragen werden sollen. Für mode können die folgenden Konstantenwerte übergeben werden:

  - `_IONBF`: „not buffered" = Übertragung so bald wie möglich.

  - `_IOLBF`: „line buffered" = Übertragung beim Antreffen eines Zeilenvorschubs.

  - `_IOFBF`: „fully buffered" = Übertragung, wenn Puffer voll.

  `setvbuf()` muss unmittelbar nach dem Öffnen der Datei aufgerufen werden. Im Fehlerfall liefert die Funktion einen Wert ungleich 0 zurück, sonst eine 0.

  Mit Hilfe von `setvbuf()` kann man das Problem lösen, dass auf manchen Plattformen `printf()`-Ausgaben, die nicht durch einen Zeilenvorschub \n abgeschlossen sind, zunächst nicht auf dem Bildschirm erscheinen:

```
char buf[...];
setvbuf(stdout,buf,_IONBF,...);
...
printf("%d ",i);
printf("%d ",j)
...
```

7.4 Operationen auf dem Dateisystem

Schließlich bietet die C-Standardbibliothek Funktionen, die auf dem Dateisystem des ausführenden Computers arbeiten:

- `int remove(const char *filename)` entfernt den Dateinamen `filename` aus dem Dateisystem. Dies führt, je nach Betriebssystem und je nachdem, ob die Datei noch unter anderen Namen verzeichnet ist, zum Löschen der Datei. Der Rückgabewert ist 0 im Erfolgsfall und ein Wert ungleich 0 im Fehlerfall.

- `int rename(const char *old, const char *new)` benennt eine Datei namens `old` in `new` um, entfernt also den Dateinamen `old` aus dem Dateisystem und führt für die betreffende Datei den neuen Namen `new` ein. Der Rückgabewert ist 0 im Erfolgsfall und ein Wert ungleich 0 im Fehlerfall.

- `FILE *tmpfile(void)` erzeugt eine temporäre Datei, die bei einem nachfolgenden `fclose()`-Aufruf oder bei Programmende wieder automatisch gelöscht wird. Die Datei wird im Modus `w+b` geöffnet, erlaubt also binäre Lese- und Schreibzugriffe ($\to$ Tabelle 7.2). Der Rückgabewert ist ein Dateizeiger für die geöffnete Datei oder der Nullzeiger `NULL` im Fehlerfall.

7.5 Übungsaufgaben

1. Schreiben Sie ein Programm, das die Werte der Komponenten einer Struktur des Typs `angestellten_info` von der Tastatur einliest und sie dann formatiert auf den Bildschirm ausgibt:

   - Der Name soll linksbündig in einem Bereich von mindestens 15 Zeichen erscheinen; nicht benötigte Positionen sollen mit Leerzeichen aufgefüllt werden.

   - Die Personalnummer soll rechtsbündig in einem Bereich von acht Zeichen erscheinen; nicht benötigte Positionen sollen mit Leerzeichen aufgefüllt werden.

   - Das Gehalt soll mit zwei Nachpunktstellen und dem nachfolgenden Text „Euro" erscheinen.

2. Schreiben Sie ein Programm, das eine Zeichenkette von der Tastatur einliest und als Ganzes in eine Datei schreibt. Es soll dann die Zeichen aus der Datei einzeln wieder auslesen und auf den Bildschirm ausgeben, wobei nach jedem Zeichen ein Zeilenvorschub gemacht werden soll. Das Programm soll die Funktionen `scanf()` und `printf()` nicht benutzen.

3. Schreiben Sie ein Programm, das in zwei Dateien jeweils die Zeichenkette „Die natuerlichen Zahlen bis 2000000:" schreibt, gefolgt von den Zahlen von 1 bis 2000000. Die erste Datei soll im Textmodus beschrieben werden, die zweite im Binärmodus.

   - Öffnen Sie die Dateien mit einem Texteditor und vergleichen Sie die Inhalte.

   - Vergleichen Sie die Größen der Dateien.

4. Ändern Sie das Beispielprogramm zum wahlfreien Zugriff aus 7.3.6 wie folgt: Das Programm soll zunächst, wie gehabt, die Werte von zwanzig Strukturen (also zwanzig „Datensätze") in die Datei schreiben. Man soll dann die Möglichkeit haben, einen dieser Datensätze auszuwählen, ihn aus der Datei zu lesen und auf den Bildschirm auszugeben oder den Datensatz in der Datei mit neuen Werten zu überschreiben, die von der Tastatur eingelesen werden. Man soll diesen Vorgang beliebig oft wiederholen können.

Schnelleinstieg 8: Dynamische Datenstrukturen

Eine *dynamische Datenstruktur* speichert eine Sammlung von Daten, die im Verlauf der Programmausführung wachsen oder schrumpfen kann und oft in einer bestimmten Weise angeordnet ist. Dynamische Datenstrukturen lassen sich durch Graphen darstellen – typischerweise durch *einfach verkettete Listen*, *zyklisch doppelt verkettete Listen* oder *Binärbäume*:

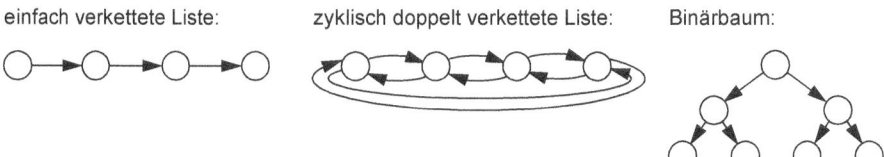

einfach verkettete Liste: zyklisch doppelt verkettete Liste: Binärbaum:

In C implementiert man eine dynamische Datenstruktur durch ein System von `structs`: Jedem Knoten des Graphen entspricht eine `struct`, jeder Kante von einem Knoten A zu einem Knoten B entspricht ein Zeiger in der `struct` für A, der auf die `struct` für B verweist. Die `struct`-Typen für Knoten der drei gezeigten Graphen können damit wie folgt definiert werden:

```
typedef struct listenknoten {
    ... Komponenten für die Dateneinträge des Knotens ...
    struct listenknoten *next;
} listenknoten;
typedef struct listenknoten_dop {
    ... Komponenten für die Dateneinträge ...
    struct listenknoten_dop *prev, *next;
} listenknoten_dop;
typedef struct binbaumknoten {
    ... Komponenten für die Dateneinträge ...
    struct binbaumknoten *li_sohn, *re_sohn;
} binbaumknoten;
```

Man fügt einen neuen Knoten in den Graphen ein, indem man durch `malloc()` eine neue `struct` erzeugt, ihr Dateneinträge zuweist und Zeiger zwischen ihr und bereits vorhandenen `structs` setzt. Ein Knoten wird gelöscht, indem seine `struct` aus der Verzeigerung herausgenommen und per `free()` wieder freigegeben wird. Die genaue Form dieser Operationen hängt davon ab, an welcher Stelle die `struct` eingefügt bzw. entfernt wird – beispielsweise am Anfang, am Ende oder in der Mitte einer Liste.

Mit Hilfe dieser Listen- und Baum-Implementierungen können in einem C-Programm Daten geordnet abgelegt und dynamisch geändert werden, beispielsweise als *Queues* oder *Stacks* bzw. als *Suchbäume*. Eine Erweiterung auf *Hashtabellen* ist durch Arrays mit mehreren Listen möglich. Ungeordnete *Datenmengen* können entweder durch Listen oder durch *Bitmaps*, also Muster aus Nullen und Einsen, realisiert werden.

8 Dynamische Datenstrukturen

Eine dynamische Datenstruktur speichert eine Sammlung von Daten, die in einer bestimmten Weise angeordnet sind. Ein Beispiel ist eine Folge von Werten in einer linearen Liste. Die Datenstruktur kann dynamisch wachsen und schrumpfen, indem Daten hinzugefügt oder gelöscht werden. Dynamische Datenstrukturen treten in vielen Anwendungsbereichen auf, so dass es wichtig ist zu wissen, wie man sie korrekt und effizient implementiert. Dieses Kapitel gibt eine Übersicht über die Realisierung der wichtigsten dynamischen Datenstrukturen in C – nämlich Listen, Bäume, Hashtabellen und Mengen einschließlich der zugehörigen Algorithmen zum Einfügen, Löschen, Durchlaufen und Suchen von Einträgen.

8.1 Dynamische Datenhaltung in Java und in C

Mit Java kann man dynamische Datenstrukturen leicht realisieren, indem man die Schnittstellen (*Interfaces*) `Collection` und `Map` sowie die davon abgeleiteten Klassen und Schnittstellen nutzt. Man kann damit Daten auf unterschiedliche Weise organisieren, zum Beispiel als sortierte Liste in einem `SortedSet` oder als Last-In-First-Out-Struktur in einem `Stack`. Java stellt Operationen bereit, mit denen man Datenstrukturen erzeugen, löschen und durchlaufen sowie Daten hinzufügen und entfernen kann. Bei der Java-Programmierung muss man sich also um viele Implementierungsdetails nicht selbst kümmern.

In C hat man es leider nicht so bequem, denn die C-Standardbibliothek definiert keine Funktionen für dynamische Datenstrukturen. Man muss also entsprechende Datentypen und Funktionen selbst ausprogrammieren, kann sie dann allerdings in Header-Dateien und Funktionsbibliotheken zusammenfassen und sie später bei Bedarf zu Programmen hinzubinden (→ 2.2). (Alternativ kann man natürlich im Internet nach entsprechenden Bibliotheken suchen und diese verwenden, wobei aber Fragen des Urheberrechts zu beachten sind.)

Möchte man eine dynamische Datenstruktur in C realisieren, so modelliert man sie häufig durch einen Graphen mit Knoten und Kanten (→ Abbildung 8.1): Die Knoten entsprechen den einzelnen Datenelementen, die Kanten den Beziehungen zwischen den Elementen, also ihrer Anordnung zueinander. Ein solcher Graph kann dann nach dem folgenden Schema implementiert werden:

- Ein Knoten wird durch eine C-Struktur (`struct`, → 4.4) realisiert, deren Komponenten die Daten des Knotens speichern.

- Eine Kante wird durch einen Zeiger von einer C-Struktur auf eine C-Struktur desselben Typs realisiert (→ 5.5). Bei einer gerichteten Kante ist das ein Zeiger auf die Struktur, die dem Zielknoten der Kante entspricht; sie wird in der Struktur des Ausgangsknotens gespeichert. Ungerichtete Kanten kann man durch zwei solche Zeiger, die in entgegengesetzter Richtung verlaufen, darstellen (→ Abbildung 8.1).

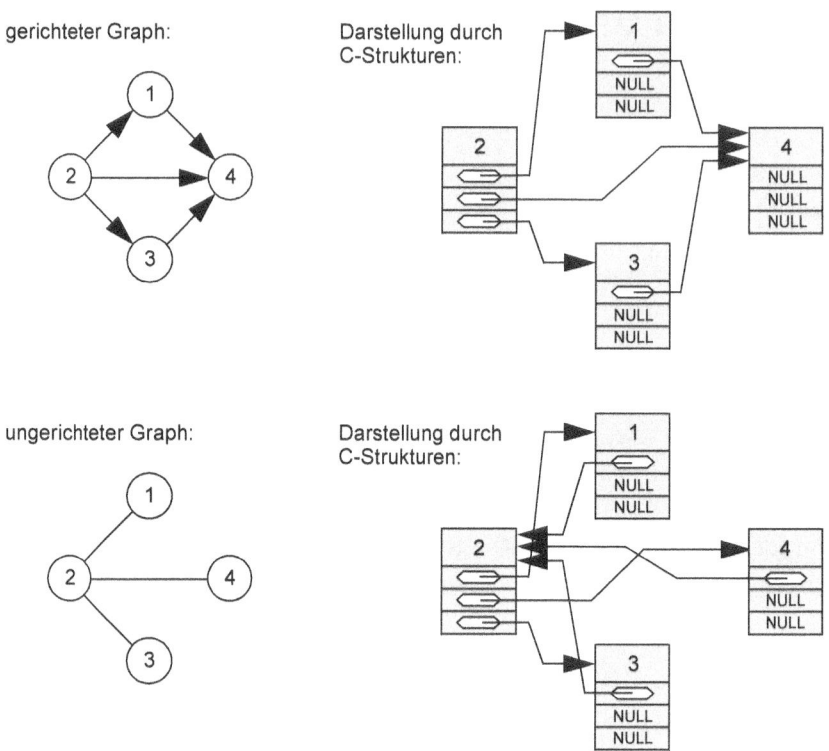

Abbildung 8.1 Zwei Graphen mit ihrer Realisierung durch Netze von C-Strukturen

8.2 Listen

8.2.1 Eigenschaften

Die einfachste Form eines zusammenhängenden Graphen ist die **lineare Liste**. In einer linearen Liste sind, beginnend am **Listenkopf**, die Knoten hintereinander angeordnet. Typische Operationen auf einer linearen Liste sind

- der Durchlauf durch alle Knoten,
- die Suche nach Knoten mit bestimmten Einträgen,
- das Einfügen eines neuen Knotens und
- das Entfernen eines bestimmten Knotens.

Der Graph einer linearen Liste ist entweder ungerichtet oder gerichtet, enthält also nur ungerichtete oder nur gerichtete Kanten (→ Abbildung 8.2). Im Fall von gerichteten Graphen unterscheidet man zwischen **einfach verketteten Listen**, bei denen die Kanten nur in der Richtung vom Listenkopf zum Listenende verlaufen, und **doppelt verketteten Listen**, bei denen benachbarte Knoten durch zwei Kanten in gegenläufiger Richtung verbunden sind.

ungerichtete Liste:

zyklisch einfach verkettete Liste:

einfach verkettete Liste:

zyklisch doppelt verkettete Liste:

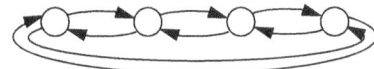

doppelt verkettete Liste:

Abbildung 8.2 Arten von Listen

Zudem kann man Listen **zyklisch verketten**, indem man zusätzliche Kanten zwischen Listenende und Listenkopf einführt.

Mit linearen Listen kann man spezielle Arten von Datenstrukturen in verschiedenen Anwendungsbereichen implementieren, insbesondere

- **Warteschlangen (Queues)** mit der Zugriffsreihenfolge „First In – First Out (FIFO)",
  beispielsweise in einem Betriebssystem zur Verwaltung wartender Aufträge,

- **Keller (Stacks)** mit der Zugriffsreihenfolge „Last In – First Out (LIFO)", wie sie beispielsweise zur Syntaxanalyse geschachtelter Klammerausdrücke benötigt werden, und

- **sortierte Datenmengen**, wie beispielsweise in einem Betriebssystem die Liste der freien Hauptspeicherbereiche (geordnet nach Anfangsadressen oder Größen) oder die Liste der Plattenblöcke, die zu einer Datei gehören.

8.2.2 Einfach verkettete Listen

8.2.2.1 Typ der Knoten

Die Knoten einer einfach verketteten Liste lassen sich in C durch einen Strukturtyp ($\to$ 4.4.2, $\to$ 4.6.2) spezifizieren. Eine Struktur eines solchen Typs enthält

- Komponenten für die Daten, die in dem Listenknoten gespeichert sind, und

- als weitere Komponente einen Zeiger auf den nächsten Knoten.

Das folgende Beispiel definiert einen Typ `listenknoten` für Listeneinträge, die jeweils einen Ganzzahlwert aufnehmen können:

```
typedef struct listenknoten {
  int wert;
  struct listenknoten *next;
} listenknoten;
```

Statt der `int`-Komponente könnten hier beliebig viele andere Komponenten mit beliebigen Typen vereinbart werden.

Eine konkrete Liste wird in einer Zeigervariablen dieses Typs verankert:

```
listenknoten *kopf = NULL;
```

Eine solche Variable wird in den folgenden Programmbeispielen jeweils als „Listenkopf"
oder „Kopf der Liste" bezeichnet. Ist die Liste leer (wie hier zu Beginn ihrer Existenz), so
steht in `kopf` der Nullzeiger `NULL`. Ist sie nicht leer, so zeigt `kopf` auf die erste Struktur in
der Liste (also den ersten Listenknoten), diese verweist auf die zweite und so weiter. Die
`next`-Komponente der letzten Struktur enthält den Nullzeiger:

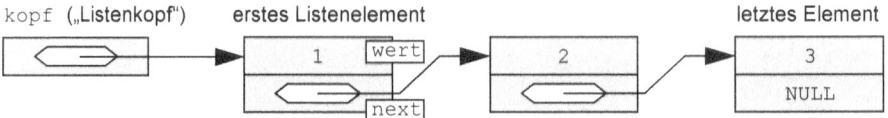

Abbildung 8.3 Einfach verkettete Liste aus C-Strukturen

 Beim Programmieren muss man darauf achten, dem `next`-Eintrag der jeweils letzten Struktur (oder, bei leerer Liste, dem Listenkopf) den Nullzeiger `NULL` explizit
zuzuweisen. Operationen, die die Liste durchlaufen (→ 8.2.2.2, → 8.2.2.3), nehmen diesen Nullzeiger als „Stoppzeichen"; fehlt er, kommt es zu Fehlern, wenn das
Ende der Liste erreicht wird. Man sollte also den Kopf gleich bei seiner Definition
mit `NULL` vorsetzen (wie oben geschehen) und bei der Erzeugung einer neuen
Struktur ihrer `next`-Komponente unmittelbar `NULL` zuweisen (→ 8.2.2.4).

 Beim Programmieren mit Listen (und generell mit dynamischen Datenstrukturen)
macht man leicht Fehler, indem man die Übersicht verliert. Wenn man sich unsi-
cher ist, sollte man daher Skizzen machen (ähnlich den Abbildungen in diesem Kapitel) und die Operationen des Programms daran Schritt für Schritt nachvollziehen.

8.2.2.2 Durchlaufen einer Liste

Beim Durchlaufen einer Liste wird jeder Knoten genau einmal „besucht" und zwar in der
Reihenfolge von vorn nach hinten. Die folgende Funktion durchläuft die Liste, um ihre Einträge auf den Bildschirm auszugeben:

```
void durchlaufen(listenknoten *kopf) {
  listenknoten *laufzeiger;
  laufzeiger = kopf;
  while (laufzeiger!=NULL) {
   printf("%d ",laufzeiger->wert);
   laufzeiger = laufzeiger->next;
  }
  printf("\n");
}
```

In der Funktion wird der Variablen `laufzeiger` zunächst der Wert von `kopf` zugewiesen;
`laufzeiger` zeigt also zuerst auf den ersten Knoten der Liste (→ Abbildung 8.4). Anschließend wird `laufzeiger` in einer Schleife schrittweise über die Knoten verschoben,
was durch die Zuweisung `laufzeiger=laufzeiger->next` erreicht wird. Die Schleife
wird verlassen, wenn der Nullzeiger in der `next`-Komponente des letzten Knotens erreicht
ist (`laufzeiger==NULL`, vergleiche → Abbildung 8.3).

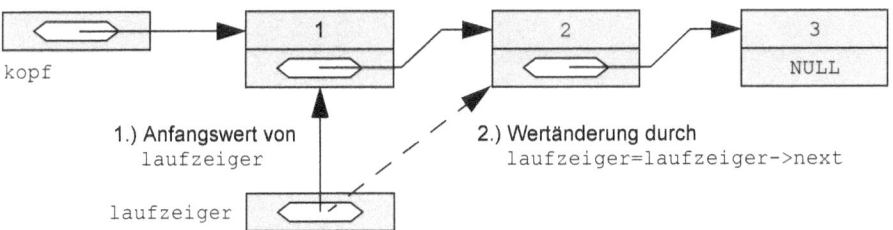

Abbildung 8.4 Einfach verkettete Liste – Durchlaufen

8.2.2.3 Suchen von Einträgen

Die Funktion suchen() sucht nach einem Knoten mit einem bestimmten Wert:

```
listenknoten *suchen(listenknoten *kopf, int gesuchter_wert) {
 listenknoten *laufzeiger;
 laufzeiger = kopf;
 while ((laufzeiger!=NULL)
            && (laufzeiger->wert!=gesuchter_wert))
  laufzeiger = laufzeiger->next;
 return laufzeiger;
}
```

suchen() hat dieselbe Struktur wie durchlaufen() (→ 8.2.2.2), verlässt die Schleife aber schon dann, wenn ein Knoten mit dem gesuchten Wert gefunden wurde. Sie liefert als Rückgabewert einen Zeiger auf diesen Knoten. Erreicht der Laufzeiger das Ende der Liste, ohne dass ein passender Knoten angetroffen wurde, so ist der Rückgabewert NULL.

8.2.2.4 Einfügen von Knoten

Will man in eine Liste einen neuen Knoten einfügen, so muss man zunächst eine entsprechende Struktur dynamisch erzeugen (→ 5.4, → 5.5.2) und vorbesetzen:

```
listenknoten *neu;
...
neu = (listenknoten *) malloc(sizeof(listenknoten));
neu->wert = ...;
neu->next = NULL;
```

Der neue Knoten kann dann als neuer Listenkopf, nach einem bestimmten Knoten oder am Ende der Liste eingefügt werden. Hierzu dienen die folgenden drei Funktionen:

- Einfügen als neuer Listenkopf:

```
int einfuegen_kopf(listenknoten **zkopf,
                   listenknoten *einzufueg) {
 if ((einzufueg==NULL)||(kopf==NULL))
  return -1;
 einzufueg->next = *zkopf;
 *zkopf = einzufueg;
 return 0;
}
```

Der Listenkopf, also die Variable `kopf` (oder eine entsprechende Variable) der aufrufenden Funktion, muss per Referenzaufruf (→ 6.3.2.2) übergeben werden, da sich ihr Wert durch das Einfügen ändern soll. Hierzu dient der Parameter `zkopf` (= Zeiger auf `kopf`). Der Parameter `einzufueg` zeigt auf den einzufügenden Knoten. Das Einfügen selbst geschieht durch Einketten von `*einzufueg` (also der Struktur, auf die der Zeiger `einzufueg` verweist, → 5.2.2, → 5.5) in die Zeigerfolge der Liste:

Zustand unmittelbar nach Aufruf von `einfuegen_kopf()`:

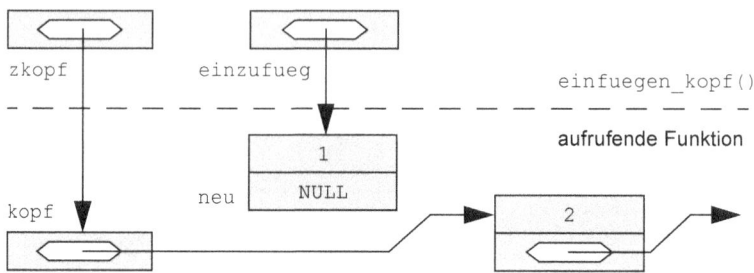

Zustand unmittelbar vor Rückkehr aus `einfuegen_kopf()`:

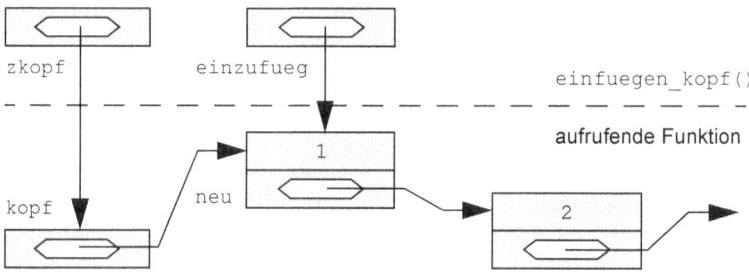

Abbildung 8.5 Einfach verkettete Liste – Einfügen eines neuen Kopfs

Abbildung 8.5 zeigt die Vorgehensweise, insbesondere die Zuordnung der Zeigervariablen und Strukturen zur Funktion `einfuegen_kopf()` und zu der Funktion, die sie aufruft: Die Liste und der neu einzufügende Knoten sind „Objekte" der aufrufenden Funktion (unterhalb der gestrichelten Linie); `einfuegen_kopf()` greift über Zeiger darauf zu (oberhalb der gestrichelten Linie).

`einfuegen_kopf()` arbeitet auch dann korrekt, wenn die Liste leer ist, die Variable `kopf` der aufrufenden Funktion also den Wert `NULL` hat. Im Fehlerfall (Übergabe eines Nullzeigers) liefert die Funktion `-1` zurück, sonst `0`.

*   Einfügen nach einem bestimmten Knoten:

```
int einfuegen_nach(listenknoten *nachdiesem,
                   listenknoten *einzufueg) {
 if ((nachdiesem==NULL)||(einzufueg==NULL))
  return -1;
 einzufueg->next = nachdiesem->next;
```

```
nachdiesem->next = einzufueg;
return 0;
}
```

Der Parameter `einzufueg` zeigt auf den einzufügenden Knoten; `nachdiesem` ist der Knoten, hinter dem `einzufueg` eingefügt werden soll. Das Einfügen geschieht nach demselben Prinzip wie bei `einfuegen_kopf()`, also durch Einketten von `*einzufueg`: Der bisherige Nachfolger von `*nachdiesem` wird Nachfolger von `*einzufueg`, `*einzufueg` selbst wird Nachfolger von `*nachdiesem`.

Im Fehlerfall (Übergabe eines Nullzeigers) liefert die Funktion -1 zurück, sonst 0. Vorausgesetzt wird, dass `*nachdiesem` überhaupt in eine Liste eingekettet ist; ist das nicht der Fall, arbeitet die Funktion nicht korrekt.

- Einfügen an das Listenende:

```
int einfuegen_ende(listenknoten **zkopf,
                   listenknoten *einzufueg) {
 listenknoten *ende;
 if ((einzufueg==NULL)||(zkopf==NULL))
  return -1;
 if (*zkopf==NULL) {
    einzufueg->next = NULL;
    *zkopf = einzufueg;
   }
  else {
    ende = *zkopf;
    while (ende->next!=NULL)
     ende = ende->next;
    einfuegen_nach(ende,einzufueg);
   }
 return 0;
}
```

Die Funktion berücksichtigt explizit den Fall, dass die Liste leer ist (`*zkopf==NULL`). Dann wird `*einzufueg`, ohne Nachfolger, zum neuen Kopf der Liste. Ist die Liste nicht leer, so wird der Hilfszeiger `ende` schrittweise vom Kopf über die einzelnen Knoten verschoben, bis das Ende der Liste, also ihr letzter Knoten, erreicht ist. Dort wird `*einzufueg` mit Hilfe der Funktion `einfuegen_nach()` angehängt.

Auch diese Funktion liefert im Fehlerfall eine -1 zurück und bei erfolgreicher Ausführung eine 0.

 Offensichtlich ist es recht zeitaufwendig, das Ende einer einfach verketteten Liste zu finden. Muss man oft auf das Ende zugreifen, kann es sich lohnen, im Hauptprogramm (oder allgemein in der rufenden Funktion) neben der Variablen `kopf` eine Variable `ende` zu führen, die stets auf den letzten Knoten der Liste verweist. Alternativ kann man zyklisch doppelt verkettete Listen verwenden, bei denen man direkt vom Kopf an das Ende der Liste kommt (→ 8.2.3).

8.2.2.5 Entfernen von Knoten

Auch beim Entfernen eines Knotens aus einer Liste werden drei Fälle unterschieden:

- Entfernen des bisherigen Listenkopfs:

```
listenknoten *entfernen_kopf(listenknoten **zkopf) {
  listenknoten *kopf_alt;
  if ((zkopf==NULL)||(*zkopf==NULL))
    return NULL;
  kopf_alt = *zkopf;
  *zkopf = (*zkopf)->next;
  return kopf_alt;
}
```

Wie beim Einfügen (→ 8.2.2.4) wird der Listenkopf per Referenzaufruf übergeben, da sich sein Wert durch die Ausführung der Funktion ändern soll. Das Ausfügen geschieht durch Ausketten der bisherigen ersten Struktur aus der Zeigerfolge der Liste (→ Abbildung 8.6).

Zustand unmittelbar nach Aufruf von entfernen_kopf():

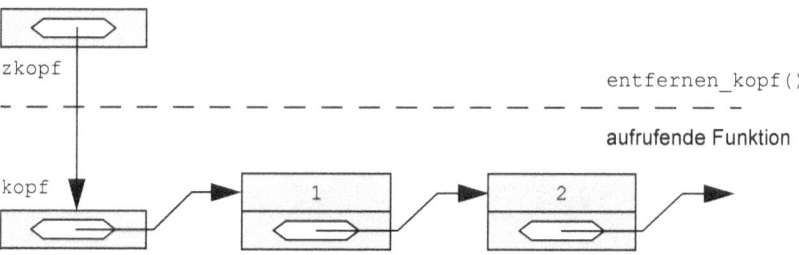

Zustand unmittelbar vor Rückkehr aus entfernen_kopf():

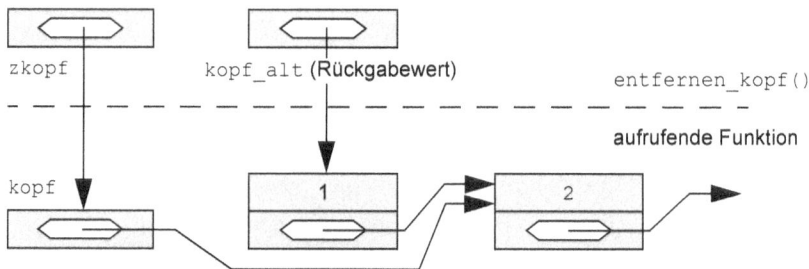

Abbildung 8.6 Einfach verkettete Liste – Entfernen des Kopfs

Im Fehlerfall (Übergabe eines Nullzeigers an zkopf) oder bei einer bereits leeren Liste (*zkopf==NULL) liefert die Funktion NULL zurück, sonst einen Zeiger auf den ausgefügten Kopfknoten (Hilfsvariable kopf_alt). Der ausgefügte Knoten enthält noch einen Zeiger auf seinen bisherigen Nachfolger; für die Verkettung der Liste selbst hat dies aber keine Bedeutung (→ Abbildung 8.6). Er kann durch die aufrufende Funktion per free() gelöscht oder anderweitig verwendet werden.

• Entfernen des Knotens am Listenende:

```
listenknoten *entfernen_ende(listenknoten **zkopf) {
 listenknoten *vor_ende, *ende;
 if ((zkopf==NULL)||(*zkopf==NULL))
  return NULL;
 if ((*zkopf)->next==NULL) {
  ende = *zkopf;
  *zkopf = NULL;
  return ende;}
 vor_ende = *zkopf;
 while (vor_ende->next->next!=NULL)
  vor_ende = vor_ende->next;
 ende = vor_ende->next;
 vor_ende->next = NULL;
 return ende;
}
```

Die Funktion berücksichtigt verschiedene Fälle: Bei einem Fehler (Übergabe eines Nullzeigers an `kopf`) oder einer bereits leeren Liste liefert sie sofort NULL zurück. Enthält die Liste nur einen einzigen Knoten (`(*zkopf)->next==NULL`) und ist somit der Listenkopf gleichzeitig das Listenende, so wird dieser Knoten entfernt und ein Zeiger darauf zurückgeliefert (siehe auch Funktion `entfernen_kopf()`). Besitzt die Liste mindestens zwei Knoten, so wird zunächst ein Hilfszeiger `vor_ende` vom Kopf aus schrittweise bis zum vorletzten Listenknoten verschoben:

Zustand bei Erreichen des vorletzten Knotens:

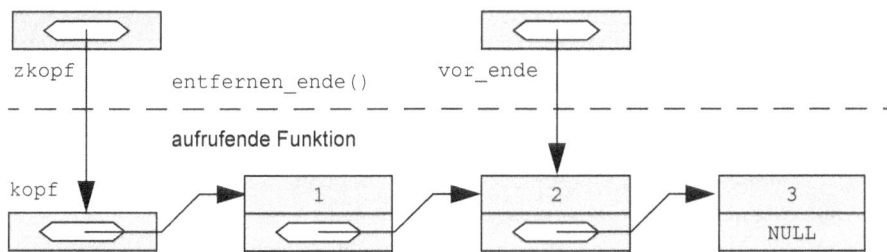

Zustand unmittelbar vor Rückkehr aus `entfernen_ende()`:

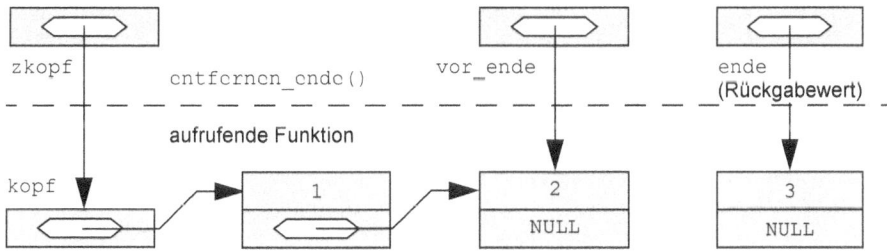

Abbildung 8.7 Einfach verkettete Liste – Entfernen des letzten Knotens

Anschließend wird der Komponenten `vor_ende->next` der Wert `NULL` zugewiesen, `*vor_ende` wird also zum neuen Listenende. Zuvor hat die Funktion in der Variablen `ende` einen Zeiger auf den bisherigen Endknoten gespeichert und liefert ihn als Funktionswert zurück.

- Entfernen eines bestimmten Knotens:

```
listenknoten *entfernen(listenknoten **zkopf,
                        listenknoten *auszufueg) {
 listenknoten *vor_auszufueg;
 if ((auszufueg==NULL)||(zkopf==NULL)||(*zkopf==NULL))
  return NULL;
 if (auszufueg==*zkopf) {
  *zkopf = (*zkopf)->next;
  return auszufueg;
 }
 vor_auszufueg = *zkopf;
 while (vor_auszufueg->next!=auszufueg) {
  if (vor_auszufueg->next == NULL)
   return NULL;
  vor_auszufueg = vor_auszufueg->next;
 }
 vor_auszufueg->next = auszufueg->next;
 return auszufueg;
}
```

Die Funktion erhält, neben einem Zeiger `zkopf` auf den Listenkopf, einen Zeiger `auszufueg` auf den auszufügenden Knoten. Wieder ist der Rückgabewert `NULL`, wenn ein Nullzeiger übergeben wurde oder die Liste bereits leer ist. Steht der auszufügende Knoten am Anfang der Liste (`auszufueg==*zkopf`), so wird sein Nachfolger zum neuen Listenkopf gemacht und ein Zeiger auf den ausgefügten Knoten zurückgeliefert (siehe auch Funktion `entfernen_kopf()`). Sonst wird ein Hilfszeiger `vor_auszufueg` vom Kopf aus so weit verschoben, bis er auf den Vorgänger des auszufügenden Knotens zeigt (→ Abbildung 8.8). `vor_auszufueg->next` wird dann der Wert `auszufueg->next` zugewiesen: `*vor_auszufueg` hat also nicht mehr `*auszufueg` als Nachfolger, sondern *dessen* Nachfolger, so dass `*auszufueg` nicht mehr in die Liste eingekettet ist. Die Funktion liefert einen Zeiger auf den entfernten Knoten zurück. Erreicht `vor_auszufueg` das Ende der Liste, ohne den auszufügenden Knoten zu finden, so wird als Funktionswert `NULL` geliefert.

Die drei Funktionen entfernen einen Knoten (genauer: seine C-Struktur) zwar aus der Liste, löschen die Struktur aber nicht. Die aufrufende Funktion kann also über die Struktur weiter verfügen oder sie selbst durch `free()` löschen.

Offensichtlich ist das Entfernen eines Knotens aus einer einfach verketteten Liste zeitaufwendig, da stets vom Listenanfang aus nach dem Vorgänger des Knotens gesucht werden muss. Aus einer doppelt verketteten Liste kann ein Knoten einfacher entfernt werden, da er einen direkten Verweis auf seinen Vorgänger enthält (→ 8.2.3.5).

Zustand bei Erreichen des Knotens, der vor dem zu entfernenden Knoten steht:

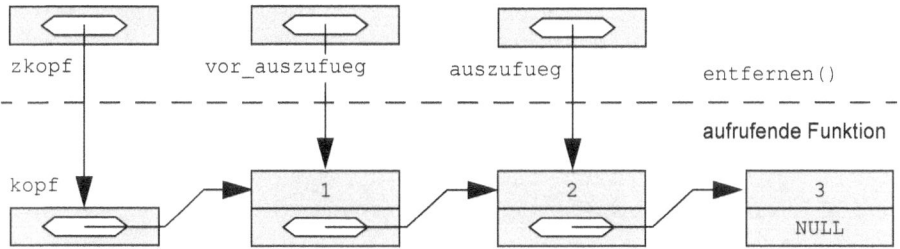

Zustand unmittelbar vor Rückkehr aus `entfernen()`:

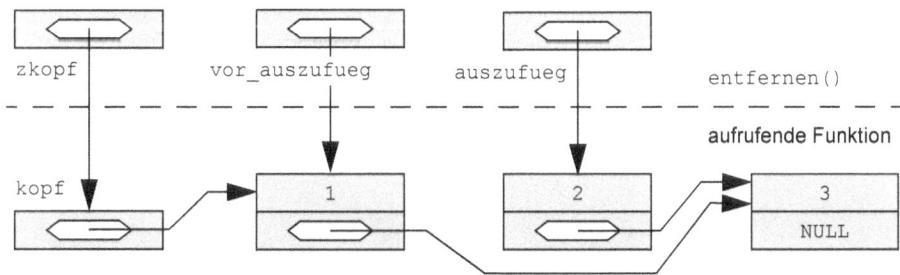

Abbildung 8.8 Einfach verkettete Liste – Entfernen eines bestimmten Knotens

8.2.3 Doppelt verkettete Listen

8.2.3.1 Typ der Knoten

Der Typ für Knoten einer doppelt verketteten Liste ist eine einfache Erweiterung des Typs für einfach verkettete Listen (→ 8.2.2.1):

```
typedef struct listenknoten_dop {
    int wert;
    struct listenknoten_dop *next;
    struct listenknoten_dop *prev;
} listenknoten_dop;
```

„prev" ist die Abkürzung für „previous" (= vorangehend). Statt „prev" und „next" werden oft auch die Namen „pred" (= predecessor = Vorgänger) und „succ" (= successor = Nachfolger) verwendet. Anstelle der `int`-Komponente könnten natürlich auch hier beliebig viele andere Komponenten mit beliebigen Typen vereinbart werden.

Eine konkrete Liste wird wieder in einer Zeigervariablen des Knotentyps verankert:

```
listenknoten_dop *kopf_dop = NULL;
```

Eine leere Liste wird also auch hier durch den Nullzeiger angezeigt. Bei einer nichtleeren Liste enthält der letzte Knoten jedoch keinen Nullzeiger, sondern seine `next`-Komponente verweist zurück auf den Listenanfang. Analog verweist die `prev`-Komponente des ersten Knotens auf das Listenende. Die Liste ist also zyklisch verkettet (→ Abbildung 8.9).

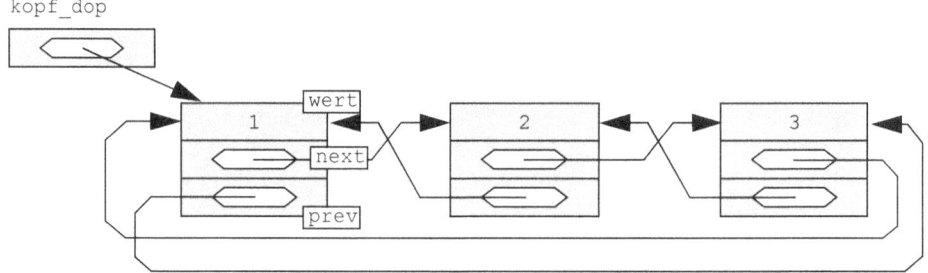

Abbildung 8.9 Zyklisch doppelt verkettete Liste aus C-Strukturen

8.2.3.2 Durchlaufen einer Liste

Die folgende Funktion durchläuft eine doppelt verkettete Liste und gibt dabei alle ihre Einträge auf den Bildschirm aus:

```
void durchlaufen_dop(listenknoten_dop *kopf) {
 listenknoten_dop *laufzeiger;
 if (kopf==NULL) return;
 laufzeiger = kopf;
 do {
  printf("%d ",laufzeiger->wert);
  laufzeiger = laufzeiger->next;
 } while (laufzeiger!=kopf);
 printf("\n");
}
```

Die Funktion arbeitet ähnlich wie ihr Gegenstück für einfach verkettete Listen (→ 8.2.2.2). Allerdings endet die Funktion hier nicht, wenn ein Nullzeiger erreicht wurde, sondern wenn der Durchlauf aufgrund der zyklischen Verkettung zum Listenanfang zurückkehrt.

8.2.3.3 Suchen von Einträgen

Die Funktion `suchen_dop()` sucht nach einem Knoten mit einem bestimmten Wert:

```
listenknoten_dop *suchen_dop(listenknoten_dop *kopf,
                                  int gesuchter_wert) {
 listenknoten_dop *laufzeiger;
 if (kopf==NULL)
   return NULL;
 laufzeiger = kopf;
 while ((laufzeiger->next!=kopf)
          &&(laufzeiger->wert!=gesuchter_wert))
   laufzeiger = laufzeiger->next;
 if (laufzeiger->wert==gesuchter_wert)
   return laufzeiger;
  else return NULL;
}
```

Sie arbeitet analog zur Funktion `suchen()` für einfach verkettete Listen (→ 8.2.2.3).

8.2.3.4 Einfügen von Knoten

Für einen Knoten, der neu in eine doppelt verkettete Liste eingefügt werden soll, muss zunächst eine Struktur dynamisch erzeugt und vorbesetzt werden:

```
listenknoten_dop neu;
...
neu = (listenknoten_dop *) malloc(sizeof(listenknoten_dop));
neu->wert = ...;
neu->next = neu->prev = NULL;
```

Der neue Knoten kann dann als neuer Listenkopf, nach einem bestimmten Knoten oder am Ende der Liste eingefügt werden. Hierzu dienen die folgenden drei Funktionen:

- Einfügen als neuer Listenkopf:

```
int einfuegen_kopf_dop(listenknoten_dop **zkopf,
                       listenknoten_dop *einzufueg) {
 if ((einzufueg==NULL)||(zkopf==NULL))
  return -1;
 if (*zkopf==NULL) {
    *zkopf = einzufueg;
    (*zkopf)->next = (*zkopf)->prev = *zkopf;
   }
  else {
    einzufueg->next = *zkopf;
    einzufueg->prev = (*zkopf)->prev;
    einzufueg->prev->next = einzufueg;
    einzufueg->next->prev = einzufueg;
    *zkopf = einzufueg;
   }
 return 0;
}
```

Parameter und Rückgabewert der Funktion sind dieselben wie bei der Einfügefunktion `einfuegen_kopf()` für einfach verkettete Listen (→ 8.2.2.4): Übergeben werden Zeiger auf den Kopf der Liste und den einzufügenden Knoten; zurückgeliefert wird 0 bei fehlerfreier Ausführung und −1 im Fehlerfall. Beim Einketten selbst wird berücksichtigt, dass die Liste hier zyklisch doppelt verkettet ist: War die Liste bislang leer, so wird der einzufügende Knoten zum einzigen Listeneintrag und damit zu seinem eigenen Vorgänger und Nachfolger (→ Abbildung 8.10). Bei einer nichtleeren Liste wird der neue Knoten wie in Abbildung 8.10 gezeigt in die Liste eingekettet. Er wird zudem zum ersten Knoten der Liste, da `*zkopf` (also `kopf_dop` in der aufrufenden Funktion) anschließend auf ihn verweist.

- Einfügen nach einem bestimmten Knoten:

```
int einfuegen_nach_dop(listenknoten_dop *nachdiesem,
                       listenknoten_dop *einzufueg) {
 if ((nachdiesem==NULL)||(einzufueg==NULL))
  return -1;
 einzufueg->next = nachdiesem->next;
 einzufueg->prev = nachdiesem;
```

Nach dem Einfügen in eine vorher leere Liste:

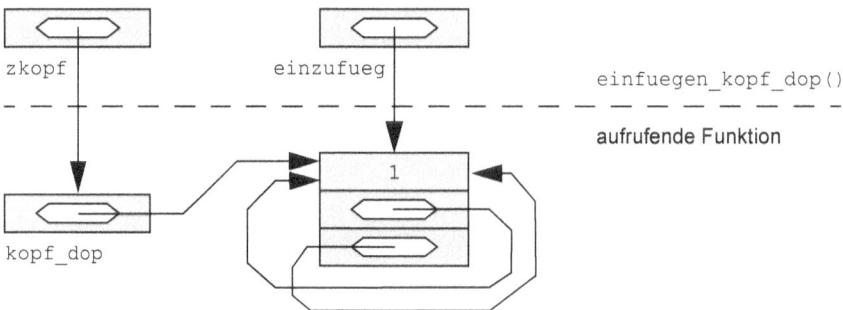

Nach dem Einfügen in eine nichtleere Liste:

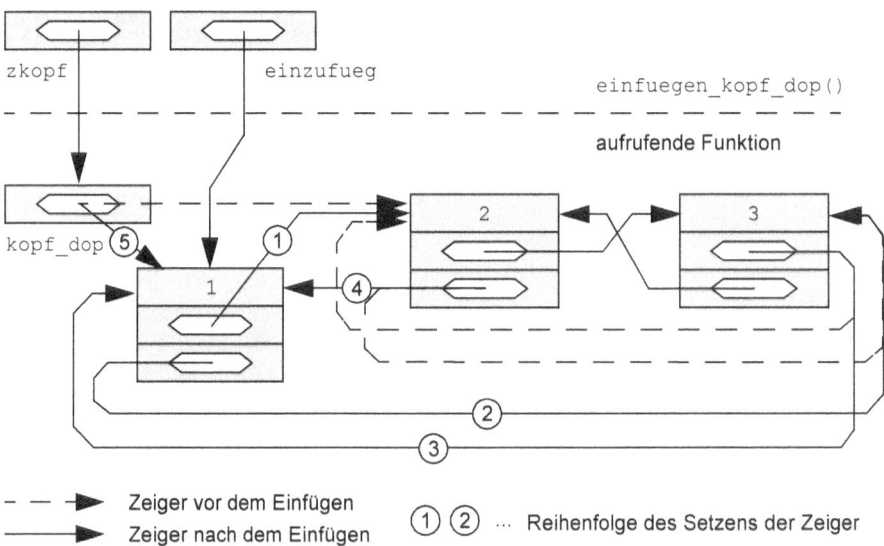

- - - ▶ Zeiger vor dem Einfügen
———▶ Zeiger nach dem Einfügen   ①② ··· Reihenfolge des Setzens der Zeiger

Abbildung 8.10 Zyklisch doppelt verkettete Liste – Einfügen eines neuen Kopfs

```
nachdiesem->next = einzufueg;
einzufueg->next->prev = einzufueg;
return 0;
}
```

Der Parameter `einzufueg` zeigt auf den einzufügenden Knoten; `nachdiesem` ist der Knoten, hinter dem `einzufueg` eingefügt werden soll. Das Einfügen geschieht nach demselben Prinzip wie bei `einfuegen_kopf()`, also durch Einketten von `*einzufueg` in die Verzeigerung der Liste (vergleiche → Abbildung 8.10). Im Fehlerfall (Übergabe eines Nullzeigers) liefert die Funktion -1 zurück, sonst 0. Vorausgesetzt wird, dass `*nachdiesem` überhaupt in eine Liste eingekettet ist; ist das nicht der Fall, so arbeitet die Funktion nicht korrekt.

- Einfügen an das Listenende:

```
int einfuegen_ende_dop(listenknoten_dop **zkopf,
                       listenknoten_dop *einzufueg) {
 if ((einzufueg==NULL)||(kopf==NULL))
  return -1;
 if (*zkopf==NULL) {
    *zkopf = einzufueg;
    (*zkopf)->next = (*zkopf)->prev = *zkopf;
  }
  else
   einfuegen_nach_dop((*zkopf)->prev,einzufueg);
 return 0;
}
```

War die Liste bislang leer, so geschieht dasselbe wie bei `einfuegen_kopf_dop()` (→ Abbildung 8.10): Der einzufügende Knoten wird zum einzigen Listeneintrag und damit zu seinem eigenen Vorgänger und Nachfolger. Ist die Liste nicht leer, so wird der Knoten nach dem bislang letzten Knoten (nämlich `(*zkopf)->prev`) eingefügt.

8.2.3.5 Entfernen von Knoten

Mit den folgenden Funktionen kann ein Knoten aus einer Liste entfernt werden:

- Entfernen des bisherigen Listenkopfs:

```
listenknoten_dop *entfernen_kopf_dop
                            (listenknoten_dop **zkopf) {
 listenknoten_dop *kopf_alt;
 if ((zkopf==NULL)||(*zkopf==NULL))
  return NULL;
 kopf_alt = *zkopf;
 if (*zkopf==(*zkopf)->next) {
   *zkopf = NULL;
   return kopf_alt; }
 *zkopf = (*zkopf)->next;
 (*zkopf)->prev = kopf_alt->prev;
 (*zkopf)->prev->next = *zkopf;
 return kopf_alt;
}
```

Parameter und Rückgabewert der Funktion sind dieselben wie bei der Funktion `entfernen_kopf()` für einfach verkettete Listen (→ 8.2.2.5): Übergeben wird per Referenzaufruf der Kopf der Liste, zurückgeliefert wird ein Zeiger auf den entfernten Kopfknoten oder NULL im Fehlerfall. Besteht die Liste nur aus einem einzigen Knoten, ist also der Kopf (aufgrund der zyklischen Verkettung) sein eigener Nachfolger, so wird die Liste durch das Entfernen leer. Ansonsten wird der bisher zweite Knoten zum neuen Listenkopf gemacht und der bisherige Kopfknoten aus der Verkettung entfernt (→ Abbildung 8.11). Der bisherige Kopf enthält dann zwar noch Zeiger auf seinen vormaligen Vorgänger und Nachfolger; für die Verkettung der Liste selbst ist das aber ohne Bedeutung.

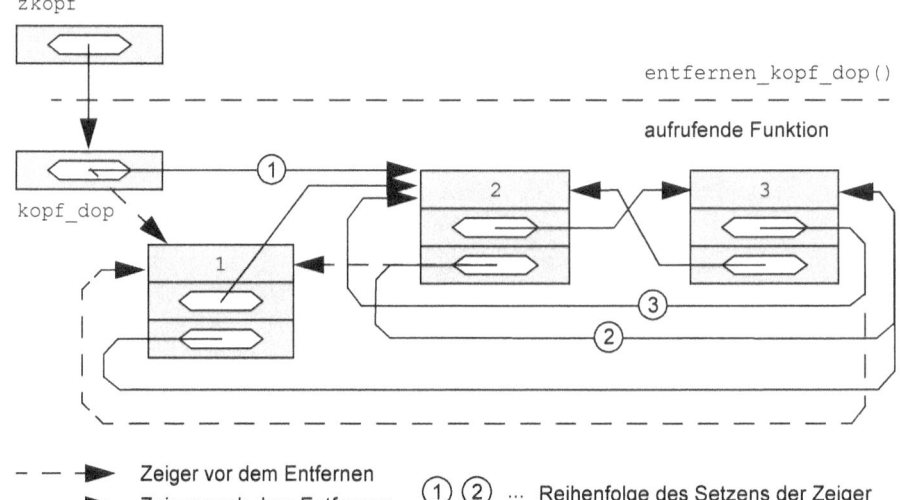

Abbildung 8.11 Zyklisch doppelt verkettete Liste – Entfernen des Kopfs

*   Entfernen des Knotens am Listenende:

```
listenknoten_dop *entfernen_ende_dop
                                (listenknoten_dop **zkopf) {
 listenknoten_dop *ende_alt;
 if ((zkopf==NULL)||(*zkopf==NULL))
  return NULL;
 if (*zkopf==(*zkopf)->next) {
   ende_alt = *zkopf;
   *zkopf = NULL;
   return ende_alt;
   }
 ende_alt = (*zkopf)->prev;
 (*zkopf)->prev = ende_alt->prev;
 (*zkopf)->prev->next = *zkopf;
 return ende_alt;
}
```

Die Funktion `entfernen_ende_dop()` geht analog zu `entfernen_kopf_dop()` vor: Der bisher letzte Knoten der Liste wird aus der Verkettung ausgefügt.

*   Entfernen eines bestimmten Knotens:

```
listenknoten_dop *entfernen_dop(listenknoten_dop **zkopf,
                                listenknoten_dop *auszufueg) {
 if ((zkopf==NULL)||(auszufueg==NULL)||(*zkopf==NULL))
  return NULL;
 if (auszufueg->next==auszufueg) {
  *zkopf = NULL;
  return auszufueg;
  }
```

```
if (*zkopf==auszufueg)
  *zkopf = (*zkopf)->next;
auszufueg->next->prev = auszufueg->prev;
auszufueg->prev->next = auszufueg->next;
return auszufueg;
}
```

Die Funktion erhält, neben einem Zeiger `zkopf` auf den Listenkopf, einen Zeiger `auszufueg` auf den zu entfernenden Knoten. Sie setzt dabei ohne Prüfung voraus, dass dieser Knoten tatsächlich in eine Liste eingekettet ist. Der Rückgabewert der Funktion ist `NULL`, wenn ein Nullzeiger übergeben wurde oder die Liste bereits leer ist.

Ist der zu entfernende Knoten sein eigener Nachfolger, so enthält die Liste nur einen Knoten; sie wird dann ganz geleert, und es wird ein Zeiger auf den entfernten Knoten zurückgeliefert. Enthält die Liste mindestens zwei Knoten, so wird der bisher zweite Knoten zum neuen Listenkopf gemacht, falls der zu entfernende Knoten am Anfang der Liste steht (`*zkopf==auszufueg`). Anschließend wird der Knoten aus der Verkettung ausgefügt und ein Zeiger auf ihn zurückgeliefert.

Die drei Funktionen entfernen einen Knoten (genauer: seine C-Struktur) zwar aus der Liste, löschen die Struktur aber nicht. Die aufrufende Funktion kann also über die Struktur weiter verfügen oder sie selbst durch `free()` löschen.

8.2.4 Queues und Stacks

Mit Hilfe von Listen kann man in C Datenstrukturen wie Queues und Stacks implementieren, also lineare Anordnungen mit der Zugriffsreihenfolge „First In – First Out (FIFO)" bzw. „Last In – First Out (LIFO)".

8.2.4.1 Queues

Eine **Queue (Warteschlange)** ist nach dem **FIFO-Prinzip** („First In – First Out") organisiert: Es wird jeweils der Eintrag aus der Queue entfernt, der dort von allen Einträgen am längsten steht. In Java kann man Queues mit Hilfe der Klasse `LinkedList` realisieren; in C bieten sich hierfür zyklisch doppelt verkettete Listen an, da man hier bequem auch auf das Listenende zugreifen kann (→ 8.2.3). Einträge werden am Listenende eingefügt und am Listenkopf entfernt:

Tabelle 8.1 Queue-Operationen in Java und in C

Operation	Methoden der Java-Klasse „LinkedList"	C-Operationen und Funktionen auf doppelt verketteten Listen	siehe
Erzeugen der Queue	`new LinkedList()`	`listenknoten_dop *kopf_dop` `                    = NULL;`	8.2.3
Hinzufügen	`add()` `addLast()`	`einfuegen_ende_dop()`	8.2.3.4

Tabelle 8.1 (Forts.) Queue-Operationen in Java und in C

Operation	Methoden der Java-Klasse „LinkedList"	C-Operationen und Funktionen auf doppelt verketteten Listen	siehe
Lesen (mit Entfernen)	`poll()` `remove()` `removeFirst()`	`entfernen_kopf_dop()`	8.2.3.5
Lesen (ohne Entfernen)	`getFirst()` `peek()`	Zugriff auf `kopf_dop` oder auf `kopf_dop->wert`	-
Test, ob leer	`isEmpty()`	`kopf_dop == NULL`	-
Löschen allen Inhalts	`clear()`	`while (kopf_dop!=NULL)` `entfernen_kopf_dop(&kopf_dop)`	-

8.2.4.2 Stacks

Ein **Stack** (**Keller**) ist gemäß **LIFO** („Last In – First Out") organisiert: Es wird jeweils der Eintrag aus dem Stack entfernt, der zuletzt eingefügt wurde. In Java kann man Stacks mit Hilfe der Klasse `Stack` (oder auch `LinkedList`) realisieren; in C genügen hierfür einfach verkettete Listen (→ 8.2.2), da Einträge nur am Listenkopf eingefügt und entfernt werden:

Tabelle 8.2 Stack-Operationen in Java und in C

Operation	Methoden der Java-Klasse „Stack"	C-Operationen und Funktionen auf einfach verketteten Listen	siehe
Erzeugen des Stacks	`new Stack()`	`listenknoten *kopf = NULL;`	8.2.2.1
Hinzufügen	`push()`	`einfuegen_kopf()`	8.2.2.4
Lesen (mit Entfernen)	`pop()`	`entfernen_kopf()`	8.2.2.5
Lesen (ohne Entfernen)	`peek()`	Zugriff auf `kopf` oder `kopf->wert`	-
Test, ob leer	`empty()`	`kopf == NULL`	-
Löschen allen Inhalts	`clear()`	`while (kopf!=NULL)` `entfernen_kopf(&kopf)`	-

8.3 Hashtabellen

Lineare Listen sind zur Speicherung großer Datenmengen dann nicht gut geeignet, wenn man oft nach Einträgen mit bestimmten Werten suchen muss: Um einen Eintrag in einer Liste zu finden, muss man die Liste aufwendig von vorn nach hinten durchlaufen (→ 8.2.2.2, → 8.2.3.2). Man sollte daher statt Listen andere Organisationsformen verwenden, wie beispielsweise Bäume (→ 8.4) oder **Hashtabellen**.

8.3.1 Eigenschaften

Eine Hashtabelle kann in ihren Feldern jeweils einen oder mehrere Einträge speichern. Die Felder der Tabelle sind mit ganzen Zahlen indiziert. Eine **Hashfunktion** berechnet aus Werten von Einträgen Tabellenindizes und legt damit fest, in welchem Feld ein neuer Eintrag abzulegen und in welchem Feld ein Eintrag mit einem bestimmten Wert zu suchen ist. Abbildung 8.12 illustriert die Technik anhand einer sehr kurzen Tabelle, die Zeichenketten speichert und diese durch eine primitive Hashfunktion ihren Feldern zuordnet.

Hashfunktion h(w) eines Worts w:
   Summe der Werte seiner Buchstaben modulo 6 (mit A/a=0, B/b=1, ...)

Beispiel: h(Obelix) = (14 + 1 + 4 + 11 + 8 + 23) modulo 6 = 61 modulo 6 = Divisionsrest von 61/6 = 1

Hashtabelle mit sechs Feldern und Indexbereich 0, 1, ..., 5.

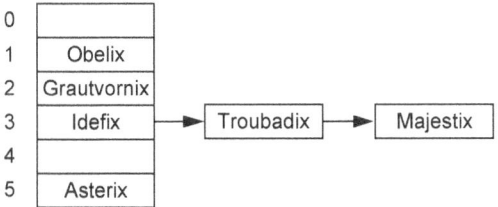

Abbildung 8.12 Eine sehr kurze Hashtabelle mit einer primitiven Hashfunktion

Im Idealfall liefert die Hashfunktion für alle Einträge unterschiedliche Werte. Jedes Feld der Tabelle enthält dann höchstens einen Eintrag, der direkt über den Index zugreifbar ist. Gibt es jedoch mehrere Einträge mit demselben Hashwert, so kann man sie in einer (meist kurzen) linearen Liste zusammenfassen, die im Tabellenfeld verankert ist und bei einem Zugriff sequentiell durchlaufen wird (→ Abbildung 8.12).

8.3.2 Realisierung in Java und in C

Java definiert in seiner Klasse `Object` die Methode `int hashCode()`, die den Hashwert des jeweiligen Objekts liefert und bei der Organisation von Hashtabellen der Klasse `HashMap` benutzt wird. Die Methode kann in abgeleiteten Klassen überschrieben werden. Beispielsweise vereinbart die Klasse `String` die Hashcode-Berechnung einer Zeichenkette $s_0 s_1 s_2 ... s_n$ (mit `char`-Werten s_i) als

$$s_0 \cdot 31^{n-1} + s_1 \cdot 31^{n-2} + ... + s_{n-2} \cdot 31 + s_{n-1},$$

wobei `int`-Arithmetik verwendet wird, Überläufe also durch Modulo-Rechnung vermieden werden. In C kann diese Berechnung wie folgt implementiert werden:

```
int hashCode(char *s) {
 unsigned int len, hashwert=0;
 len = strlen(s);
 for (int i=0; i<len; i++)
  hashwert = hashwert*31 + s[i];
```

```
   return hashwert%TABELLENGROESSE;
}
```

Die Konstante `TABELLENGROESSE` gibt die Länge der Tabelle an. Die Operation `hash-wert%TABELLENGROESSE` stellt also abschließend sicher, dass sich ein Hashwert aus dem Indexbereich der Tabelle ergibt.

Hashtabellen werden verwendet, um „Datensätze" zu speichern, also Einheiten mit zusammengehörigen Werten. Einer dieser Werte ist der „Schlüssel" des Datensatzes, also der Wert, über den der Datensatz gesucht und identifiziert wird. Beispielsweise könnte ein Datensatz den Namen, das Alter und das Gewicht einer Person enthalten, wobei der Name als Schlüssel dient:

```
typedef struct eintrag {
   char name[30];
   unsigned int alter;
   float gewicht;
   struct eintrag *next;
   struct eintrag *prev;
} eintrag;
```

Eine Struktur des Typs `eintrag` kann über die Komponenten `next` und `prev` in eine doppelt verkettete Liste eingefügt werden (→ 8.2.3). Hierdurch kann ein Feld der Hashtabelle mehrere Einträge speichern.

Die Tabelle selbst wird als Array realisiert, deren Felder die Köpfe doppelt verketteter Listen sind:

```
#define TABELLENGROESSE ...
...
eintrag *tabelle[TABELLENGROESSE];
```

Im Unterschied zu Abbildung 8.12, wo die Liste nur einfach verkettet ist und der erste Listeneintrag zudem unmittelbar in der Tabelle steht, sieht das Bild für die hier betrachtete Realisierung in C so aus:

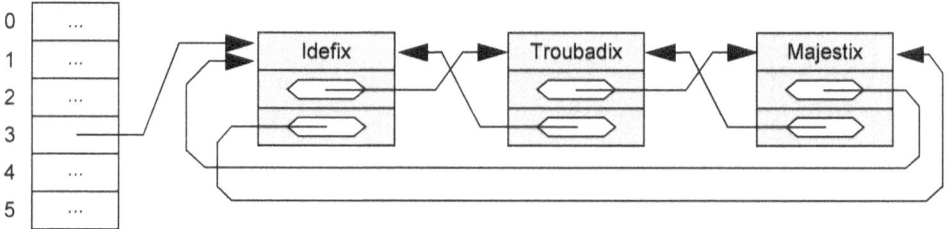

Abbildung 8.13 Hashtabelle, realisiert durch einen C-Array mit doppelt verketteten Listen

Ein neuer Eintrag wird wie folgt erzeugt und in die Hashtabelle eingefügt:

```
eintrag *neuer_eintrag;
unsigned int hashwert;
...
neuer_eintrag = (eintrag *) malloc(sizeof(eintrag));
```

```
scanf("%s",neuer_eintrag->name);
scanf("%u",&(neuer_eintrag->alter));
scanf("%f",&(neuer_eintrag->gewicht));
hashwert = hashcode(neuer_eintrag->name);
if (suchen(tabelle[hashwert],neuer_eintrag->name)==NULL)
  einfuegen(&tabelle[hashwert],neuer_eintrag);
```

Hier wird geprüft, ob die Tabelle bereits einen Eintrag mit dem betreffenden Namen enthält. Nur wenn das nicht der Fall ist, wird der neue Eintrag eingefügt. Dabei wird eine Suchfunktion verwendet, die analog zur Funktion aus 8.2.3.3 arbeitet, und eine `einfuegen`-Funktion analog zu 8.2.3.4.

Ein Eintrag mit einem bestimmten Namen wird folgendermaßen gesucht:

```
char gesuchter_name[30];
unsigned int hashwert;
eintrag *gesuchter_eintrag;
...
hashwert = hashcode(gesuchter_name);
gesuchter_eintrag = suchen(tabelle[hashwert],gesuchter_name);
```

Gelöscht wird ein Eintrag mit einem bestimmten Namen wie folgt (wobei eine `entfernen`-Funktion benutzt wird, die analog zu den Funktionen aus 8.2.3.5 arbeitet):

```
char zu_entfernender_name[30];
unsigned int hashwert;
eintrag *zu_entfernender_eintrag;
...
hashwert = hashcode(zu_entfernender_name);
zu_entfernender_eintrag
  = suchen(tabelle[hashwert],zu_entfernender_name);
if (zu_entfernender_eintrag!=NULL)
  entfernen(&tabelle[hashwert],zu_entfernender_eintrag);
 else
  printf("\nKein passender Eintrag gefunden\n");
```

8.4 Bäume

8.4.1 Eigenschaften

Bäume sind, wie Listen, wichtige Graphenstrukturen mit zahlreichen Anwendungsmöglichkeiten. Anschaulich gesprochen ist ein Baum ein Graph, der seinen Ursprung in einem **Wurzelknoten** hat, sich von dort aus immer weiter verzweigt und schließlich in **Blattknoten** endet. Führt in einem solchen Baum eine Kante von einem Knoten v zu einem Knoten w, so heißt v **Vater** von w und w **Sohn** von v.

Ein bekannter Anwendungsbereich sind hierarchisch strukturierte Dateisysteme ("Dateibäume") mit über- und untergeordneten Verzeichnissen (→ Abbildung 8.14):

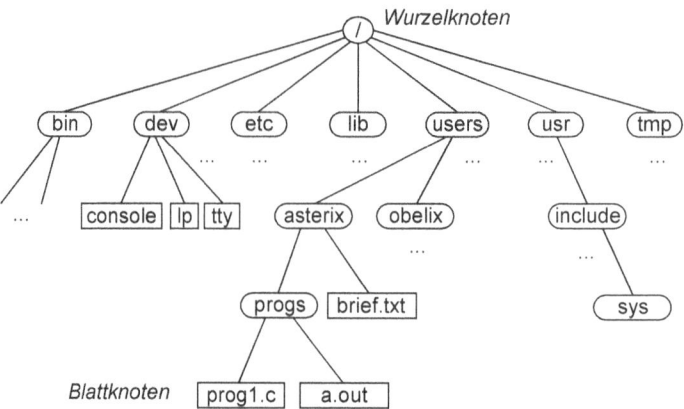

Abbildung 8.14 Dateibaum eines UNIX-Systems

Weitere Anwendungsbereiche sind

- **Menüs mit Untermenüs**, durch die man sich schrittweise „hindurchklickt",

- **Strukturbäume**, die den syntaktischen Aufbau von Zeichenketten darstellen (beispielsweise den Aufbau arithmetischer Ausdrücke, → 8.4.2.1),

- **Suchbäume**, die eine rasche Suche nach Werten ermöglichen (→ 8.4.2.1), und

- Bäume des **Document Object Model (DOM)**, die den hierarchischen Aufbau von **XML-Dokumenten** (z.B. aus Kapiteln, Unterkapiteln und Abschnitten) beschreiben.

Die grundlegenden Operationen bei Bäumen sind, wie bei Listen, das Einfügen und Entfernen von Knoten, die Suche nach einem bestimmten Knoten und der Durchlauf durch alle Knoten.

In Java gibt es das Interface `TreeNode`, das Methoden zur Arbeit mit Knoten eines Baums deklariert – beispielsweise `parent()` zur Ermittlung des Vaters und `children()` zur Ermittlung aller Söhne eines Knotens sowie `isLeaf()` zur Überprüfung, ob es sich um einen Blattknoten handelt. Die Standardbibliothek von C bietet nichts dergleichen, so dass man auch hier entsprechende Datentypen und Funktionen selbst deklarieren und ausprogrammieren muss (→ 8.4.2.2 ff.).

8.4.2 Binärbäume

8.4.2.1 Eigenschaften und Beispiele

Ein **Binärbaum** ist ein Baum, bei dem jeder Knoten höchstens zwei Söhne besitzt. Zudem ist ein Binärbaum „geordnet"; es ist also für die Söhne jedes Knotens eine eindeutige Reihenfolge definiert, und man kann daher vom **linken Sohn** und vom **rechten Sohn** eines Knotens sprechen. Der linke Sohn mit allen daranhängenden Knoten bildet den linken **Unterbaum** seines Vaters, der rechte Sohn entsprechend den rechten Unterbaum. Ein Knoten kann durchaus nur einen Sohn und damit nur einen Unterbaum besitzen (siehe z.B. → Abbildung 8.16).

In der Informatik findet man Binärbäume in zahlreichen Anwendungsformen, zum Beispiel als Strukturbäume oder Suchbäume:

- Ein **Strukturbaum** stellt den Aufbau einer syntaktischen Struktur dar, beispielsweise eines arithmetischen Ausdrucks (→ Abbildung 8.15).

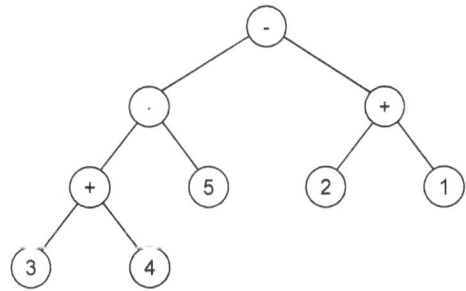

Abbildung 8.15 Strukturbaum des arithmetischen Ausdrucks (3+4)·5-(2+1)

Die Wurzel des Strukturbaums eines arithmetischen Ausdrucks enthält seinen Hauptoperator. Ihre Unterbäume stellen dessen Operanden dar, die wiederum Ausdrücke mit Operatoren sein können. Auf diese Weise lassen sich beliebig geschachtelte arithmetische Ausdrücke strukturiert darstellen. Im Ausdruck von Abbildung 8.15 ist das Minuszeichen der Hauptoperator, seine Operanden sind die Teilausdrücke (3+4)·5 und 2+1.

- Ein **Suchbaum** enthält eine geordnete Datenmenge. Für jeden Knoten eines Suchbaums gilt, dass sein Wert größer ist als alle Werte in seinem linken Unterbaum und kleiner als alle Werte in seinem rechten Unterbaum:

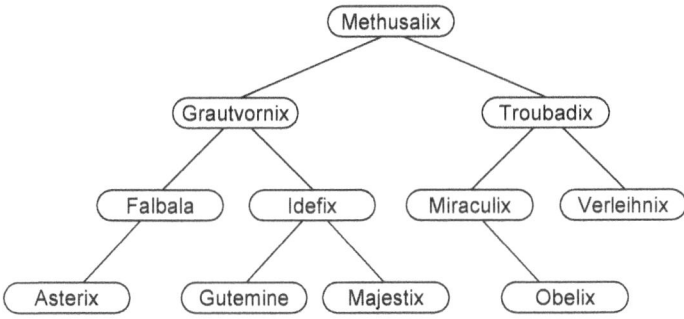

Abbildung 8.16 Suchbaum mit Zeichenketten, lexikografisch geordnet

Die Suche nach einem bestimmten Wert s beginnt an der Wurzel des Suchbaums. Sie setzt sich jeweils im linken Unterbaum eines Knotens k fort, wenn der gesuchte Wert s kleiner ist als der Wert von k, und im rechten Unterbaum, wenn s größer ist als der Wert von k. Bei der Suche steht also stets fest, ob man nach links oder nach rechts „abbiegen" muss.

8.4.2.2 Realisierung in C

Ein Knoten eines Binärbaums kann, ähnlich wie ein Listenknoten, durch eine C-Struktur dargestellt werden. Diese Struktur enthält eine oder mehrere Komponenten für seine(n) Wert(e) sowie zwei weitere Komponenten mit Zeigern auf seine beiden Söhne. Der folgende Strukturtyp beschreibt Knoten, die als Wert jeweils eine Zeichenkette aufnehmen können:

```
typedef struct binbaumknoten {
  char *wert;
  struct binbaumknoten *li_sohn;
  struct binbaumknoten *re_sohn;
} binbaumknoten;
```

Hat ein Knoten keinen linken Unterbaum, so ist `li_sohn==NULL`, hat er keinen rechten Unterbaum, so ist `re_sohn==NULL` und bei einem Blattknoten haben beide `sohn`-Komponenten den Wert `NULL`.

Ein Binärbaum wird in einer Zeigervariablen des Typs `binbaumknoten` verankert. Sie enthält zu Beginn, also bei leerem Baum, den Wert `NULL`:

```
binbaumknoten *wurzel = NULL;
```

Anschließend können in den Baum schrittweise neue Knoten eingefügt werden (→ 8.4.2.6).

Abbildung 8.17 zeigt einen Teil der C-Darstellung des Strukturbaums aus Abbildung 8.15:

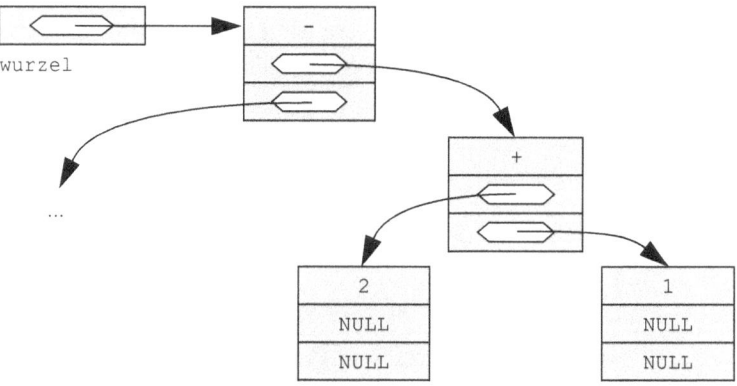

Abbildung 8.17 Teil der C-Darstellung des Strukturbaums aus Abbildung 8.15

Bäume sind **rekursive Datenstrukturen**: An der Wurzel eines Baums hängen Unterbäume und diese sind wiederum aus Unterbäumen zusammengesetzt. Es ist daher sinnvoll, Algorithmen (und damit auch C-Funktionen auf Bäumen) rekursiv zu formulieren. Beispielsweise kann man den maximalen Wert eines Baums finden, indem man die Maxima der beiden Unterbäume der Wurzel ermittelt und sie mit dem Wert der Wurzel vergleicht – die Funktion zur Maximumsberechnung ruft sich also rekursiv für die beiden Unterbäume auf.

Allgemein gesehen, führt eine Funktion auf einem Binärbaum die folgenden Schritte aus:

- Operation auf der Wurzel,

- rekursiver Aufruf für den linken Unterbaum (falls vorhanden),

- rekursiver Aufruf für den rechten Unterbaum (falls vorhanden).

In welcher Reihenfolge diese Schritte durchgeführt werden und ob sie überhaupt ausgeführt werden, hängt von der jeweiligen Problemstellung ab ($\rightarrow$ 8.4.2.3 bis 8.4.2.7).

8.4.2.3 Durchlaufen eines Binärbaums

Ein Durchlauf durch einen Binärbaum soll alle seine Knoten genau einmal aufsuchen, beispielsweise um alle Werte im Baum auszugeben. Für einen solchen Durchlauf sind verschiedene Reihenfolgen möglich:

- **Inorder**:

   1. Durchlauf durch den linken Unterbaum gemäß Inorder

   2. Besuch der Wurzel

   3. Durchlauf durch den rechten Unterbaum gemäß Inorder.

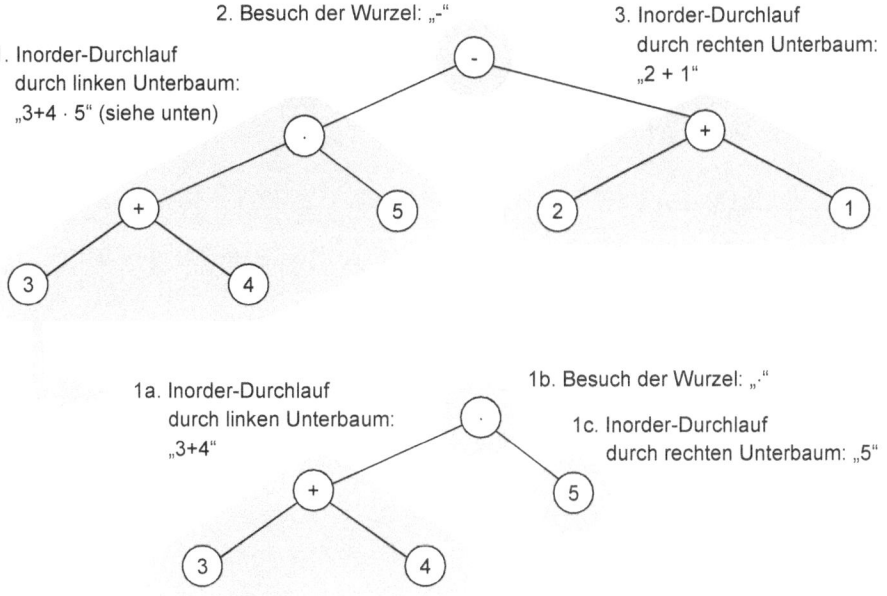

Abbildung 8.18 Inorder-Durchlauf durch den Strukturbaum eines arithmetischen Ausdrucks

Wie man anhand von Abbildung 8.18 sieht, liefert der Inorder-Durchlauf durch den Strukturbaum eines arithmetischen Ausdrucks die gewohnte „Infix-Schreibweise" – hier (3+4)·5-(2+1), wobei die Klammern anhand der Baumstruktur zu ergänzen sind.

- **Preorder (Präordnung)**:

   1. Besuch der Wurzel

   2. Durchlauf durch den linken Unterbaum gemäß Preorder

3. Durchlauf durch den rechten Unterbaum gemäß Preorder.

Für einen arithmetischen Ausdruck liefert ein solcher Durchlauf die „Präfix-Schreibweise", beispielsweise −·+345+21. Sie entspricht einer Funktionalschreibweise: `minus(mal(plus(3,4),5),plus(2,1))`.

- **Postorder (Postordnung)**:

1. Durchlauf durch den linken Unterbaum gemäß Postorder

2. Durchlauf durch den rechten Unterbaum gemäß Postorder

3. Besuch der Wurzel

Für einen arithmetischen Ausdruck liefert ein solcher Durchlauf die „Postfix-Schreibweise", beispielsweise 34+5·21+−. Sie ist die Eingabeform bei manchen Taschenrechnern: Sie legen die Zahlenwerte bei ihrer Eingabe auf einem Stack ab, nehmen bei der Eingabe eines Operators die beiden obersten Werte des Stacks als seine Operanden und legen das Ergebnis einer Rechenoperation wieder auf dem Stack ab.

Die folgende C-Funktion gibt alle Einträge eines Baums auf den Bildschirm aus. Der Parameter `wrzl` spezifiziert die Wurzel dieses Baums; das ist entweder die Wurzel des Gesamtbaums (beim erstmaligen Aufruf) oder die Wurzel eines Unterbaums (bei einem rekrsiven Aufruf). Über einen zweiten Parameter kann gewählt werden, ob der Durchlauf in In-, Pre- und Postorder erfolgen soll:

```
#define INORDER   0
#define PREORDER  1
#define POSTORDER 2
void ausgeben(binbaumknoten *wrzl, int order) {
 if (wrzl==NULL)
   return;
 switch(order) {
  case INORDER:
   ausgeben(wrzl->li_sohn,INORDER);
   printf("%s ",wrzl->wert);
   ausgeben(wrzl->re_sohn,INORDER);
   break;
  case PREORDER:
   printf("%s ",wrzl->wert);
   ausgeben(wrzl->li_sohn,PREORDER);
   ausgeben(wrzl->re_sohn,PREORDER);
   break;
  case POSTORDER:
   ausgeben(wrzl->li_sohn,POSTORDER);
   ausgeben(wrzl->re_sohn,POSTORDER);
   printf("%s ",wrzl->wert);
   break;
  }
}
```

Beispielsweise wird für einen Binärbaum mit dem Wurzelknoten `wurzel` ein Inorder-Durchlauf durch den Aufruf `ausgeben(wurzel,INORDER)` gestartet.

Die Funktion `ausgeben()` gibt die Werte der Baumknoten linearisiert, das heißt hinterein-ander in einer Zeile aus. Die folgende Funktion `ausgeben_strukturiert()` zeigt dage-gen (zumindest ansatzweise) die Struktur des Baums:

```
#define TAB 4
void ausgeben_strukturiert(
                 binbaumknoten *wrzl, int einrueck) {
 if (wrzl==NULL)
  return;
 ausgeben_strukturiert(wrzl->re_sohn,einrueck+1);
 for (int i=1; i<=einrueck*TAB; i++)
  printf(" ");
 printf("%s\n",wrzl->wert);
 ausgeben_strukturiert(wrzl->li_sohn,einrueck+1);
}
```

Für einen Baum mit dem Wurzelknoten `wurzel` wird die Ausgabe durch den Aufruf `ausgeben_strukturiert(wurzel,0)` gestartet.

`ausgeben_strukturiert()` gibt in jeder Bildschirmzeile genau einen Knotenwert aus und rückt ihn dabei so weit ein, wie es der Tiefe des Knotens im Baum entspricht. Das wird dadurch erreicht, dass vor dem Wert jeweils `einrueck*TAB` Leerzeichen ausgegeben wer-den, wobei der Parameter `einrueck` bei jedem rekursiven Aufruf, also bei jedem Hinab-steigen in einen Unterbaum, um 1 erhöht wird. Die richtige Reihenfolge der Knoten ergibt sich durch die umgekehrte Inorder, die hier realisiert wird: Die Ausführung steigt zunächst den Baum ganz nach rechts hinab, so dass der am weitesten rechts stehende Knoten als ers-ter ausgegeben wird.

Für den Strukturbaum aus den Abbildungen 8.15 und 8.17 erzeugt die Funktion die folgende Ausgabe:

```
            1
        +
            2
    -
            5
        .
                4
        +
            3
```

Dreht man dieses Bild im Uhrzeigersinn um 90 Grad, so erkennt man recht gut die Struktur des Baums. Funktionen, die das Bild unmittelbar in der gedrehten Fassung zeigen und zu-dem Linien für die Kanten des Baums darstellen, gehen ähnlich wie `strukturier-te_ausgabe()` vor, sind aber im Detail deutlich komplexer und werden daher hier nicht weiter diskutiert.

8.4.2.4 Löschen eines Binärbaums

Alle Einträge eines Binärbaums werden gelöscht, indem man seine Unterbäume rekursiv durchläuft und die dabei angetroffenen Strukturen an die Speicherverwaltung zurückgibt:

```
void loeschen_baum(binbaumknoten **wrzl) {
 if ((*wrzl)==NULL)
  return;
 loeschen_baum(&((*wrzl)->li_sohn));
 loeschen_baum(&((*wrzl)->re_sohn));
 free((*wrzl)->wert);
 free(*wrzl);
 *wrzl=NULL;
}
```

Beim Aufruf der Funktion wird der Wurzelknoten des Baums als Parameter übergeben. Dies geschieht per Referenzaufruf (→ 6.3.2.2), da ja die Funktion den Wert des aktuellen Parameters ändert: Vor dem Aufruf zeigte er auf einen zu löschenden Knoten, nach dem Aufruf (also nach dem Löschen) muss er den Wert NULL enthalten. Der Einsatz von free() setzt voraus, dass der betreffende Speicher zuvor durch malloc() (→ 5.4.1) belegt wurde.

8.4.2.5 Suchen eines Werts in einem Suchbaum

In einem Suchbaum sind alle Werte eines linken Unterbaums kleiner als der Wert seiner Wurzel und alle Werte eines rechten Unterbaums größer als der Wert seiner Wurzel. Die folgende Suchfunktion nutzt dies aus, indem sie sich jeweils für den „richtigen" Unterbaum rekursiv aufruft und so den gesuchten Knoten zielgerichtet ansteuert (vergleiche auch → Abbildung 8.16):

```
binbaumknoten *suchen(binbaumknoten *wrzl, char *gesucht) {
 if (wrzl==NULL)
  return NULL;
 if (strcmp(wrzl->wert,gesucht)==0)
   return wrzl;
  else
   if (strcmp(wrzl->wert,gesucht)>0)
    return suchen(wrzl->li_sohn,gesucht);
   else
    return suchen(wrzl->re_sohn,gesucht);
}
```

Beim Aufruf der Funktion werden der Wurzelknoten des Baums und die gesuchte Zeichenkette als Parameter übergeben. Die Funktion liefert einen Zeiger auf die Struktur mit dem gesuchten Wert oder NULL, wenn der Baum die Zeichenkette nicht enthält.

8.4.2.6 Einfügen eines Werts in einen Suchbaum

Ein neuer Wert kann in einen Suchbaum eingefügt werden, indem man an der richtigen Stelle einen neuen Blattknoten anfügt (→ Abbildung 8.19). Die entsprechende C-Funktion einfuegen() findet die Einfügestelle ähnlich wie die Suchfunktion aus → 8.4.2.5:

```
int einfuegen(binbaumknoten **wrzl, char *neuerwert) {
 if ((*wrzl)==NULL) {
   *wrzl = (binbaumknoten *) malloc(sizeof(binbaumknoten));
   (*wrzl)->wert = (char *)malloc(strlen(neuerwert)+1);
   strcpy((*wrzl)->wert,neuerwert);
```

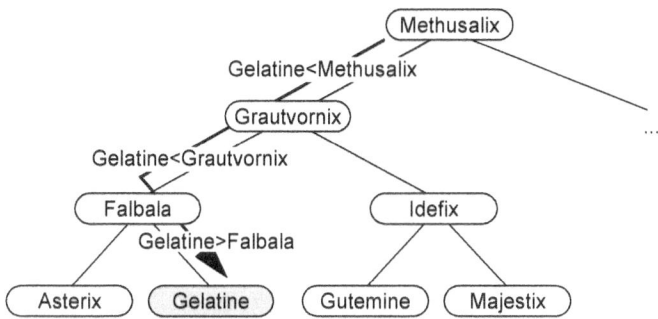

Abbildung 8.19 Einfügen des Werts „Gelatine" in einen vorgegebenen Suchbaum

```
      (*wrzl)->li_sohn = (*wrzl)->re_sohn = NULL;
      return 0;
     }
  if (strcmp((*wrzl)->wert,neuerwert)==0)
     return -1;
  else
   if (strcmp((*wrzl)->wert,neuerwert)>0)
      return einfuegen(&((*wrzl)->li_sohn),neuerwert);
   else
      return einfuegen(&((*wrzl)->re_sohn),neuerwert);
}
```

Auch hier wird der Wurzelknoten des Gesamtbaums oder eines Unterbaums per Referenzaufruf übergeben, da ja das Einfügen seinen Wert möglicherweise ändert. Ein Wert wird nur eingefügt (und eine 0 als Erfolgsmeldung zurückgeliefert), wenn der Wert im Baum noch nicht vorhanden ist. Ansonsten wird als Fehlermeldung -1 zurückgegeben.

 Man beachte, dass in einfuegen() die malloc()-Funktion zweimal hintereinander aufgerufen werden muss: Der erste Aufruf erzeugt die Knotenstruktur als Ganze, der zweite Aufruf erzeugt innerhalb der Struktur die Komponente, die die neue Zeichenkette aufnehmen soll. Dies ist erforderlich, weil wert den Typ char * hat. Wäre wert als Array fester Länge definiert (z.B. char wert[30]), wäre der zweite Aufruf nicht erforderlich.

 Fügt man neue Einträge immer nur als Blattknoten ein, so läuft man natürlich Gefahr, dass der Suchbaum mit der Zeit „unbalanciert" wird, also Unterbäume mit stark unterschiedlichen Größen entstehen. Es gibt daher Algorithmen zum Ausbalancieren von Bäumen, die aber hier nicht näher betrachtet werden.

8.4.2.7 Löschen eines Werts aus einem Suchbaum

Einen Wert in einen Suchbaum einzufügen, ist einfacher, als ihn dann wieder zu entfernen. Beim Entfernen eines Werts sind nämlich drei Fälle zu unterscheiden, die recht unterschiedliche Aktionen erfordern (→ Abbildung 8.20):

- Der Wert steht in einem Blattknoten k: In diesem Fall wird k gelöscht und sein Vater hat nun einen Sohn weniger.

- Der Wert steht in einem Knoten `k`, der nur einen Sohn besitzt: In diesem Fall wird `k` gelöscht und der Vater von `k` wird nun zum Vater von dessen Sohn. Der Unterbaum unterhalb von `k` wird also gewissermaßen „hochgeholt".

- Der Wert steht in einem Knoten `k`, der zwei Söhne besitzt: In diesem Fall kann `k` nicht einfach gelöscht werden, da man nicht beide Unterbäume hochholen kann. Stattdessen sucht man im rechten Unterbaum von `k` den Knoten mit dem dort minimalen Wert `wmin`. Man ersetzt den Wert von `k` durch `wmin` und entfernt den bisherigen `wmin`-Knoten (was einfach möglich ist, da dieser entweder keinen Unterbaum oder nur einen rechten Unterbaum besitzt). Die Ordnung des Suchbaums bleibt auf diese Weise erhalten. Ebensogut könnte man natürlich `k` mit dem maximalen Wert des linken Unterbaums überschreiben.

Entfernen eines Blattknotens („Asterix") und eines Knotens mit nur einem Sohn („Miraculix"):

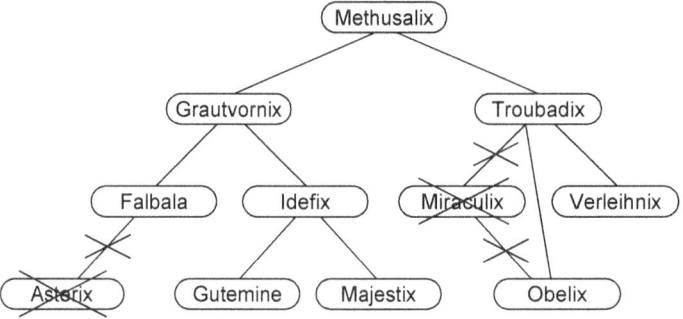

Entfernen eines Knotens mit zwei Söhnen („Grautvornix"):

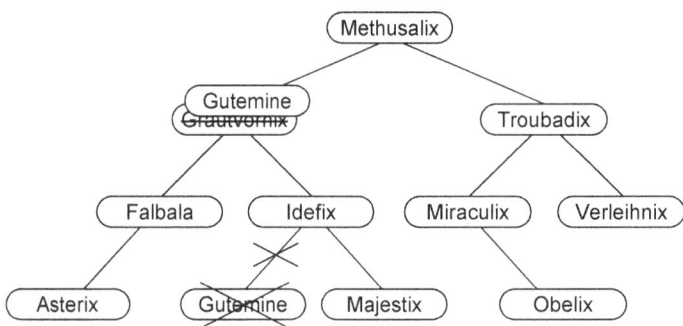

Abbildung 8.20 Entfernen von Werten aus einem Suchbaum

In C kann der skizzierte Algorithmus durch zwei Funktionen implementiert werden – eine Hilfsfunktion `loeschen_min()`, die aus einem Baum den Knoten mit dem minimalen Wert entfernt und diesen Knoten zurückliefert, und die eigentliche Löschfunktion `loeschen()`:

```
binbaumknoten *loeschen_min(binbaumknoten **wrzl) {
  binbaumknoten *minknoten;
  if ((*wrzl)->li_sohn==NULL) {
```

```
      minknoten = *wrzl;
      *wrzl = (*wrzl)->re_sohn;
      return minknoten;
    }
  else
    return loeschen_min(&((*wrzl)->li_sohn));
}
int loeschen(binbaumknoten **wrzl, char *zuloeschen) {
 binbaumknoten *kn;
 if (wrzl==NULL||(*wrzl)==NULL)
    return -1;
 if (strcmp((*wrzl)->wert,zuloeschen)==0) {
    if ((*wrzl)->li_sohn==NULL) {
     kn = *wrzl;
     *wrzl = (*wrzl)->re_sohn;
    }
    else if ((*wrzl)->re_sohn==NULL) {
     kn = *wrzl;
     *wrzl = (*wrzl)->li_sohn;
    }
    else {
     kn = loeschen_min(&((*wrzl)->re_sohn));
     strcpy((*wrzl)->wert,kn->wert);
    }
    free(kn->wert);
    free(kn);
    return 0;
  }
 if (strcmp((*wrzl)->wert,zuloeschen)>0)
    return loeschen(&((*wrzl)->li_sohn),zuloeschen);
  else
    return loeschen(&((*wrzl)->re_sohn),zuloeschen);
}
```

loeschen_min() erhält per Referenzaufruf die Wurzel eines (Such-)Baums. Besitzt diese Wurzel keinen linken Unterbaum, so steht in ihr aufgrund der Suchbaumeigenschaft das Minimum. Der Wurzelknoten wird also entfernt (das heißt durch seinen rechten Sohn ersetzt) und als Ergebnis zurückgeliefert. Ist dagegen ein linker Unterbaum vorhanden, so ruft sich loeschen_min() rekursiv für diesen Unterbaum auf, denn dort muss das Minimum zu finden sein.

loeschen() erhält per Referenzaufruf die Wurzel wrzl eines Suchbaums und einen Wert zuloeschen, dessen Knoten aus dem Baum entfernt werden soll. Die Funktion unterscheidet mehrere Fälle:

- Im Fehlerfall, also bei Übergabe eines Nullzeigers, oder bei leerem Baum wird -1 zurückgegeben.

- Enthält wrzl den gesuchten Wert, so geht die Funktion so vor, wie zu Beginn dieses Abschnitts beschrieben, und liefert 0 als Erfolgsmeldung zurück.

- Ist der Wert in `wrzl` größer als der gesuchte Wert, so ruft sich `loeschen()` rekursiv für den linken Unterbaum von `wrzl` auf, denn (wenn überhaupt) steht der gesuchte Wert aufgrund der Suchbaumeigenschaft dort.

- Ist der Wert in `wrzl` kleiner als der gesuchte Wert, so ruft sich `loeschen()` entsprechend rekursiv für den rechten Unterbaum von `wrzl` auf.

Ist der Wert `zuloeschen` nicht im Baum enthalten, so wird nach einer Folge von rekursiven Aufrufen der Fall `*wrzl==NULL` erreicht und somit -1 zurückgegeben.

8.5 Mengen

8.5.1 Realisierung durch Listen und Bäume

Mengen haben unter den dynamischen Datenstrukturen eine Sonderstellung, da sie nicht geordnet sind. Man muss also ihre Elemente nicht unbedingt in einer bestimmten Reihenfolge verketten. Trotzdem lässt sich eine Menge natürlich durch eine Liste, einen Baum oder einen beliebigen Graphen darstellen: Die Menge mit ihren Elementen entspricht hier der Menge der Werte aller Knoten des Graphen. Die Anordnung der Knoten hat für die Definition der Menge keine Bedeutung, kann aber für eine effiziente Implementation von Mengenoperationen ausgenutzt werden – beispielsweise für eine Operation, die feststellt, ob ein bestimmtes Element vorhanden ist (→ Hashtabellen in 8.3, → Suchbäume in 8.4.2.5).

8.5.1.1 Grundlegende Mengenoperationen auf C-Listen

Java stellt für die Realisierung von Mengen das Interface `Set` mit den Klassen `HashSet` und `TreeSet` zur Verfügung. Die folgende Tabelle zeigt, wie man grundlegende `Set`-Methoden mit Hilfe von Operationen auf doppelt verketteten C-Listen implementieren kann:

Tabelle 8.3 Grundlegende Mengenoperationen in Java und auf C-Listen

Operation	Methoden von Java-`Set`	C-Operationen auf doppelt verketteten Listen	siehe
Hinzufügen eines Elements	`add()`	`einfuegen_kopf_dop()` (falls Element noch nicht enthalten; dies zuvor mit `suchen_dop()` feststellen)	8.2.3.4, 8.2.3.3
Löschen einer Menge	`clear()`	Wiederholte Ausführung von `entfernen_kopf_dop()`, bis Menge leer	8.2.3.5
Feststellen, ob eine Menge ein Element enthält	`contains()`	`suchen_dop()`	8.2.3.3
Feststellen, ob eine Menge leer ist	`isEmpty()`	Test `kopf_dop==NULL`	-

Tabelle 8.3 (Forts.) Grundlegende Mengenoperationen in Java und auf C-Listen

Operation	Methoden von Java-Set	C-Operationen auf doppelt verketteten Listen	siehe
Entfernen eines Elements	remove()	Suche nach dem Knoten mit dem zu entfernenden Wert durch suchen_dop() und anschließendes Entfernen durch entfernen_dop()	8.2.3.3, 8.2.3.5
Feststellen der Größe der Menge	size()	Durchlaufen der Liste (ähnlich durchlaufen_dop()) mit Zählen der Elemente	8.2.3.2, Aufg. 3
Bilden der Vereinigungsmenge	addAll()	siehe unten	
Bilden der Differenzmenge	removeAll()	siehe unten	
Bilden der Schnittmenge	retainAll()	siehe unten	

8.5.1.2 Bilden der Vereinigungsmenge

Die Ausführung der folgenden C-Funktion hat denselben Effekt wie ein Java-Methodenaufruf a.addAll(b) für zwei Mengen a und b:

```
int addAll(listenknoten_dop **a, listenknoten_dop *b) {
  listenknoten_dop *hilfliste = NULL,
                   *laufzeiger;
  if (a==NULL)
   return -1;
  if (b==NULL)
   return 0;
  laufzeiger = b;
  do {
   if (suchen_dop(*a,laufzeiger->wert)==NULL)
    einfuegen_ende_dop(&hilfliste,copy(laufzeiger));
   laufzeiger = laufzeiger->next;
  } while (laufzeiger!=b);
  do {
   laufzeiger = entfernen_kopf_dop(&hilfliste);
   einfuegen_ende_dop(a,laufzeiger);
  } while (hilfliste!=NULL);
  return 0;
}
```

Im Fehlerfall (a==NULL) liefert die Funktion sofort -1 als Fehlermeldung. Ist die Menge b leer (b==NULL), so ändert sich die Menge a nicht; die Funktion kehrt also sofort mit der Erfolgsmeldung 0 zurück. Ansonsten durchläuft die Funktion die Menge b und überträgt alle Elemente, die nicht bereits in a enthalten sind, in eine Hilfsliste. Hierfür werden, mit Hilfe einer Funktion copy(), Kopien dieser Elemente erzeugt, da ja die Menge b unverändert bleiben soll:

```
listenknoten_dop *copy(listenknoten_dop *kn) {
listenknoten_dop *kn_neu =
        (listenknoten_dop *) malloc(sizeof(listenknoten_dop));
kn_neu->wert = kn->wert;
kn_neu->next = kn_neu->prev = NULL;
return kn_neu;
}
```

Abschließend wird a um alle Einträge der Hilfsliste erweitert und eine 0 als Erfolgsmeldung zurückgeliefert.

8.5.1.3 Bilden der Differenzmenge

Die Ausführung der folgenden C-Funktion hat denselben Effekt wie ein Java-Methodenaufruf a.removeAll(b) für zwei Mengen a und b:

```
int removeAll(listenknoten_dop **a, listenknoten_dop *b) {
listenknoten_dop *laufzeiger,
                *zuentfernen;
if (a==NULL)
 return -1;
if (b==NULL)
 return 0;
laufzeiger = b;
do {
 zuentfernen = suchen_dop(*a,laufzeiger->wert);
 if (zuentfernen!=NULL) {
   entfernen_dop(a,zuentfernen);
   free(zuentfernen);
  }
 laufzeiger = laufzeiger->next;
} while (laufzeiger!=b);
return 0;
}
```

Im Fehlerfall (a==NULL) liefert die Funktion sofort -1 als Fehlermeldung. Ist die Menge b leer (b==NULL), so ändert sich die Menge a nicht; die Funktion kehrt also sofort mit der Erfolgsmeldung 0 zurück. Ansonsten durchläuft die Funktion die Menge b; wird dabei ein Element angetroffen, das auch in a enthalten ist, so wird es aus a entfernt.

8.5.1.4 Bilden der Schnittmenge

Die Ausführung der folgenden C-Funktion hat denselben Effekt wie ein Java-Methodenaufruf a.retainAll(b) für zwei Mengen a und b:

```
int retainAll(listenknoten_dop **a, listenknoten_dop *b) {
listenknoten_dop *hilfliste = NULL,
                *laufzeiger, *hilfzeiger;
if (a==NULL)
 return -1;
laufzeiger = b;
if (laufzeiger!=NULL)
```

```
 do {
  hilfzeiger = suchen_dop(*a,laufzeiger->wert);
  if (hilfzeiger!=NULL) {
    entfernen_dop(a,hilfzeiger);
    einfuegen_ende_dop(&hilfliste,hilfzeiger);
    }
  laufzeiger = laufzeiger->next;
 } while (laufzeiger!=b);
 while (*a!=NULL) {
  hilfzeiger=entfernen_kopf_dop(a);
  free(hilfzeiger);
 }
 *a = hilfliste;
 return 0;
}
```

Im Fehlerfall liefert die Funktion sofort -1 als Fehlermeldung. Ansonsten wird die Menge
b durchlaufen, sofern sie nicht leer ist. Dabei wird für jedes Element von b festgestellt, ob
es auch Element der Menge a ist. Wenn ja, so wird der entsprechende Eintrag aus a entfernt
und in eine Hilfsliste eingefügt. Die Hilfsliste enthält also schließlich alle Elemente, die sowohl in a als auch in b stehen. Die restlichen Elemente von a werden gelöscht und abschließend wird a durch die Hilfsliste ersetzt.

Die entsprechenden Operationen auf Hashtabellen und Binärbäumen sehen ähnlich aus.

 Die hier gezeigten Operationen sind zwar effektiv, erfüllen also ihren Zweck, aber
nicht unbedingt effizient, haben also manchmal eine längere Ausführungsdauer als
nötig. Für kleine Mengen ist dies kein Problem, für größere Mengen kann es sich
jedoch lohnen, die Mengenoperationen neu zu implementieren – beispielsweise
durch Einsatz von Hashtabellen, die sortierte Listen enthalten.

8.5.2 Realisierung durch Bitmaps

Mengen, deren Elemente aus einer relativ kleinen Grundmenge stammen, können durch
Bitmaps realisiert werden. Eine Bitmap ist ein Feld mit einer festen Anzahl von Bits, wobei
jede Bitposition einem Element einer Grundmenge fest zugeordnet ist. Eine Menge (die
stets Teilmenge dieser Grundmenge sein muss) wird dadurch repräsentiert, dass in den Bit-
positionen aller ihrer Elemente eine 1 steht und in allen anderen Positionen eine 0. Abbildung 8.21 oben zeigt als Beispiel die Darstellung einer Menge von Buchstaben:

Operationen wie Vereinigung und Durchschnitt sind in dieser Darstellungsform leicht möglich, nämlich durch eine bitweise logische Verknüpfung der beiden beteiligten Bitmaps.

In C lassen sich Bitmaps durch Variablen skalarer Typen darstellen. Im folgenden Beispiel
werden hierzu Variablen des Typs unsigned long benutzt (→ Abbildung 8.21 unten):

```
#define MENGENTYP unsigned long
const unsigned int size = sizeof(MENGENTYP)*8;
```

Bitmap-Darstellung der Menge {a,e,i,r,s,t,x} aus der Grundmenge der Kleinbuchstaben:

a	b	c	d	e	f	g	h	i	j	k	l	m	n	o	p	q	r	s	t	u	v	w	x	y	z
1	0	0	0	1	0	0	0	1	0	0	0	0	0	0	0	0	1	1	1	0	0	0	1	0	0

Bitmap-Darstellung einer Menge von Zahlen durch vier Bytes (Grundmenge: { 0, 1, ..., 30, 31 }):

0	1	2	3	4	5	6	7	8	9	10	11	12	13	14	15	16	17	18	19	20	21	22	23	24	25	26	27	28	29	30	31
0	0	0	1	1	0	0	0	0	1	1	1	1	0	0	1	0	1	0	1	0	1	0	0	0	1	1	0	0	0	1	1

Abbildung 8.21 Mengendarstellung durch Bitmaps

Die Benutzung eines eigenen, neuen Typnamens MENGENTYP erlaubt es, das Programm bei Bedarf auf einen anderen skalaren Typ umzustellen. Die Konstante size gibt die Anzahl der Bits der Bitmap und damit die Größe der Grundmenge an.

Die Vereinigung zweier Mengen, die durch die Variablen a und b dargestellt werden, ergibt sich durch die bitweise Oder-Verknüpfung a | b, die Schnittmenge durch die Und-Verknüpfung a&b und das Mengenkomplement durch die bitweise Negation ~a. Die drei grundlegenden Mengenoperationen sehen hier also wie folgt aus (→ Abbildung 8.22):

```
void addAll(MENGENTYP *menge_a, MENGENTYP menge_b) {
 *menge_a = *menge_a | menge_b;
}
void retainAll(MENGENTYP *menge_a, MENGENTYP menge_b) {
 *menge_a = *menge_a & menge_b;
}
void removeAll(MENGENTYP *menge_a, MENGENTYP menge_b) {
 *menge_a = *menge_a & (~menge_b);
}
```

	0	1	2	3	4	5	6	7	8	9	
long a	0	1	1	1	0	0	0	0	0	...	entspricht A = { 1, 2, 3 }
long b	0	0	1	1	1	1	0	0	0	...	entspricht B = { 2, 3, 4, 5 }
a | b	0	1	1	1	1	1	0	0	0	...	entspricht A ∪ B = { 1, 2, 3, 4, 5 }
a & b	0	0	1	1	0	0	0	0	0	...	entspricht A ∩ B = { 2, 3 }
a & ~b	0	1	0	0	0	0	0	0	0	...	entspricht A \ B = { 1 }

Abbildung 8.22 Mengenoperationen auf Bitmaps – Vereinigung, Durchschnitt, Differenz

Ein neues Element wird einer Menge folgendermaßen hinzugefügt:

```
int hinzufuegen(MENGENTYP *menge, unsigned int x) {
 MENGENTYP h = 1;
 if (x>size-1)
  return -1;
 h <<= size-1-x;
 *menge = *menge | h;
 return 0;
}
```

Ein Shift bringt in der Hilfsvariablen h eine einzelne 1 an die Position, die dem hinzuzufügenden Element x entspricht. Das Einfügen selbst geschieht dann durch eine bitweise Oder-Verknüpfung. Wird versucht, ein Element einzufügen, das nicht zur Grundmenge gehört, so liefert die Funktion -1 zurück, sonst 0.

Das Entfernen eines Elements geschieht analog:

```
int entfernen(MENGENTYP *menge, unsigned int x) {
 MENGENTYP h = 1;
 if (x>size-1)
  return -1;
 h <<= size-1-x;
 *menge = *menge & ~h;
 return 0;
}
```

entfernen() schiebt ebenfalls zunächst eine 1 an die Position x der Hilfsvariablen h. Die Komplementbildung ~h erzeugt dann ein Bitmuster, das an allen Positionen außer der Position x Einsen enthält. Die Und-Verknüpfung dieses Bitmusters mit der Mengendarstellung entfernt das Element x aus der Menge.

Schließlich benötigt man noch eine Funktion, die die Elemente einer Menge auf den Bildschirm ausgibt:

```
void ausgabe(MENGENTYP menge) {
 for (int i=size-1; i>=0; i--)
   if (menge>>i & 1)
     printf("%d ",size-1-i);
 printf("\n");
}
```

Die Schleife schiebt schrittweise die Werte der einzelnen Bits an die Rechtsaußen-Position der Bitdarstellung. Eine Und-Verknüpfung mit 1 liefert genau dann eine 1 (also ein „true"), wenn das entsprechende Bit den Wert 1 hat, und nur dann wird das Element ausgegeben.

8.6 Übungsaufgaben

1. Schreiben Sie eine Funktion, die in eine einfach verkettete Liste hinter den n-ten Knoten einen neuen Knoten einfügt. Die Funktion soll als Parameter einen Zeiger auf den Kopf der Liste, einen Zeiger auf den neuen Knoten und den nichtnegativen Ganzzahlwert n erhalten. Hat n den Wert 0, so soll der neue Knoten als neuer Listenkopf eingefügt werden. Tritt ein Fehler auf (hat beispielsweise die Liste weniger als n Knoten), so soll die Funktion -1 zurückliefern, sonst 0.

2. Schreiben Sie eine Funktion, die aus einer doppelt verketteten Liste den n-ten Knoten entfernt. Die Funktion soll als Parameter einen Zeiger auf den Kopf der Liste und den nichtnegativen Ganzzahlwert n erhalten. Hat n den Wert 0 oder 1, so soll der Listenkopf entfernt werden. Tritt ein Fehler auf (hat beispielsweise die Liste weniger als n Knoten), so soll die Funktion NULL zurückliefern, sonst einen Zeiger auf den entfernten Knoten.

3. Schreiben Sie eine Funktion, die die Anzahl der Knoten einer einfach verketteten Liste feststellt und als Rückgabewert liefert. Schreiben Sie entsprechende Funktionen für doppelt verkettete Listen und für Binärbäume.

   Hinweis zur Programmierung: Die Anzahl der Knoten eines Binärbaums ist 0, wenn der Baum leer ist, also keine Knoten hat. Sonst ergibt sie sich rekursiv als 1 + *Anzahl der Knoten des linken Unterbaums + Anzahl der Knoten des rechten Unterbaums.*

4. Welche Durchlaufreihenfolge muss man wählen, um die Knotenwerte eines Suchbaums in aufsteigender Reihenfolge zu erhalten?

5. Verdeutlichen Sie sich anhand einer Skizze die genaue Funktionsweise der Löschfunktion aus 8.4.2.4 und der Einfügefunktion aus 8.4.2.6.

6. Schreiben Sie für beide Formen der Mengendarstellung (doppelt verkettete Listen, Bitmaps) je eine Funktion, die Folgendes leistet: Die Funktion bekommt zwei Mengen A und B als Parameter übergeben und liefert als Rückgabewert die Menge aller Elemente, die entweder in A oder in B, aber nicht in beiden Mengen enthalten sind. A und B sollen selbst nicht verändert werden.

A Auswertung von Ausdrücken

A.1 Implizite Typkonversionen

In Ausdrücken, die Operanden unterschiedlicher Typen enthalten, finden implizite Typ- und Wertkonversionen (= Umwandlungen) statt, um die Operanden einander anzupassen. „Implizit" bedeutet, dass die Konversionen automatisch geschehen, also ohne explizite Type Casts der Form `(typname) ausdruck`. Dasselbe geschieht bei Zuweisungen, in denen die Zielvariable einen anderen Typ als der zuzuweisende Wert hat.

A.1.1 Konversionen in Rechenausdrücken

Die Konversionen, die im Folgenden beschrieben werden, finden bei der Anwendung aller binären (zweistelligen) Rechenoperatoren statt. Eine Ausnahme davon sind die aussagenlogischen Operatoren `&&` und `||`, die stets einen `int`-Wert liefern. Aus den Konversionen ergibt sich auch der Typ eines arithmetischen Ausdrucks als Ganzes und damit der Typ seines Werts.

Die Konversionen basieren auf den grundlegenden „natürlichen" Rangordnungen für Ganzzahl- und Gleitkommatypen:

- `char < short < int < long < long long`
  (wobei ein `unsigned`-Typ vom selben Rang wie der entsprechende Signed-Typ ist)
- `float < double < long double`

Auf dieser Basis gilt:

- Ist einer der Operanden vom Typ `long double`, so wird der andere Operand (der von einem Gleitkomma- oder einem Ganzzahltyp sein kann) nach `long double` umgewandelt.
- Ist das nicht der Fall, ist aber einer der Operanden vom Typ `double`, so wird der andere Operand nach `double` umgewandelt.
- Ist das nicht der Fall, ist aber einer der Operanden vom Typ `float`, so wird der andere Operand nach `float` umgewandelt.
- Ist das nicht der Fall, sind also beide Operanden von einem Ganzzahltyp, und hat einer der beiden Operanden einen geringerwertigen Typ als der andere, so wird ersterer in den Typ des anderen (also in den höherwertigen Typ) umgewandelt.
- Zudem lässt es der Standard zu, dass ein Operand mit einem Typ, der geringerwertig als `int` ist, nach `int` umgewandelt wird, dass also mit dem geringerwertigen Typen nicht weitergearbeitet wird.

Die mit einer Typkonversion einhergehende Umwandlung des Operandenwerts (d.h. die Umwandlung seiner Binärdarstellung) geschieht analog zu dem, was bei einer Zuweisung passiert ($\rightarrow$ Tabellen A.1 und A.2 des nächsten Abschnitts).

A.1.2 Konversionen bei Zuweisungen

t_{var} bezeichne den Typ der Zielvariablen und t_{ausdr} den Typ des Ausdrucks in einer Zuweisung var=ausdr. Sind t_{var} und t_{ausdr} nicht gleich, so wird der Wert von ausdr vor der eigentlichen Zuweisung in einen Wert des Typs t_{var} umgewandelt. Die Vorgehensweise ist dabei wie folgt:

Tabelle A.1 Wertumwandlung bei Zuweisungen zwischen Ganzzahltypen

t_{var}	t_{ausdr}	Umwandlung von ausdr	
		Binärdarstellung	Effekt für den Wert
Ganzzahltyp, unsigned, breiter als t_{ausdr}	beliebiger Ganzzahltyp	Auffüllen links mit dem Vorzeichenbit (= Bit links außen)	Erhaltung des Werts einer nicht-negativen Zahl; Verlust des korrekten Werts einer negativen Zahl, da das Bit links außen nicht mehr als Vorzeichen interpretiert wird
Ganzzahltyp, unsigned, gleich breit wie t_{ausdr}	beliebiger Ganzzahltyp	keine Änderung	
Ganzzahltyp, unsigned, schmaler als t_{ausdr}	beliebiger Ganzzahltyp	Abschneiden der Bits links	Erhaltung des Werts einer nicht-negativen Zahl, wenn er im t_{var}-Wertebereich liegt; Verlust des korrekten Werts sonst
Ganzzahltyp, signed, breiter als t_{ausdr}	beliebiger Ganzzahltyp	Auffüllen links mit dem Vorzeichenbit (= Bit links außen)	Erhaltung des Werts
Ganzzahltyp, signed, gleich breit wie t_{ausdr}	beliebiger Ganzzahltyp	keine Änderung	Verlust des korrekten Werts einer positiven Zahl, wenn zu groß für t_{var}-Wertebereich; Erhaltung des Werts sonst
Ganzzahltyp, signed, schmaler als t_{ausdr}	beliebiger Ganzzahltyp	Abschneiden links	Erhaltung des Werts nur dann, wenn im t_{var}-Wertebereich; Verlust des Werts sonst

Ein Typ t_1 ist „breiter" als ein Typ t_2, wenn t_1-Werte in mehr Bytes dargestellt werden als t_2-Werte.

Tabelle A.2 Wertumwandlung zwischen Ganzzahltypen und Typen mit Nachpunktstellen

t_{var}	t_{ausdr}	Effekt für den Wert von `ausdr`
Ganzzahltyp	Typ mit Nachpunktstellen	Beibehalten des ganzzahligen Anteils, Abschneiden der Nachpunktstellen. Verlust des korrekten Werts bei Zuweisung eines negativen Werts an eine `unsigned`-Variable oder bei Überschreiten des t_{var}-Wertebereichs.
Typ mit Nachpunktstellen	Ganzzahltyp	Beibehalten des ganzzahligen Anteils, Anhängen von Nullen als Nachpunktstellen. Rundungsfehler, wenn nicht exakt im t_{var}-Wertebereich darstellbar. In Einzelfällen Verlust des korrekten Werts durch Überschreiten des t_{var}-Wertebereichs.
Typ mit Nachpunktstellen	Typ mit Nachpunktstellen	Möglichst genaue Umwandlung des Werts nach t_{var}. Rundungsfehler, wenn nicht exakt im t_{var}-Wertebereich darstellbar. Verlust des korrekten Werts bei Überschreiten des t_{var}-Wertebereichs.

Die Regeln gelten auch bei der Parameterübergabe an Funktionen (zur Anpassung des Arguments/aktuellen Parameters an den formalen Parameter) und bei der Wertrückgabe (zur Anpassung des Rückgabewerts an den Rückgabetyp der Funktion).

A.2 Sequenzpunkte

Ein Sequenzpunkt ist ein Zeitpunkt bei der Ausführung eines Programms (entsprechend einer Stelle im Programmtext), bei dessen Erreichen die Nebeneffekte aller zuvor durchlaufenen Ausdrücke vollständig eingetreten und die Nebeneffekte aller noch nicht durchlaufenen Ausdrücke noch nicht eingetreten sind. Zwischen den Sequenzpunkten ist nicht festgelegt, wann Nebeneffekte wirksam werden.

Beispiel: Die Nebeneffekte der Zuweisung n = ++n + ++n sind zwei Inkrementierungen von n. Der C-Standard spezifiziert nicht, wann diese Nebeneffekte wirksam werden. Für die Beispielzuweisung ist also nicht festgelegt, wann n der um 1 erhöhte Wert jeweils zugewiesen wird und welchen Wert n damit schließlich haben wird.

Sequenzpunkte sind die folgenden Zeitpunkte:

* Bei einem Funktionsaufruf:
  Nach der Berechnung aller Argumentwerte und vor dem eigentlichen Sprung in die Funktion.

- Bei der Auswertung eines binären Ausdrucks der Form `a&&b`, `a||b`, `a,b` oder eines ternären Ausdrucks der Form `a?b:c`:
  Nach der Berechnung von `a` und vor der Berechnung von `b` bzw. von `b` oder `c`.

- Bei sonstigen Ausdrücken:
  Am Ende der Auswertung

  - des Ausdrucks für den Anfangswert in einer Variablendefinition,

  - eines Ausdrucks, der als Anweisung verwendet wird (z.B. `--n;` oder `n++;`),

  - der Bedingung einer `if`-Anweisung, `do`-Schleife oder `do-while`-Schleife,

  - jedes der drei Ausdrücke im Kopf einer `for`-Schleife,

  - des Auswahlausdrucks im Kopf einer `switch`-Anweisung sowie

  - des Ausdrucks in einer `return`-Anweisung.

Hieraus folgt insbesondere, dass es innerhalb eines Ausdrucks wie im obigen Beispiel keinen Sequenzpunkt gibt und damit die Reihenfolge der Nebeneffekte nicht festgelegt ist.

A.3 Bindungsstärken und Auswertungsreihenfolgen

Eine Tabelle mit den Bindungsstärken der Operatoren sowie Informationen über die Auswertungsreihenfolge bei Ausdrücken befinden sich in Anhang D.3 auf Seite 217.

B Vordefinierte Konstanten

B.1 Wertebereiche der skalaren Typen

Die folgenden Konstanten sind in den Header-Dateien `limits.h` und `float.h` definiert:

Tabelle B.1 Konstanten, die die Wertebereiche der skalaren Typen festlegen

Name	Bedeutung	Header-Datei
CHAR_BIT	Anzahl der Bits zur Darstellung eines `char`-Werts	`limits.h`
CHAR_MAX	größter `char`-Wert	`limits.h`
CHAR_MIN	kleinster `char`-Wert	`limits.h`
SCHAR_MAX	größter `signed-char`-Wert	`limits.h`
SCHAR_MIN	kleinster `signed-char`-Wert	`limits.h`
UCHAR_MAX	größter `unsigned-char`-Wert	`limits.h`
SHRT_MAX	größter `short`-Wert	`limits.h`
SHRT_MIN	kleinster `short`-Wert	`limits.h`
USHRT_MAX	größter `unsigned-short`-Wert	`limits.h`
INT_MAX	größter `int`-Wert	`limits.h`
INT_MIN	kleinster `int`-Wert	`limits.h`
UINT_MAX	größter `unsigned-int`-Wert	`limits.h`
LONG_MAX	größter `long`-Wert	`limits.h`
LONG_MIN	kleinster `long`-Wert	`limits.h`
ULONG_MAX	größter `unsigned-long`-Wert	`limits.h`
LLONG_MAX	größter `long-long`-Wert	`limits.h`
LLONG_MIN	kleinster `long-long`-Wert	`limits.h`
ULLONG_MAX	größter `unsigned-long-long`-Wert	`limits.h`
FLT_RADIX	Basis B der Zahlendarstellung mantisse · B^{exponent} (üblicherweise 2)	`float.h`
FLT_ROUNDS	Art des Rundens von `float`-Zahlen (üblicherweise 1 = Runden zur nächsten ganzen Zahl)	`float.h`
FLT_DIG DBL_DIG LDBL_DIG	Anzahl der Nachpunktstellen bei dezimaler Wertausgabe (für `float`, `double` **bzw.** `long double`)	`float.h`

Tabelle B.1 (Forts.) Konstanten, die die Wertebereiche der skalaren Typen festlegen

Name	Bedeutung	Header-Datei
FLT_EPSILON DBL_EPSILON LDBL_EPSILON	kleinster Wert x mit 1.0 + x ≠ 1.0 (für float, double **bzw.** long double)	float.h
FLT_MANT_DIG DBL_MANT_DIG LDBL_MANT_DIG	Anzahl der Ziffern zur Basis FLT_RADIX in der Mantisse (für float, double **bzw.** long double)	float.h
FLT_MAX DBL_MAX LDBL_MAX	größter Wert (für float, double **bzw.** long double)	float.h
FLT_MIN DBL_MIN LDBL_MIN	kleinster echt positiver Wert (normalisiert) (für float, double **bzw.** long double)	float.h
FLT_MAX_EXP DBL_MAX_EXP LDBL_MAX_EXP	größter positiver Exponent (für float, double **bzw.** long double)	float.h
FLT_MIN_EXP DBL_MIN_EXP LDBL_MIN_EXP	kleinster negativer Exponent (für float, double **bzw.** long double)	float.h

B.2 Mathematische Konstanten

Die folgenden Konstanten sind zwar nicht Bestandteil des C-Standards, werden aber auf vielen Systemen durch die Header-Datei math.h definiert:

Tabelle B.2 Mathematische Standardkonstanten

Name der Konstanten	Wert	Name der Konstanten	Wert
M_E	e	M_LN2	ln(2)
M_PI	π	M_LN10	ln(10)
M_PI_2	$\pi/2$	M_LOG2E	$\log_2(e)$
M_PI_4	$\pi/4$	M_LOG10E	$\log_{10}(e)$

Die angegebenen Werte sind jeweils auf eine bestimmte Anzahl von Stellen gerundet.

C Standardbibliothek

Es folgt eine Übersicht über die wichtigsten Funktionen der C-Standardbibliothek. Ein vollständiges Verzeichnis findet man beispielsweise im C-Standard [ISO18] oder durch Suche im Internet.

C.1 Dateizugriffe und Ein-/Ausgabe

Alle Funktionen sind in `stdio.h` deklariert. Weitere Erklärungen findet man in → 7.

C.1.1 Thematische Übersicht über die Funktionen

Tabelle C.1 Funktionen zum Zugriff auf die Standardein-/-ausgabe

Prototyp	Effekt	Details
Lesen und Schreiben der Standardein-/-ausgabe		
`int scanf(const char *format, ...)`	liest Werte formatiert ein	S. 129 S. 204
`int getchar(void)`	liest einzelnes Zeichen ein und liefert es als Rückgabewert	S. 134 S. 200
`int printf(const char *format, ...)`	gibt Werte formatiert aus	S. 127 S. 200
`int puts(const char *s)`	gibt Zeichenkette aus s aus	S. 135 S. 203
`int putchar(int c)`	gibt einzelnes Zeichen aus c aus	S. 135 S. 203

Tabelle C.2 Funktionen zum Zugriff auf beliebige Dateien/Datenströme

Prototyp	Effekt	Details
Öffnen und Schließen von Dateien		
`FILE *fopen(` `  const char *filename,` `  const char *mode)`	öffnet Datei für bestimmte Arten von Zugriffen und liefert einen Zeiger auf den entsprechenden Datenstrom	S. 135 S. 197
`int fclose(FILE *stream)`	schließt eine Datei nach Zugriffen	S. 137 S. 195
Ein-/Ausgabe von Zeichen und Zeichenketten		
`int fgetc(FILE *stream)`	liest einzelnes Zeichen ein	S. 138 S. 196

Tabelle C.2 (Forts.) Funktionen zum Zugriff auf beliebige Dateien/Datenströme

Prototyp	Effekt	Details

`char *fgets(char *s,`
`            int n,`
`            FILE *stream)`
	liest Zeichenkette mit maximal
	n-1 Zeichen nach s ein
		S. 138
		S. 197

`int fputc(int c,` `          FILE *stream)`	gibt einzelnes Zeichen aus c aus	S. 138 S. 198
`int fputs(const char *s,` `          FILE *stream)`	gibt Zeichenkette aus s aus	S. 139 S. 198
Formatierte Ein-/Ausgabe		

`int fscanf(FILE *stream,`
`           const char *format,`
`           ...)`
	liest Werte formatiert
	aus einem Strom stream ein
		S. 139
		S. 199

`int sscanf(const char *s,`
`           const char *format,`
`           ...)`
	liest Werte formatiert
	aus einer Zeichenkette s
		S. 140
		S. 206

`int fprintf(FILE *stream,`
`            const char *format,`
`            ...)`
	gibt Werte formatiert
	in einen Strom stream aus
		S. 139
		S. 198

`int sprintf(char *s,`
`            const char *format,`
`            ...)`
	schreibt Werte formatiert
	in eine Variable s
		S. 140
		S. 206

Binäre Ein-/Ausgabe		

`size_t fread(void *ptr,`
`             size_t size,`
`             size_t nmemb,`
`             FILE *stream)`
	liest nmemb Blöcke der Größe size in
	den Speicherbereich
	ab der Adresse ptr binär ein
		S. 140
		S. 198

`size_t fwrite(const void *ptr,`
`              size_t size,`
`              size_t nmemb,`
`              FILE *stream)`
	gibt nmemb Blöcke der Größe size
	aus dem Speicherbereich
	ab der Adresse ptr binär aus
		S. 141
		S. 200

Wahlfreier Dateizugriff		
`long ftell(FILE *stream)`	liefert die aktuelle Position des Positionszeigers	S. 141 S. 199

`int fseek(FILE *stream,`
`          long offset,`
`          int whence)`
	setzt den Positionszeiger an die
	Position, die offset Byte von der
	Position whence entfernt ist
		S. 142
		S. 199

`void rewind(FILE *stream)`	setzt den Positionszeiger an den Dateianfang zurück	S. 142 S. 204

Tabelle C.2 (Forts.) Funktionen zum Zugriff auf beliebige Dateien/Datenströme

Prototyp	Effekt	Details
Dateiende, Puffer, Fehlerbehandlung		
`int ` **`feof`**`(FILE *stream)`	überprüft, ob der Positionszeiger das Dateiende erreicht hat	S. 143 S. 196
`int ` **`fflush`**`(FILE *stream)`	überträgt den Inhalt des Puffers in die Datei auf dem Datenträger	S. 143 S. 196

`int ` **`setvbuf`**`(FILE *stream,`
`        char *buf,`
`        int mode,`
`        size_t size)`
	bestimmt das Pufferungsverhalten des Stroms	S. 144 S. 206

`int ` **`ferror`**`(FILE *stream)`	prüft, ob bezüglich des Stroms ein Fehler aufgetreten ist	S. 144 S. 196
`void ` **`perror`**`(const char *s)`	gibt eine Fehlerbeschreibung auf die Standardfehlerausgabe aus	S. 144 S. 200
`void ` **`clearerr`**`(FILE *stream)`	löscht das Fehler- und das Dateiende-Flag des Datenstroms	S. 144 S. 195
Dateisystem		
`int ` **`remove`**`(const char *filename)`	entfernt den Eintrag `filename` aus dem Dateisystem	S. 145 S. 203
`int ` **`rename`**`(const char *old,` `          const char *new)`	ersetzt im Dateisystem den Eintrag `old` durch den Eintrag `new`	S. 145 S. 203
`FILE *` **`tmpfile`**`(void)`	erzeugt eine temporäre, binär geöffnete Datei und liefert einen Zeiger auf den entsprechenden Strom	S. 145 S. 206

`size_t` ist ein plattformabhängiger `unsigned`-Ganzzahltyp, der in der Header-Datei `std-def.h` definiert wird.

C.1.2 Funktionen in alphabetischer Reihenfolge

clearerr()

Löscht das Fehler- und das Dateiende-Flag eines Datenstroms.

Prototyp: `void clearerr(FILE *stream);`

Parameter: `stream`   Zeiger auf den Strom.

fclose()

Schließt eine Datei/einen Datenstrom nach der Benutzung: Löst die Verbindung zwischen Datenstrom und Datei und schreibt die Daten aus dem Dateipuffer auf den Datenträger.

Prototyp: `int fclose(FILE *stream);`

Parameter: `stream`   Zeiger auf den zu schließenden Strom.

Rückgabe: `0` im Erfolgsfall, `EOF` im Fehlerfall.

Beispiel: S. 124.

feof()

Prüft, ob das Ende eines Datenstroms erreicht ist, d.h. ob bei einer Datei der Positionszeiger das Dateiende erreicht hat und damit das Dateiende-Flag gesetzt ist.

Prototyp: `int feof(FILE *stream);`

Parameter: `stream`   Zeiger auf den Strom.

Rückgabe: `0`, falls Dateiende nicht erreicht;
              ein Wert `!=` `0`, falls Dateiende erreicht.

Beispiel: S. 138.

ferror()

Prüft, ob bezüglich eines Datenstroms ein Fehler aufgetreten ist, d.h. ob sein Fehler-Flag gesetzt ist.

Prototyp: `int ferror(FILE *stream);`

Parameter: `stream`   Zeiger auf den Strom.

Rückgabe: ein Wert ungleich `0`, wenn ein Fehler aufgetreten ist;
              `0` sonst.

fgetc()

Liest ein einzelnes Zeichen aus einem Datenstrom. Alternativ kann das Makro `getc()` mit ansonsten gleichem Prototypen benutzt werden.

Prototyp: `int fgetc(FILE *stream);`

Parameter: `stream`   Zeiger auf den Strom.

Rückgabe: gelesenes Zeichen im Erfolgsfall;
              `EOF` sonst (wenn das Dateiende erreicht wurde oder im Fehlerfall).

Beispiel: S. 138.

fflush()

Überträgt den Inhalt eines Dateipuffers auf den Datenträger und sichert ihn damit vor Datenverlusten bei Systemabstürzen.

Prototyp: `int fflush(FILE *stream);`

Parameter: `stream`   Zeiger auf den Strom, dem der Puffer zugeordnet ist.

Rückgabe: `0` im Erfolgsfall, `EOF` im Fehlerfall.

Beispiel: S. 144.

fgets()

Liest eine Zeichenkette aus einem Datenstrom. Die Zeichenkette wird in eine Zeichenkettenvariable übertragen und dort automatisch mit `\0` abgeschlossen.

Prototyp:	`char *fgets(char *s, int n, FILE *stream);`
Parameter:	`s` Adresse der Zeichenkettenvariablen, in die die Daten eingelesen werden sollen.
	`n` `n-1` = Maximalzahl der zu lesenden Zeichen. `n` ist üblicherweise die Länge von `s`, so dass mindestens ein Byte in `s` frei bleibt, um das abschließende `\0` anzufügen.
	`stream` Zeiger auf den Strom.
Rückgabe:	`s` im Erfolgsfall; `NULL` sonst (Dateiende erreicht oder sonstiger Fehler).
Beispiel:	S. 139.

fopen()

Öffnet eine Datei für Zugriffe: Erzeugt einen Datenstrom, über den auf die Datei zugegriffen werden kann.

Prototyp:	`FILE *fopen(const char *filename, const char *mode);`
Parameter:	`filename` Name oder Pfad der Datei:
	`mode` Art der Zugriffe, die nach dem Öffnen zulässig sind; Festlegung, ob eine Datei beim Öffnen erzeugt werden soll:

`r`	Nur Lesezugriffe sind erlaubt. Die Datei muss bereits existieren.
`w`	Nur Schreibzugriffe sind erlaubt. Existiert die Datei bereits, so wird ihr bisheriger Inhalt beim Öffnen vollständig gelöscht. Existiert die Datei noch nicht, so wird sie erzeugt.
`a`	Nur Schreibzugriffe sind erlaubt. Die Zugriffe finden am jeweiligen Ende der Datei statt (a = „append" = anhängen). Insbesondere werden neue Daten an den bisherigen Dateiinhalt angehängt, falls die Datei schon existiert. Existiert die Datei noch nicht, so wird sie erzeugt.
`r+`	Lese- und Schreibzugriffe sind erlaubt. Die Datei muss bereits existieren.
`w+`	Lese- und Schreibzugriffe sind erlaubt. Existiert die Datei bereits, so wird ihr bisheriger Inhalt beim Öffnen vollständig gelöscht. Existiert die Datei noch nicht, so wird sie erzeugt.
`a+`	Lese- und Schreibzugriffe sind erlaubt. Schreibzugriffe finden am jeweiligen Ende der Datei statt. Insbesondere werden neue Daten an den bisherigen Dateiinhalt angehängt, falls die Datei schon existiert. Existiert die Datei noch nicht, so wird sie erzeugt.
An den Wert kann ein `b` angefügt werden (also z.B. `"r+b"`). Die Datei wird dann im Binärmodus geöffnet, so dass beliebige Bytefolgen ein- und ausgegeben werden können. Wird ein `t` oder gar nichts angehängt, so wird die Datei im Textmodus zur Ein-/Ausgabe von Zeichen und Zeichenketten geöffnet.	

> Bei einer Datei, die zum Lesen und Schreiben (also mit "..+..") geöffnet wurde, darf auf eine Schreiboperation nicht unmittelbar eine Leseoperation folgen oder umgekehrt. Es muss dazwischen der Positionszeiger, der die Stelle der nächsten Lese- oder Schreiboperation festlegt (siehe unten), per `fseek()`, `fsetpos()` oder `rewind()` positioniert werden, oder (nach einer Schreiboperation) der Dateipuffer per `fflush()` auf den Datenträger gesichert werden.
> Bei einer Datei, die zum Anhängen (also mit "a..") geöffnet wurde, finden *alle* Schreibzugriffe am jeweiligen Dateiende statt – unabhängig vom Positionszeiger.

Rückgabe: Zeiger, über den auf die Datei/den Strom zugegriffen werden kann; `NULL`, falls Öffnung nicht erfolgreich.

Beispiele: S. 124, S. 135, S. 141.

fprintf()

Schreibt Werte formatiert in einen Datenstrom; geht dabei wie `printf()` vor ($\rightarrow$ S. 200).

Prototyp: `int fprintf(FILE *stream, const char *format, ...);`

Beispiel: S. 124.

fputc()

Schreibt ein einzelnes Zeichen in einen Datenstrom. Alternativ kann das Makro `putc()` mit ansonsten gleichem Prototypen benutzt werden.

Prototyp: `int fputc(int c, FILE *stream);`

Parameter: `c`   zu schreibendes Zeichen.

             `stream`   Zeiger auf den Strom.

Rückgabe: geschriebenes Zeichen im Erfolgsfall, `EOF` im Fehlerfall.

Beispiel: S. 138.

fputs()

Schreibt eine Zeichenkette in einen Datenstrom.

Prototyp: `int fputs(const char *s, FILE *stream);`

Parameter: `s`   Adresse der auszugebenden Zeichenkettenvariablen oder Zeichenkettenkonstante. Die Zeichenkette muss durch `\0` abgeschlossen sein, was aber nicht mit ausgegeben wird.

             `stream`   Zeiger auf den Strom.

Rückgabe: nichtnegativer Wert im Erfolgsfall, `EOF` im Fehlerfall.

Beispiel: S. 139.

fread()

Liest eine Folge beliebiger binärer Werte aus einem Datenstrom.

Prototyp: `size_t fread(void *ptr, size_t size,`
                                         `size_t nmemb, FILE *stream);`

Parameter:	`ptr`	Anfangsadresse des Speicherbereichs, in den die Daten eingelesen werden sollen.
	`size`	Länge eines einzulesenden Datenblocks (in Byte).
	`nmemb`	Anzahl der einzulesenden Datenblöcke der Länge `size`.
	`stream`	Zeiger auf den Strom.
Rückgabe:		Anzahl der fehlerfrei eingelesenen Datenblöcke der Länge `size`.
Beispiele:		S. 141, S. 143.

fscanf()

Liest Werte formatiert aus einem Datenstrom; geht dabei wie `scanf()` vor (→ S. 204).

Prototyp: `int fscanf(FILE *stream, const char *format, ...);`

fseek()

Setzt den Positionszeiger eines Datenstroms an eine bestimmte Stelle. Für Dateien, die im Textmodus geöffnet wurden, gelten dabei Beschränkungen (siehe unten).

Prototyp: `int fseek(FILE *stream, long offset, int whence);`

Parameter:	`stream`	Zeiger auf den Strom.
	`offset`	Gibt an, um wie viele Bytes der Positionszeiger von einer bestimmten Basis entfernt gesetzt werden soll (also: neue Position = Basis + `offset`). Die Basis wird durch den Parameter `whence` bestimmt. `offset` kann auch negativ sein.
	`whence`	Gibt die Basis für `offset` an: `SEEK_SET`: Dateianfang, `SEEK_CUR`: aktuelle Position des Positionszeigers, `SEEK_END`: Dateiende.

Bei Dateien, die im Textmodus geöffnet wurden, muss `offset` entweder gleich `0` sein oder ein Wert, der zuvor von einem `ftell()`-Aufruf geliefert wurde (Letzteres aber nur zulässig, wenn `whence` gleich `SEEK_SET` ist).

Das erste Byte einer Datei hat die Positionsnummer `0`.

Rückgabe: `0` im Erfolgsfall, ein Wert !=0 im Fehlerfall.

Beispiele: S. 142, S. 143.

ftell()

Liefert die aktuelle Position des Positionszeigers eines Datenstroms.

Prototyp: `long ftell(FILE *stream);`

Parameter: `stream` Zeiger auf den Strom.

Rückgabe: Position im Strom/in der Datei, an der als nächstes gelesen oder geschrieben wird (Ausnahme siehe Erläuterungen zu `fopen()`). Bei einer im Binärmodus geöffneten Datei: Nummer eines Bytes, gezählt vom Dateianfang beginnend

mit 0. Bei einer im Textmodus geöffneten Datei: nicht näher spezifizierte Information, die als Parameterwert für `fseek()` verwendet werden kann.

fwrite()

Schreibt eine Folge beliebiger binärer Werte in einen Datenstrom. Die entsprechende Datei
muss im Binärmodus geöffnet worden sein (dies gilt zumindest unter Windows; UNIX unterscheidet nicht zwischen Binär- und Textmodus).

Prototyp: `size_t fwrite(const void *ptr, size_t size,`
                          `size_t nmemb, FILE *stream);`

Parameter: `ptr`   Anfangsadresse des Speicherbereichs,
                      aus dem heraus die Daten ausgegeben werden sollen.

           `size`   Länge eines auszugebenden Datenblocks (in Byte).

           `nmemb`   Anzahl der auszugebenden Datenblöcke der Länge `size`.

           `stream`   Zeiger auf den Strom.

Rückgabe: Anzahl der fehlerfrei ausgegebenen Datenblöcke der Länge `size`.

Beispiele: S. 141, S. 143.

getchar()

Liest ein einzelnes Zeichen von der Standardeingabe.

Prototyp: `int getchar(void);`

Rückgabe: gelesenes Zeichen im Erfolgsfall; `EOF` sonst (wenn das Ende der `stdin`-Ein-
           gabe erreicht wurde oder im Fehlerfall).

Beispiel: S. 144.

perror()

Schreibt eine Fehlermeldung auf die Standardfehlerausgabe. Die Meldung setzt sich zusammen aus einer Einleitung, gefolgt von einem Doppelpunkt, gefolgt von dem Fehlertext, der
der Fehlernummer in der Variablen `errno` zugeordnet ist. Die Fehlernummer in `errno` beschreibt den zuletzt aufgetretenen Fehler.

Prototyp: `void perror(const char *s);`

Parameter: `s`   Einleitungstext der Fehlermeldung.

printf()

Schreibt Daten formatiert auf die Standardausgabe: Interne binäre Werte werden mit Konversionsangaben in eine extern lesbare textuelle Form umgewandelt. Sie werden dann in
eine vorgegebene Zeichenkette an den Positionen der Konversionsangaben eingefügt.

Prototyp: `int printf(const char *format, ...);`

Parameter: `format`   Zeichenkette mit eingebetteten Konversionsangaben
                      (siehe unten).

...   Liste von Ausdrücken, deren Werte ausgegeben werden sollen.

Rückgabe: Anzahl der ausgegebenen Zeichen im Erfolgsfall,
                 negativer Wert im Fehlerfall.

Beispiele: S. 128–129.

Eine Konversionsangabe hat die folgende allgemeine Form (in Backus-Naur-Notation):

```
% {<Flag>} [<minimale Feldbreite>]
                    [.<Genauigkeit>] [<Typmodifikator>] <Typangabe>
```

Sie beginnt also mit einem %, optional gefolgt von beliebig vielen Flags, optional gefolgt von einer Festlegung der minimalen Anzahl der Zeichen der Darstellung, optional gefolgt von einem Punkt und einer Festlegung der Genauigkeit der Darstellung, optional gefolgt von einem Typmodifikator (d.h. einer Ergänzung der Typangabe), gefolgt von einer Typangabe. Im Folgenden sind die gebräuchlichsten Werte hierfür aufgeführt:

- Die *Typangabe* legt fest, wie der übergebene binäre Wert interpretiert wird (welchen Typ er also hat) und in welche Darstellungsform er umgewandelt wird:

Typ-angabe	Typ des Werts	Darstellungsform
d, i	`int`	dezimal (Ziffern 0...9)
u	`unsigned int`	dezimal (Ziffern 0...9)
o	`unsigned int`	oktal (Ziffern 0...7)
x, X	`unsigned int`	hexadezimal (Ziffern 0...9 a...f bzw. A...F)
f, F	`double`	dezimal mit Vor- und Nachpunktstellen
e, E	`double`	dezimal „Mantisse e Exponent" bzw. „Mantisse E Exponent"
g, G	`double`	dezimal, je nach Größe entweder gemäß `f` oder `e` bzw. `E`
c	`char/int`	Zeichen
s	`char *`	Zeichenkette
p	`void *`	Speicheradresse

C23 führt voraussichtlich die Typangabe `b` oder `B` für binäre Ganzzahlen ein.

- Der (optionale) *Typmodifikator* ergänzt die Typangabe durch `short` oder `long`:

Modifi-kator	vor Typangabe	Typ des Werts
h	d, i	`short int`
	u, o, x, X	`unsigned short int`
l	d, i	`long int`
	u, o, x, X	`unsigned long int`

ll	d, i	long long int
	u, o, x, X	unsigned long long int
L	f, F, e, E, g, G	long double

- Als (optionale) *Flags* für ergänzende Effekte können in beliebiger Reihenfolge auftreten:

Flag	bei Typangabe	Effekt
–	alle	Ausgabe erfolgt linksbündig (im Normalfall erfolgt die Ausgabe rechtsbündig)
+	d, i, f, F, e, E, g, G	vor positiven Zahlenwerten wird ein +-Zeichen ausgegeben (im Normalfall werden nur negative Vorzeichen ausgegeben)
Leer- zeichen	d, i, f, F, e, E, g, G	falls kein Vorzeichen auszugeben ist, wird stattdessen ein Leerzeichen ausgegeben
#	o	Ausgabe beginnt mit 0
	x, X	Ausgabe beginnt mit 0x bzw. 0X
	f, F, e, E, g, G	Ausgabe enthält einen Dezimalpunkt, auch wenn keine Nachpunktstellen ungleich null vorhanden sind
	g, G	Ausgabe enthält in den Nachpunktstellen abschließende Nullen (bis zur gewünschten Genauigkeit – siehe unten)
0	alle ohne c, s, p	Ausgabe wird mit führenden Nullen aufgefüllt (falls minimale Feldbreite angegeben ist – siehe unten)
	d, i, u, o, x, X	Flag 0 wird ignoriert, wenn eine Genauigkeit (siehe unten) angegeben ist

- Die (optionale) *minimale Feldbreite* ist ein dezimaler Ganzzahlwert, der die minimale Anzahl auszugebender Zeichen festlegt. Hat die Darstellung des auszugebenden Werts weniger Zeichen, so wird die Ausgabe im Normalfall linksbündig mit Leerzeichen aufgefüllt (sofern es durch Flags – siehe oben – nicht anders festgelegt ist). Statt des Zahlenwerts kann auch ein Stern * angegeben werden; man kann dann die gewünschte Breite dynamisch in einem weiteren Parameter übergeben.

- Die (optionale) *Genauigkeit* ist ein dezimaler Ganzzahlwert, der abhängig von der Typangabe Folgendes festlegt:

bei Typangabe	Festlegung
d, i, u, o, x, X	minimale Anzahl auszugebender Ziffern (Ausgabe wird gegebenenfalls mit führenden Nullen aufgefüllt)
f, F, e, E	Anzahl der Ziffern nach dem Dezimalpunkt

g, G	maximale Anzahl auszugebender Ziffern (Ausgabe wird gegebenenfalls nach den führenden Ziffern abgeschnitten)
s	maximale Anzahl auszugebender Zeichen (Ausgabe wird gegebenenfalls nach einem Anfangsstück abgeschnitten)

Statt des Zahlenwerts kann auch ein Stern `*` angegeben werden; man kann dann die gewünschte Genauigkeit dynamisch in einem weiteren Parameter übergeben.

Ein einfaches Prozentzeichen wird ausgegeben, indem man es verdoppelt:
`printf("%%");`

putchar()

Schreibt ein einzelnes Zeichen auf die Standardausgabe.

Prototyp: `int putchar(int c);`

Parameter: `c`   zu schreibendes Zeichen.

Rückgabe: geschriebenes Zeichen im Erfolgsfall, `EOF` im Fehlerfall.

puts()

Schreibt eine Zeichenkette auf die Standardausgabe und hängt einen Zeilenvorschub an.

Prototyp: `int puts(const char *s);`

Parameter: `s`   Adresse der auszugebenden Zeichenkettenvariablen oder Zeichenkettenkonstante. Die Zeichenkette muss durch `\0` abgeschlossen sein, was aber nicht mit ausgegeben wird.

Rückgabe: nichtnegativer Wert im Erfolgsfall, `EOF` im Fehlerfall.

remove()

Entfernt einen Eintrag aus dem Dateisystem und löscht dabei möglicherweise die entsprechende Datei (je nach Betriebssystem und je nachdem, ob für die Datei noch andere Einträge existieren).

Prototyp: `int remove(const char *filename);`

Parameter: `filename` zu entfernender Eintrag (Dateiname oder Pfad).

Rückgabe: `0` im Erfolgsfall, Wert ungleich `0` im Fehlerfall.

rename()

Ersetzt im Dateisystem einen Eintrag durch einen anderen Eintrag, benennt also eine Datei um und/oder fügt sie in ein anderes Unterverzeichnis ein.

Prototyp: `int rename(const char *old, const char *new);`

Parameter: `old`   zu ersetzender Eintrag (Dateiname oder Pfad).

              `new`   neuer Eintrag.

Rückgabe: `0` im Erfolgsfall, Wert ungleich `0` im Fehlerfall.

rewind()

Setzt den Positionszeiger eines Datenstroms an den Anfang zurück.

Prototyp: `void rewind(FILE *stream);`

Parameter: `stream`   Zeiger auf den Strom.

Beispiel: S. 143.

scanf()

Liest Daten formatiert von der Standardeingabe: Extern lesbare textuelle Darstellungen von Werten werden anhand von Konversionsangaben in interne Binärdarstellungen umgewandelt und dann in Speicherzellen abgelegt.

Prototyp: `int scanf(const char *format, ...);`

Parameter: `format`   Zeichenkette mit Konversionsangaben (siehe unten).

          `...`   Liste von Speicheradressen, an denen die konvertierten Werte gespeichert werden sollen.

Rückgabe: Anzahl der fehlerfrei eingelesenen und umgewandelten Werte oder `EOF`, wenn vor der ersten Umwandlung ein Fehler auftrat.

Beispiele: S. 131–133.

Eine Konversionsangabe hat die folgende allgemeine Form (in Backus-Naur-Notation):

`% [*] [<max. Anzahl Zeichen>] [<Typmodifikator>] <Typangabe>`

Sie beginnt also mit einem `%`, optional gefolgt von einem `*` (mit dem eine Eingabe ignoriert werden kann), optional gefolgt von einer Festlegung der maximalen Anzahl zu lesender Zeichen (als Dezimalzahl), optional gefolgt von einem Typmodifikator (d.h. einer Ergänzung der Typangabe), gefolgt von einer Typangabe. Im Folgenden sind die gebräuchlichsten Werte hierfür aufgeführt:

- Ein Stern `*` besagt, dass ein Wert zwar eingelesen, aber nicht gespeichert werden soll. Für solche Konversionsangaben enthält die Parameterliste also keine zugehörige Adressangabe.

- Die *Typangabe* legt fest, wie der übergebene textuelle Wert interpretiert und in welche binäre Form er somit umgewandelt wird (also welchen internen Typ er haben soll):

Typ-angabe	Typ des Werts	zu interpretierende textuelle Darstellungsform
d	int	ganzzahliger Dezimalwert, möglicherweise mit Vorzeichen
i	int	ganzzahliger Wert, möglicherweise mit Vorzeichen, entweder dezimal oder oktal (mit führender 0) oder hexadezimal (mit führendem 0x oder 0X)
u	unsigned int	ganzzahliger Dezimalwert
o	unsigned int	ganzzahliger Oktalwert (mit führender 0)

x	unsigned int	ganzzahliger Hexadezimalwert (mit führendem `0x` oder `0X`)
e, f, g	float	Zahlenwert, möglicherweise mit Vorzeichen, Nachpunktstellen und Exponent
c	char	Zeichen
s	char *	Zeichenkette ohne Whitespace-Zeichen
p	void *	Speicheradresse

Statt der Typangabe `s` kann auch das Konstrukt `[...]` verwendet werden. Innerhalb der Klammer (also anstelle der drei Punkte `...`) steht eine Menge von Zeichen, die bei der Eingabe akzeptiert werden sollen; die Eingabefolge wird also so weit gelesen, wie sie Zeichen aus dieser Menge enthält. Analog gibt das Konstrukt `[^...]` an, welche Zeichen *nicht* akzeptiert werden (siehe Beispiele S. 134).

C23 führt voraussichtlich die Typangabe `b` für binäre Ganzzahlen ein.

- Der (optionale) *Typmodifikator* ergänzt die Typangabe:

Modifi-kator	vor Typangabe	Typ des Werts
h	d, i	`short int`
	u, o, x	`unsigned short int`
l	d, i	`long int`
	u, o, x	`unsigned long int`
	e, f, g	`double`
L	e, f, g	`long double`

Um eine Konversionsangabe zu „bedienen", werden von der Standardeingabe so viele Zeichen eingelesen, wie zu dieser Angabe passen. Das erste nichtpassende Zeichen verbleibt zunächst in der Standardeingabe und wird dann der nächsten Konversionsangabe zugeordnet (Beispiel: Gibt man bei `scanf("%f%c", &f, &c)` die Zeichenkette `1.23x` ein, so erhält die `float`-Variable `f` den Wert `1.23` und die `char`-Variable `c` den Wert `'x'`).

Konversionsangaben können durch Whitespace-Zeichen (Leerzeichen, Tabulatoren, Zeilen- und Seitenvorschübe) oder eine Folge beliebiger anderer Zeichen oder auch beides voneinander getrennt sein:

- Ein Whitespace-Zeichen bedeutet, dass beim Einlesen an dieser Stelle alle Whitespace-Zeichen der Eingabe übersprungen werden sollen.
- Bei einer Folge beliebiger anderer Zeichen wird beim Einlesen geprüft, ob diese Zeichenfolge auch an der entsprechenden Stelle der Eingabe auftritt.

setvbuf()

Legt einen Pufferbereich für eine geöffnete Datei mit dem zugehörigen Strom fest und definiert das Pufferungsverhalten bei der Ein-/Ausgabe. Die Funktion muss nach dem Öffnen der Datei, aber vor jeder anderen Operation auf dem Strom aufgerufen werden.

Prototyp:
```
int setvbuf(FILE *stream, char *buf,
                          int mode, size_t size);
```

Parameter:
  `stream`   zu puffernder Strom.

  `buf`   Anfangsadresse des Puffers für den Strom.

  `mode`   gewünschtes Pufferungsverhalten:
  `_IONBF`: „not buffered" = Übertragung so bald wie möglich.
  `_IOLBF`: „line buffered" = Übertragung bei Zeilenvorschub.
  `_IOFBF`: „fully buffered" = Übertragung, wenn Puffer voll.

  `size`   Größe des Puffers.

Rückgabe: `0` im Erfolgsfall, Wert ungleich `0` im Fehlerfall.

Beispiel: S. 144.

sprintf()

Schreibt Werte formatiert in eine Zeichenkettenvariable (einschließlich eines abschließenden \0); geht dabei wie `printf()` vor ($\rightarrow$ S. 200).

Prototyp: `int sprintf(char *s, const char *format, ...);`

sscanf()

Liest Werte formatiert aus einer Zeichenkette; geht dabei wie `scanf()` vor ($\rightarrow$ S. 204).

Prototyp: `int sscanf(const char *s, const char *format, ...);`

tmpfile()

Erzeugt und öffnet eine temporäre Datei, die bei ihrem Schließen oder zum Programmende automatisch gelöscht wird. Die Datei wird für binäre Lese- und Schreibzugriffe geöffnet.

Prototyp: `FILE *tmpfile(void);`

Rückgabe: Zeiger auf den zugehörigen Strom im Erfolgsfall;
            `NULL` im Fehlerfall.

C.2 Zeichen, Zeichenketten und Bytefolgen

C.2.1 Test einzelner Zeichen

Alle Funktionen sind in der Header-Datei `ctype.h` deklariert.

Tabelle C.3 Funktionen zur Klassifizierung einzelner Zeichen

Prototyp	Test
int **isalnum**(int c)	c ist Buchstabe oder Dezimalziffer
int **isalpha**(int c)	c ist Buchstabe
int **isblank**(int c)	c ist Leerzeichen
int **iscntrl**(int c)	c ist Steuerzeichen
int **isdigit**(int c)	c ist Dezimalziffer
int **isgraph**(int c)	c ist druckbares Zeichen (außer Leerzeichen)
int **islower**(int c)	c ist Kleinbuchstabe
int **isprint**(int c)	c ist druckbares Zeichen (einschließlich Leerzeichen)
int **ispunct**(int c)	c ist Sonderzeichen (d.h. druckbares Zeichen außer Buchstabe, Ziffer, Leerzeichen)
int **isspace**(int c)	c ist Space (' '), Form Feed ('\f'), Newline ('\n'), Carriage Return ('\r'), horizontaler Tabulator ('\t'), vertikaler Tabulator ('\v')
int **isupper**(int c)	c ist Großbuchstabe
int **isxdigit**(int c)	c ist Hexadezimalziffer

Eine Funktion liefert einen Wert ungleich 0, wenn die genannte Testbedingung erfüllt ist, und 0 sonst.

C.2.2 Umwandlung von Zeichen

Beide Funktionen sind in der Header-Datei `ctype.h` deklariert.

Tabelle C.4 Funktionen zur Umwandlung von Buchstaben

Prototyp	Rückgabewert
int **tolower**(int c)	Falls c ein Großbuchstabe ist: der entsprechende Kleinbuchstabe. Sonst: c.
int **toupper**(int c)	Falls c ein Kleinbuchstabe ist: der entsprechende Großbuchstabe. Sonst: c.

C.2.3 Zeichenketten

Alle Funktionen sind in der Header-Datei `string.h` deklariert. Weitere Erklärungen findet man in → 6.6.2.1.

Tabelle C.5 Funktionen zur Arbeit mit Zeichenketten

Prototyp	Effekt/Rückgabewert

`char *strcat(`
`    char *s1,`
`    const char *s2)`
	Hängt die Zeichenkette s2 (einschließlich des abschließenden \0) an die Zeichenkettenvariable s1 an (deren \0 gelöscht wird).
	Liefert s1 als Rückgabewert.

`char *strchr(`
`    const char *s,`
`    int c)`
	Liefert die Adresse des ersten Auftretens von c in s;
	liefert NULL, wenn c in s nicht auftritt.

`int strcmp(`
`    const char *s1,`
`    const char *s2)`
	Vergleicht die Zeichenketten s1 und s2 miteinander:
	Liefert einen Wert kleiner 0, wenn s1 lexikografisch kleiner als s2 ist,
	liefert 0, wenn die Zeichenketten s1 und s2 gleich sind,
	liefert einen Wert größer 0, wenn s1 lexikografisch größer als s2 ist.

`char *strcpy(`
`    char *s1,`
`    const char *s2)`
	Kopiert die Zeichenkette s2 in die Zeichenkettenvariable s1.
	Liefert s1 als Rückgabewert.

`size_t strlen(` `    const char *s)`	Liefert die Länge von s (= Anzahl der Zeichen ohne abschließendes \0).

`char *strncat(`
`    char *s1,`
`    const char *s2,`
`    size_t n)`
	Hängt die ersten n Zeichen der Zeichenkette s2 (oder weniger Zeichen, wenn s2 kürzer ist) sowie ein abschließendes \0 an die Zeichenkettenvariable s1 an (deren \0 gelöscht wird).
	Liefert s1 als Rückgabewert.

`int strncmp(`
`    const char *s1,`
`    const char *s2,`
`    size_t n)`
	Arbeitet wie `strcmp()`, beschränkt den Vergleich aber auf maximal die n ersten Zeichen.

`char *strncpy(`
`    char *s1,`
`    const char *s2,`
`    size_t n)`
	Kopiert die ersten n Zeichen der Zeichenkette s2 in die Zeichenkettenvariable s1, wobei kein \0 angehängt wird.
	Hat s2 weniger als n Zeichen, so werden in s1 die restlichen Einträge mit \0 aufgefüllt.
	Liefert s1 als Rückgabewert.

`char *strpbrk(`
`    const char *s1,`
`    const char *s2)`
	Liefert die erste Adresse in s1, an der ein (beliebiges Zeichen) aus s2 auftritt;
	liefert NULL, wenn s1 kein Zeichen aus s2 enthält.

`char *strrchr(`
`    const char *s,`
`    int c)`
	Liefert die Adresse des letzten Auftretens von c in s;
	liefert NULL, wenn c in s nicht auftritt.

`char *strstr(`
`    const char *s1,`
`    const char *s2)`
	Liefert die Adresse des ersten Auftretens der zusammenhängenden Zeichenfolge s2 in s1;
	liefert NULL, wenn s2 in s1 nicht auftritt.

Die Kopierfunktionen prüfen nicht, ob in der Zielvariablen genügend Platz vorhanden ist, so dass es zu Überläufen kommen kann. Sicherer ist hier, Funktionen wie `strcpy_s()` zu verwenden; hier gibt ein weiterer Parameter die maximale Anzahl von Zeichen an, die kopiert werden sollen. Überlappen sich beim Kopieren Quell- und Zielbereich, so ist das Verhalten der Funktionen nicht definiert.

C.2.4 Bytefolgen/Arrays

Alle Funktionen sind in der Header-Datei `string.h` deklariert. Weitere Erklärungen findet man in → 6.6.2.3.

Tabelle C.6 Funktionen zur Arbeit mit beliebigen Bytefolgen

Prototyp	Effekt/Rückgabewert

`void *memchr(`
`const void *s,`
`int c,`
`size_t n)`
	Prüft, ob der Speicherbereich, der an der Adresse `s` beginnt und `n` Byte lang ist, den Wert `c` enthält. Die Speichereinträge sowie `c` werden dabei in `unsigned-char`-Werte umgewandelt.
	Liefert die Adresse des ersten solchen Eintrags oder `NULL`, falls der Speicherbereich den Wert `c` nicht enthält.

`int memcmp(`
`const void *s1,`
`const void *s2,`
`size_t n)`
	Vergleicht die ersten `n` Einträge der Speicherbereiche, die an den Adressen `s1` und `s2` beginnen, byteweise von vorn nach hinten:
	Liefert eine 0, wenn die Einträge jeweils übereinstimmen,
	liefert einen Wert kleiner als 0, wenn an der ersten nichtübereinstimmenden Stelle der Wert in `s1` kleiner ist als der Wert in `s2`,
	liefert einen Wert größer als 0, wenn an der ersten nichtübereinstimmenden Stelle der Wert in `s1` größer ist als der Wert in `s2`.

`void *memcpy(`
`void *s1,`
`const void *s2,`
`size_t n)`
	Kopiert `n` Zeichen aus dem Speicherbereich, der an der Adresse `s2` beginnt, in den Speicherbereich, der an der Adresse `s1` beginnt. Überlappen sich die beiden Speicherbereiche, so ist das Verhalten undefiniert.
	Liefert `s1` als Rückgabewert.

`void *memmove(`
`void *s1,`
`const void *s2,`
`size_t n)`
	Arbeitet wie `memcpy()`, liefert aber auch bei überlappenden Speicherbereichen ein korrektes Ergebnis.

`void *memset(`
`void *s,`
`int c,`
`size_t n)`
	Überschreibt die ersten `n` Einträge des Speicherbereichs, der an der Adresse `s` beginnt, mit `c` (wobei der `int`-Wert `c` in einen `unsigned-char`-Wert umgewandelt wird).
	Liefert `s` als Rückgabewert

Die drei letztgenannten Funktionen prüfen nicht, ob in der Zielvariablen genügend Platz vorhanden ist, so dass es zu Überläufen kommen kann. Sicherer ist hier, die Funktionen `memcpy_s()`, `memmove_s()` bzw. `memset_s()` zu verwenden; hier begrenzt ein weiterer Parameter die maximale Anzahl der Zeichen, die bearbeitet werden.

C.2.5 Konversionen

Alle Funktionen sind in der Header-Datei `stdlib.h` deklariert.

Tabelle C.7 Funktionen zur Umwandlung von Zeichenketten in Zahlenwerte

Prototyp	Effekt/Rückgabewert
`double atof(` `const char *nptr)`	Liefert zu der extern lesbaren Zeichenkettendarstellung eines `double`-Werts die entsprechende interne Binärdarstellung.
`int atoi(` `const char *nptr)`	Liefert zu der extern lesbaren Zeichenkettendarstellung eines `int`-Werts die entsprechende interne Binärdarstellung.
`long atol(` `const char *nptr)`	Liefert zu der extern lesbaren Zeichenkettendarstellung eines `long`-Werts die entsprechende interne Binärdarstellung.
`long atoll(` `const char *nptr)`	Liefert zu der extern lesbaren Zeichenkettendarstellung eines `long`-`long`-Werts die entsprechende interne Binärdarstellung.

Für eine Konversion in der umgekehrten Richtung, also die Umwandlung einer internen Binärdarstellung in eine extern lesbare Zeichenkette, kann die Funktion `sprintf()` ($\rightarrow$ C.1) verwendet werden.

C.3 Mathematische Funktionen

Tabelle C.8 Funktionen für mathematische Berechnungen

Prototyp	Resultat	Header-Datei
Exponentialfunktionen und logarithmische Funktionen		
`double exp(double x)`	e^x	`math.h`
`double frexp(double v, int *exp)`	m mit $v = m \cdot 2^e$ und $0.5 \leq m < 1$; Rückgabe von e über `*exp`	`math.h`
`double ldexp(double x, int exp)`	$x \cdot 2^{exp}$	`math.h`
`double log(double x)`	$\log_e x$	`math.h`
`double log10(double x)`	$\log_{10} x$	`math.h`
`double pow(double x, double y)`	x^y	`math.h`
`double sqrt(double x)`	$x^{0.5}$	`math.h`
Trigonometrische Funktionen • Winkel werden im Bogenmaß angegeben. • Oft definiert `math.h` für den Wert π eine Konstante `M_PI`.		
`double acos(double x)`	arccos x	`math.h`
`double asin(double x)`	arcsin x	`math.h`

Tabelle C.8 (Forts.) Funktionen für mathematische Berechnungen

Prototyp	Resultat	Header-Datei
double **atan**(double x)	arctan x	math.h
double **cos**(double x)	cos x	math.h
double **cosh**(double x)	cosh x	math.h
double **sin**(double x)	sin x	math.h
double **sinh**(double x)	sinh x	math.h
double **tan**(double x)	tan x	math.h
double **tanh**(double x)	tanh x	math.h
Betragsfunktionen		
int **abs**(int x)	|x|	stdlib.h
double **fabs**(double x)	|x|	math.h
Rundungsfunktionen		
double **ceil**(double x)	$\lceil x \rceil$	math.h
double **floor**(double x)	$\lfloor x \rfloor$	math.h
Funktionen für Zufallszahlen • Der Zufallszahlengenerator berechnet anhand einer festgelegten Formel eine Folge zufällig aussehender Zahlen. • Die Zahlen liegen zwischen 0 und RAND_MAX (einschließlich), wobei RAND_MAX eine in stdlib.h definierte Konstante ist.		
int **rand**(void)	Zufallszahl im Bereich [0,RAND_MAX]	stdlib.h
void **srand**(unsigned int seed)	*initialisiert Zufallszahlengenerator mit seed.*	stdlib.h
Sonstige Funktionen		
double **fmod**(double x, double y)	Rest der Ganzzahldivision x/y	math.h
double **modf**(double v, double *ptr)	Nachkommaanteil von v; Rückgabe des Vorkommaanteils über *ptr	math.h

Es gibt zahlreiche weitere Funktionen, die einer der oben ausgeführten Funktionen entsprechen, aber andere Parameter- und Rückgabetypen haben. Beispielsweise gibt es neben abs() für int und fabs() für double auch labs() für long int, llabs() für long long int, fabsf() für float und fabsl() für long double.

C.4 Betriebssystemnahe Dienste

C.4.1 Dynamische Speicherverwaltung

Alle Funktionen sind in der Header-Datei `stdlib.h` deklariert. Weitere Erklärungen findet man in → 5.4.

Tabelle C.9 Funktionen zum dynamischen Belegen und Freigeben von Speicherbereichen

Prototyp	Effekt/Rückgabewert

`void *calloc(`
`  size_t nmemb,`
`  size_t size)`
	Belegt einen zusammenhängenden, bisher freien Speicherbereich der Länge nmemb·size Byte und initialisiert ihn mit Nullen.
	Liefert als Rückgabewert die Adresse seiner ersten Zelle oder `NULL` im Fehlerfall.

`void free(` `  void *ptr)`	Gibt den Speicherbereich mit der Anfangsadresse `ptr` wieder frei. `ptr` muss eine Adresse sein, die von einem vorherigen `malloc()`-, `calloc()`- oder `realloc()`-Aufruf geliefert wurde.
`void *malloc(` `  size_t size)`	Belegt einen zusammenhängenden, bisher freien Speicherbereich der Länge `size` Byte, initialisiert ihn dabei jedoch *nicht*. Liefert als Rückgabewert die Adresse seiner ersten Zelle oder `NULL` im Fehlerfall.

`void *realloc(`
`  void *ptr,`
`  size_t size)`
	Ändert die Größe des Speicherbereichs, der an der Adresse `ptr` beginnt, zu `size` Bytes. Übersteigt `size` die bisherige Größe des Bereichs und lässt sich der Bereich nicht verlängern, so wird ein neuer Speicherbereich belegt und der Inhalt des bisherigen Bereichs dorthin kopiert.
	Liefert als Rückgabewert die Adresse der ersten Zelle des alten bzw. neuen Speicherbereichs oder `NULL` im Fehlerfall.

C.4.2 Zeitfunktionen

Alle Funktionen sind in der Header-Datei `time.h` deklariert. Weitere Erklärungen findet man in → 6.6.2.3.

Tabelle C.10 Funktionen zur Arbeit mit Zeitwerten

Prototyp	Effekt/Rückgabewert
`char *asctime(` `  const struct tm *tp)`	Liefert zu einer absoluten Zeitangabe `*tp` eine entsprechende Zeichenkette der Form `Tue Jan 02 16:03:00 2024`. Der Typ `struct tm` wird im Anschluss an die Tabelle erklärt.
`clock_t clock(void)`	Liefert eine Abschätzung der Prozessorzeit, die bislang zur Ausführung des Programms benötigt wurde, als Anzahl von *Clock Ticks*. Die Anzahl der *Clock Ticks* pro Sekunde wird durch die Konstante `CLOCKS_PER_SEC` festgelegt; `(double)clock()/CLOCKS_PER_SEC` ist also die (approximierte) bisherige CPU-Zeit des Programms in Sekunden.

Tabelle C.10 (Forts.) Funktionen zur Arbeit mit Zeitwerten

Prototyp	Effekt/Rückgabewert
`char *`**`ctime`**`(` `  const time_t *tp)`	Liefert zu einer absoluten Zeitangabe eine entsprechende Zeichen-kette der Form `Tue Jan 02 16:03:00 2024`. Der Parameter `tp` zeigt auf eine Ganzzahlvariable, die eine Zeitangabe in der Form wie von `time()` erzeugt enthält.

`double `**`difftime`**`(`
`  time_t time1,`
`  time_t time0)`
	Liefert die Zeitdifferenz `time1-time0` in Sekunden.

`struct tm *`**`localtime`**`(` `  const time_t *tp)`	Liefert zu einer absoluten Zeitangabe eine entsprechende Struktur der Typs `struct tm`. Der Parameter `tp` zeigt auf eine Ganzzahl-variable, die eine absolute Zeitangabe in der Form wie von `time()` erzeugt enthält; der Typ `struct tm` wird im Anschluss an die Tabelle erklärt.
`time_t `**`time`**`(` `  time_t *tp)`	Liefert die aktuelle absolute Zeit („Kalenderzeit"), üblicherweise als Anzahl der Sekunden, die seit dem 1.1.1970, 0 Uhr, verstrichen sind. Im Parameter `tp` kann entweder `NULL` oder ein Zeiger auf eine Variable übergeben werden, in die dann dieser Zeitwert eben-falls eingetragen wird.

Die Zahlentypen `time_t` und `clock_t` sind in der Header-Datei `time.h` definiert.

Der Typ `struct tm`, der ebenfalls in der Header-Datei `time.h` vereinbart ist, definiert eine absolute Uhrzeit durch die folgenden Ganzzahlkomponenten:

- `tm_sec`   Sekunden seit der letzten vollen Minute (0-59)
- `tm_min`   Minuten seit der letzten vollen Stunde (0-59)
- `tm_hour`   Stunden seit Mitternacht (0-23)
- `tm_mday`   Tage seit Monatsanfang (1-31)
- `tm_mon`   Monate seit Jahresbeginn (0-11)
- `tm_year`   Jahre seit 1900
- `tm_wday`   Tage seit dem letzten Sonntag (0-6)
- `tm_yday`   Tage seit Jahresbeginn (0-365)
- `tm_isdst`   größer 0, wenn Sommerzeit; gleich 0, wenn Winterzeit; kleiner 0, wenn unbekannt (`dst`=„Daylight Saving Time")

Man beachte den Minimalwert 1 bei `tm_mday`, der von der Minimalwerten 0 der anderen Komponenten abweicht.

C.4.3 Weitere Funktionen

Alle drei Funktionen sind in der Header-Datei `stdlib.h` deklariert. Weitere Erklärungen findet man in → 6.6.2.3.

Tabelle C.11 Funktionen zur Kooperation mit dem Betriebssystem

Prototyp	Effekt/Rückgabewert
`int atexit(` `void (* f)(void))`	Registriert eine Funktion, die bei normaler Beendigung des Programms (also bei Erreichen des Endes von `main()`, bei der Ausführung von `return` in `main()` oder bei der Ausführung von `exit()`) ausgeführt werden soll. Liefert `0` im Erfolgsfall und einen Wert ungleich `0` sonst.
`void exit(` `int status)`	Beendet die Programmausführung und liefert `status` als Rückgabecode an die Aufrufumgebung. Der Code `0` oder `EXIT_SUCCESS` kennzeichnet dabei ein fehlerfreies Programmende.
`int system(` `const char *string)`	Übergibt die Zeichenkette `string` als Kommando zur Ausführung an die Shell (= den Kommando-Interpreter) des Betriebssystems.

D Häufig benötigte Tabellen

D.1 ASCII

Tabelle D.1 Dezimale und hexadezimale ASCII-Werte

	+0	+1	+2	+3	+4	+5	+6	+7
0	*NUL* ^{00}	*SOH* ^{01}	*STX* ^{02}	*ETX* ^{03}	*EOT* ^{04}	*ENQ* ^{05}	*ACK* ^{06}	*BEL* ^{07}
8	*BS* ^{08}	*HT* ^{09}	*LF* ^{0A}	*VT* ^{0B}	*FF* ^{0C}	*CR* ^{0D}	*SO* ^{0E}	*SI* ^{0F}
16	*DLE* ^{10}	*DC1* ^{11}	*DC2* ^{12}	*DC3* ^{13}	*DC4* ^{14}	*NAK* ^{15}	*SYN* ^{16}	*ETB* ^{17}
24	*CAN* ^{18}	*EM* ^{19}	*SUB* ^{1A}	*ESC* ^{1B}	*FS* ^{1C}	*GS* ^{1D}	*RS* ^{1E}	*US* ^{1F}
32	*leer* ^{20}	! ^{21}	" ^{22}	# ^{23}	\$ ^{24}	% ^{25}	& ^{26}	' ^{27}
40	(^{28}	) ^{29}	* ^{2A}	+ ^{2B}	, ^{2C}	- ^{2D}	. ^{2E}	/ ^{2F}
48	0 ^{30}	1 ^{31}	2 ^{32}	3 ^{33}	4 ^{34}	5 ^{35}	6 ^{36}	7 ^{37}
56	8 ^{38}	9 ^{39}	: ^{3A}	; ^{3B}	< ^{3C}	= ^{3D}	> ^{3E}	? ^{3F}
64	@ ^{40}	A ^{41}	B ^{42}	C ^{43}	D ^{44}	E ^{45}	F ^{46}	G ^{47}
72	H ^{48}	I ^{49}	J ^{4A}	K ^{4B}	L ^{4C}	M ^{4D}	N ^{4E}	O ^{4F}
80	P ^{50}	Q ^{51}	R ^{52}	S ^{53}	T ^{54}	U ^{55}	V ^{56}	W ^{57}
88	X ^{58}	Y ^{59}	Z ^{5A}	[^{5B}	\\ ^{5C}	] ^{5D}	^ ^{5E}	_ ^{5F}
96	` ^{60}	a ^{61}	b ^{62}	c ^{63}	d ^{64}	e ^{65}	f ^{66}	g ^{67}
104	h ^{68}	i ^{69}	j ^{6A}	k ^{6B}	l ^{6C}	m ^{6D}	n ^{6E}	o ^{6F}
112	p ^{70}	q ^{71}	r ^{72}	s ^{73}	t ^{74}	u ^{75}	v ^{76}	w ^{77}
120	x ^{78}	y ^{79}	z ^{7A}	{ ^{7B}	| ^{7C}	} ^{7D}	~ ^{7E}	*DEL* ^{7F}

Die dezimalen ASCII-Werte ergeben sich als Summe der Zeilen- und Spaltenindizes; die hexadezimalen Werte sind hochgestellt hinter dem jeweiligen Zeichen angegeben.

D.2 Variablengrößen und Wertebereiche

Tabelle D.2 Variablengrößen und Wertebereiche

Typ	Mindestgröße	Typischer Wertebereich (mindestens)
char	1 Byte	ASCII-Zeichensatz oder $-2^7...2^7 - 1$ ($-127...128$) oder $0...2^8 - 1$ ($0...255$) (plattformabhängig)
signed char	1 Byte	ASCII-Zeichensatz oder $-2^7...2^7 - 1$ ($-127...128$)
unsigned char	1 Byte	ASCII-Zeichensatz oder $0...2^8 - 1$ ($0...255$)
short	2 Byte	$-2^{15}...2^{15} - 1$ ($-32768...32767$)
unsigned short	2 Byte	$0...2^{16} - 1$ ($0...65535$)
int	2 Byte	$-2^{15}...2^{15} - 1$ ($-32768...32767$)
unsigned int	2 Byte	$0...2^{16} - 1$ ($0...65535$)
long	4 Byte	$-2^{31}...2^{31} - 1$ ($-2147483648...2147483647$)
unsigned long	4 Byte	$0...2^{32} - 1$ ($0...4294967295$)
long long	8 Byte	$-2^{63}...2^{63} - 1$
unsigned long long	8 Byte	$0...2^{64} - 1$
float	4 Byte	$\approx \pm 3{,}4 \cdot 10^{38}...\pm 1{,}2 \cdot 10^{-38}$
double	8 Byte	$\approx \pm 1{,}7 \cdot 10^{308}...\pm 2{,}2 \cdot 10^{-308}$
long double	16 Byte	$\approx \pm 1{,}2 \cdot 10^{4932}...\pm 3{,}4 \cdot 10^{-4932}$

D.3 Bindungsstärke von Operatoren

Die Bindungsstärke der Operatoren bestimmt die Reihenfolge, in der Ausdrücke und ihre Teile ausgewertet werden: Bindungsstarke Operatoren werden vor bindungsschwächeren Operatoren angewendet.

Tabelle D.3 Bindungsstärken der C-Operatoren (in absteigender Folge von stark nach schwach)

	Operation	Operatoren
1	Klammern, Strukturzugriff	`() [] . ->` `++ --` (hinter der Variablen)
2	Einstellige Operatoren	`! ~ + - * & (typname) sizeof` `++ --` (vor der Variablen)
3	Multiplikation, Division	`* / %`
4	Addition, Subtraktion	`+ -`
5	Shift	`>> <<`
6	Vergleiche: größer, kleiner	`> >= < <=`
7	Vergleiche: gleich, ungleich	`== !=`
8	bitweises UND	`&`
9	bitweises exklusives ODER	`^`
10	bitweises ODER	`|`
11	aussagenlogisches UND	`&&`
12	aussagenlogisches ODER	`||`
13	bedingter Ausdruck	`?:`
14	Zuweisungen	`= += -= *= /= %= <<= >>= &= ^= |=`
15	Komma-Operator	`,`

- Bezüglich der einstelligen Operatoren gilt also, dass Postfix-Operatoren (also nachgestellte Operatoren) vor Präfix-Operatoren (also vorangestellten Operatoren) angewandt werden. Beispielsweise wird bei `*p++` zuerst die Inkrementierung `++` und dann die Dereferenzierung `*` ausgeführt.

- Ausdrücke, in denen mehrere Operatoren gleicher Bindungsstärke auftreten (z.B. `a+b+c`), werden in der Regel von links nach rechts abgearbeitet. Ausnahmen sind Ausdrücke mit einstelligen Operatoren (z.B. `!++n`) und Ausdrücke mit dem Zuweisungsoperator (z.B. `a=b=c=0`), die von rechts nach links bearbeitet werden.

- Bezüglich der Nebeneffekte bei der Auswertung von Ausdrücken siehe Anhang A.2 auf Seite 189 („Sequenzpunkte" und daraus folgende Unbestimmtheit mancher Ausdrücke).

D.4 Optionen für fopen()

Tabelle D.4 Mögliche Werte für den zweiten Parameter von fopen()

Wert	Effekt
r	Nur Lesezugriffe sind erlaubt. Die Datei muss bereits existieren.
w	Nur Schreibzugriffe sind erlaubt. Existiert die Datei bereits, so wird ihr bisheriger Inhalt beim Öffnen vollständig gelöscht. Existiert die Datei noch nicht, so wird sie erzeugt.
a	Nur Schreibzugriffe sind erlaubt. Die Zugriffe finden am jeweiligen Ende der Datei statt (a = „append" = anhängen). Insbesondere werden neue Daten an den bisherigen Dateiinhalt angehängt, falls die Datei schon existiert. Existiert die Datei noch nicht, so wird sie erzeugt.
r+	Lese- und Schreibzugriffe sind erlaubt. Die Datei muss bereits existieren.
w+	Lese- und Schreibzugriffe sind erlaubt. Existiert die Datei bereits, so wird ihr bisheriger Inhalt beim Öffnen vollständig gelöscht. Existiert die Datei noch nicht, so wird sie erzeugt.
a+	Lese- und Schreibzugriffe sind erlaubt. Schreibzugriffe finden am jeweiligen Ende der Datei statt. Insbesondere werden neue Daten an den bisherigen Dateiinhalt angehängt, falls die Datei schon existiert. Existiert die Datei noch nicht, so wird sie erzeugt.

An den Wert kann ein b angefügt werden (also z.B. "r+b"). Die Datei wird dann im Binärmodus geöffnet. Wird ein t oder gar nichts angehängt, so wird die Datei im Textmodus geöffnet.

D.5 Konversionsangaben für die Ein-/Ausgabe

D.5.1 printf()

Allgemeine Form einer `printf()`-Konversionsangabe:

```
% {<Flag>} [<minimale Feldbreite>]
                [.<Genauigkeit>] [<Typmodifikator>] <Typangabe>
```

Tabelle D.5 printf-Flags

Flag	bei Typangabe	Effekt
–	alle	Ausgabe erfolgt linksbündig (im Normalfall erfolgt die Ausgabe rechtsbündig)
+	d, i, f, F, e, E, g, G	vor positiven Zahlenwerten wird ein +-Zeichen ausgegeben (im Normalfall werden nur negative Vorzeichen ausgegeben)
Leer- zeichen	d, i, f, F, e, E, g, G	falls kein Vorzeichen auszugeben ist, wird stattdessen ein Leerzeichen ausgegeben
#	o	Ausgabe beginnt mit 0
	x, X	Ausgabe beginnt mit 0x bzw. 0X
	f, F, e, E, g, G	Ausgabe enthält einen Dezimalpunkt, auch wenn keine Nachpunktstellen ungleich null vorhanden sind
	g, G	Ausgabe enthält in den Nachpunktstellen abschließende Nullen (bis zur gewünschten Genauigkeit – siehe unten)
0	alle ohne c, s, p	Ausgabe wird mit führenden Nullen aufgefüllt (falls minimale Feldbreite angegeben ist – siehe unten)
	d, i, u, o, x, X	Flag 0 wird ignoriert, wenn eine Genauigkeit (siehe unten) angegeben ist

Tabelle D.6 printf-Genauigkeit (dezimaler Zahlenwert)

bei Typangabe	Festlegung
d, i, u, o, x, X	minimale Anzahl auszugebender Ziffern (Ausgabe wird gegebenenfalls mit führenden Nullen aufgefüllt)
f, F, e, E	Anzahl der Ziffern nach dem Dezimalpunkt
g, G	maximale Anzahl auszugebender Ziffern (Ausgabe wird gegebenenfalls nach den führenden Ziffern abgeschnitten)
s	maximale Anzahl auszugebender Zeichen (Ausgabe wird gegebenenfalls nach einem Anfangsstück abgeschnitten)

Tabelle D.7 printf-Typmodifikatoren

Modifi-kator	vor Typangabe	Typ des Werts
h	d, i	short int
	u, o, x, X	unsigned short int
l	d, i	long int
	u, o, x, X	unsigned long int
ll	d, i	long long int
	u, o, x, X	unsigned long long int
L	f, F, e, E, g, G	long double

Tabelle D.8 printf-Typangaben

Typ-angabe	Typ des Werts	Darstellungsform
d, i	int	dezimal (Ziffern 0...9)
u	unsigned int	dezimal (Ziffern 0...9)
o	unsigned int	oktal (Ziffern 0...7)
x, X	unsigned int	hexadezimal (Ziffern 0...9 a...f bzw. A...F)
f, F	double	dezimal mit Vor- und Nachpunktstellen
e, E	double	dezimal „Mantisse e Exponent" bzw. „Mantisse E Exponent"
g, G	double	dezimal, je nach Größe entweder gemäß f oder e bzw. E
c	char/int	Zeichen
s	char *	Zeichenkette
p	void *	Speicheradresse

D.5.2 scanf()

Allgemeine Form einer `scanf()`-Konversionsangabe:

`% [*] [<max. Anzahl Zeichen>] [<Typmodifikator>] <Typangabe>`

Tabelle D.9 scanf-Typmodifikatoren

Modifi-kator	vor Typangabe	Typ des Werts
h	d, i	`short int`
	u, o, x	`unsigned short int`
l	d, i	`long int`
	u, o, x	`unsigned long int`
	e, f, g	`double`
L	e, f, g	`long double`

Tabelle D.10 scanf-Typangaben

Typ-angabe	Typ des Werts	externe Darstellungsform
d	`int`	ganzzahliger Dezimalwert, möglicherweise mit Vorzeichen
i	`int`	ganzzahliger Wert, möglicherweise mit Vorzeichen, entweder dezimal oder oktal (mit führender 0) oder hexadezimal (mit führendem 0x oder 0X)
u	`unsigned int`	ganzzahliger Dezimalwert
o	`unsigned int`	ganzzahliger Oktalwert (mit führender 0)
x	`unsigned int`	ganzzahliger Hexadezimalwert (mit führendem 0x oder 0X)
e, f, g	`float`	Zahlenwert, möglicherweise mit Vorzeichen, Nachpunktstellen und Exponent
c	`char`	Zeichen
s	`char *`	Zeichenkette ohne Whitespace-Zeichen
[..]	`char *`	nur Zeichen aus [..]
[^..]	`char *`	keine Zeichen aus [..]
p	`void *`	Speicheradresse

Ein Stern * besagt, dass ein Wert zwar eingelesen, aber nicht gespeichert werden soll. Für solche Konversionsangaben enthält die Parameterliste also keine zugehörige Adressangabe.

Literatur und Internet-Quellen

Bücher

[Erle19]   *Erlenkötter H.*: C Programmieren von Anfang an. 25. Aufl. Rowohlt 2019

[KeRi78]   *Kernighan, B.; Ritchie, D.*: The C Programming Language. Prentice Hall 1978.
(2nd Ed. 1988; deutsch: Programmieren in C. Hanser 1990.)

[KiPr19]   *Kirch, U.; Prinz P.*: C – kurz und gut. 2. Aufl. O'Reilly 2019

[KrWo23]   *Krooß, R.; Wolf, J.*: C von A bis Z – Das umfassende Handbuch. 5. Aufl. Rheinwerk 2023
(3. Aufl. als kostenloses Online-Buch: https://openbook.rheinwerk-verlag.de/
c_von_a_bis_z/)

[Stro86]   *Stroustrup, B.*: The C++ Programming Language. Addison-Wesley 1986. (3rd
Ed. 1997; deutsch: Die C++-Programmiersprache. Addison-Wesley 2002.)

[WoKr20]   *Wolf, J.; Krooß R.*: Grundkurs C. 3. Aufl. Rheinwerk 2020

[WoKr24]   *Wolf, J.; Krooß R.*: Systemnahe Programmierung mit C und Linux. 5. Aufl.
Rheinwerk 2024

Standardisierungsdokumente

[ANSI89]   *American National Standards Institute*: ANSI X3.159-1989 Programming Language C, 1989.

[DIN94]   *Deutsches Institut für Normung*: DIN/EN 29899 Programmiersprachen – C,
1994.

[ISO]   *International Organization for Standardization*: Global standards for trusted
goods and services. https://www.iso.org/home.html.

[ISO90]   *International Organization for Standardization*: ISO/IEC 9899:1990 Programming Languages – C, 1990. https://www.iso.org/standard/17782.html.

[ISO18]   *International Organization for Standardization*: ISO/IEC 9899:2018 Programming Languages – C, 2018. https://www.iso.org/standard/74528.html.

[ISO23]   *International Organization for Standardization*: ISO/IEC DIS 9899 Programming Languages – C, 2023/24. https://www.iso.org/standard/82075.html.

Internet-Quellen

[CLion]   *JetBrains*: CLion – Eine plattformübergreifende IDE für C und C++.
           https://www.jetbrains.com/de-de/clion

[CodeBl]   Code::Blocks – The free C/C++ and Fortran IDE.
           https://www.codeblocks.org

[DevC++]   *Embarcadero*: Embarcadero Dev-C++
           – Fast, Portable, Simple, and Free C/C++ IDE for Windows.
           https://www.embarcadero.com/free-tools/dev-cpp

[Eclipse] *Eclipse Foundation*: Developer Tools & IDE.
           https://www.eclipse.org/topics/ide

[GCC1]   *Free Software Foundation*: GCC Home Page.
           https://gcc.gnu.org

[GCC2]   *Free Software Foundation*: GCC Online Documentation.
           https://gcc.gnu.org/onlinedocs

[GNU1]   *Free Software Foundation*: GNU Operating System.
           https://www.gnu.org/home.en.html

[GNU2]   *Free Software Foundation*: The GNU C Library Reference Manual.
           https://www.gnu.org/software/libc/manual/pdf/libc.pdf

[GTK]   *The GTK Team*: GTK.
           https://www.gtk.org/

[Mac]   *Mac App Store:* Install gcc on Mac OSX.
           https://macappstore.org/gcc

[MinGW]   *Source Forge / OSDN:* MinGW – Minimalist GNU for Windows.
           https://sourceforge.net/projects/mingw/ oder https://osdn.net/projects/mingw/

[StOfl1]   *Stack Overflow:* How do I install gcc on cygwin?
           https://stackoverflow.com/questions/47215330/how-do-i-install-gcc-on-cyg-
           win

[StOfl2]   *Stack Overflow:* How to install GCC and GDB for WSL?
           https://stackoverflow.com/questions/62215963/how-to-install-gcc-and-gdb-
           for-wslwindows-subsytem-for-linux

[VisStud] *Microsoft*: Visual Studio.
           https://visualstudio.microsoft.com

Index